ハイデガー『哲学への寄与』研究

山本英輔 著
Eisuke YAMAMOTO

法政大学出版局

目次

凡　例

・ハイデガー『哲学への寄与』からの引用は、Martin Heidegger Gesamtausgabe, Band 65, 1. Aufl. 1989により、疑問な箇所は第二刷を参照した。引用にあたっては、頁数のみを本文中に括弧に入れて示す。

・ハイデガーの他の著作からの引用にあたっては、ハイデガー全集（Martin Heidegger Gesamtausgabe）に所収のものは、GAと略記してその巻数と頁数を本文中に括弧に入れて示す。例えば（GA 5, 21）は、全集第五巻二一頁を意味する。

・ハイデガー『存在と時間』からの引用は、慣例によりMax Niemeyer社版を底本とし、SZと略記してその頁数を本文中に括弧に入れて示す。

・ハイデガー全集以外のハイデガーの著作からの引用は、それぞれ略号を用い、その頁数を本文中に括弧に入れて示す。

・引用文中の〔　〕は引用者による補足を示している。……は引用者による省略である。

引用略号

VA: *Vorträge und Aufsätze*, 6. Aufl., Pfullingen: Günther Neske 1990（1. Aufl. 1954）

SG: *Der Satz vom Grund*, 6. Aufl., Pfullingen: Günther Neske 1986

ID: *Identität und Differenz*, 9. Aufl., Pfullingen: Günther Neske 1990（1. Aufl. 1957）

WP: *Was ist das - die Philosophie*, 6. Aufl., Pfullingen: Günther Neske 1976（1. Aufl. 1956）

N I: *Nietzsche, 1. Bd.,* Pfullingen: Günther Neske 1961

N II: *Nietzsche, 2. Bd.,* Pfullingen: Günther Neske 1961

GL: *Gelassenheit*, Pfullingen: Günther Neske 1959

TK: *Die Technik und die Kehre*, Pfullingen: Günther Neske 1962

SD: *Zur Sache des Denkens*, Tübingen: Max Niemeyer 1969

序論

1 『哲学への寄与』研究の現状と課題

本書は、ハイデガーの『哲学への寄与』（以下『寄与』と略記）[1]についての包括的な究明を試みるものである。『寄与』は、一九三六年から一九三八年の間に書き留められたハイデガーの覚え書きであり、彼の生誕百周年の一九八九年に『ハイデガー全集　第六五巻』として公刊された。このテクストには二八一個のそれぞれ長さの異なる断章が、五〇〇頁以上にわたって積み重ねられている。それらの断章は、非常に特異な用語によって、時には文法をも逸脱しながら綴られており、難解とされるハイデガーのテクストの中でも晦渋を極めるものである。この書を全体的に理解しようとすることは、後期ハイデガーが問わんとする「エアアイグニス（Ereignis）としての存在」[2]に迫ることであるが、それは同時に、人間の在り方、自己と世界との関係、近代の思考様式を根本的に問い直すことになる。一般に後期ハイデガーの思想は、極めて秘教的（esoterisch）な性格のものと受けとめられている。筆者は『寄与』というテクストを丹念にたどりながら、エアアイグニスとしての存在の探究が、どのような意図でなされ、どのような問題群をはらみ、どのように立体的に成り立っており、またどのような射程と制限を持っているかを考究する。「在るということはどういうことか？」という問いは、この上なく単純な問いである。しかしひたすらこの単純な問いに専心するハイデガーの思索は、実にこれまでの哲学にない、新たな視界を切り開いている。本書ではこのことを最終的に示したいと思う。

だがそのような最終的なねらいを持つ本書は、なぜその素材を『寄与』に限定するのか。その必然性を『寄与』研究の現状から述べておきたい。

『寄与』というテクストの存在は公刊以前にすでに広く知られていた。とくにO・ペゲラーの『ハイデガーの思惟の道』(一九六三年)[3]では、『寄与』のいくつかの重要な箇所が引用されていた。またそれより以前に出ていたE・フィエタの『ハイデガーの存在論』(一九五〇年)[4]でも、出典を明記しない形ではあるが、『寄与』からの引用が若干なされていた。日本では茅野良男氏が、こうしたペゲラーやフィエタの引用箇所を頼りにして『寄与』についてその重要性をつとに指摘していたし[5]、また辻村公一氏も出版以前に、『寄与』の「最後の神」についての論文を発表していた[6]。おそらくハイデガーは、自らの判断で、『寄与』の草稿をペゲラーなど少数の関係者に見せていたと思われる[7]。だが、テクストそのものが一九八九年まで公にされていなかったわけであるから、一般の読者にはその全貌はまったく分からない状態にあり、かろうじて上の文献を通じてその特異な言葉遣いと思索の雰囲気のようなものが窺い知れるだけであった。

生誕百周年を祝う形で出版された『寄与』は、編者F-W・フォン・ヘルマンによる「第二の主著」という性格づけもあり、大いに注目された。しかし公刊されて一〇数年が経過したにもかかわらず、『寄与』に対する評価は定まっておらず、またそれをどう評価するかについての立ち入った研究もそう多くはない。筆者の見るところ、『寄与』の評価は、およそ三つの立場ないしは傾向に分かれる。

①『寄与』を『存在と時間』の後の「第二の主著」と見なし、重視する立場

まず何と言っても、ペゲラーの解釈が挙げられる。ペゲラーは『寄与』について「三〇年代の主著」[8]であるとか「第二の主著」[9]であるという言い方もしているが、「真の(eigentlich)主著」[10]であるとも言っている。「ハイデガーは、一九三六年から一九三八年にかけて、彼の第二の、いやそれどころか彼の真の主著と見なされねばならないもの、すなわち『哲学への寄与』を執筆した」[11]。『寄与』には、「シルス・マリアの風とエッケ・ホモの気分が吹きぬけて」[12]いる。「『寄与』という断片は、主題的に秩序づけられており、或る唯一の思索の歩みへの寄与となるべきものである」[13]。このようにペゲラーは捉える。しかし何ゆえ『寄与』が「主著」あるいは「第二の主著」であると言えるのかについては、それほど詳細に理由づけているわけではない。これはペゲラーの論述のスタイルでもあるが、ハイデガーの思索の歩み全体から見てそのように発言しているにすぎない。彼の『ハイデガーの思惟の道』での論述内容では、『寄与』は存在の真理の思索への移行、形而上学の克服という課題を開始する思索であるという意味で、重要性を持つものと見なされている[14]。

『寄与』を「第二の主著」とすることにより明確な理由づけを与えているのが、フォン・ヘルマンである。ヘルマンは『寄与』を「第二の主著」とする理由について、それが存在の問いを存在史的に仕上げる道の「最初の全面的形成」[15]であるからだとしている。彼は『存在と時間』から『寄与』への変遷を「超越論的‐地平的な問いの軌道」から「存在史的な問いの軌道」への変化と捉える[16]。ただしこの変化は、超越論的‐地平的な問いの軌道を全く捨て去るというものではなく、「内在的変化」[17]として遂行されるのだと言う。ヘルマンは、『存在と時間』を、そこではじめて存在そのものを問うための領域が露開されたという意味で、ハイデガーの「根本著作（Grundwerk）」[18]であるとし、この書の試みがあって『寄与』の思索も可能となった旨を主張する。そして、『寄与』から発する存在史的な思索の根本動向が、戦後公刊された著作のテーマを規定し続けていると考える[19]。こうして彼は、『存在と時間』と『寄与』との関係を、カントの『純粋理性批判』とその後の『実践理性批判』『判断力批判』、ヘーゲルの『精神現象学』と『論理学』との関係に準えることができると考えている[20]。さらに『存在と時間』と『寄与』が「ハイデガーの思索の道における二つの絶頂」であるばかりか、「西洋‐ヨーロッパ哲学の二つの偉大な著作[21]」とまで言っている。

②『寄与』を「第二の主著」とは見なさず、重視しない立場

H・エーベリングは、『寄与』が「真の主著」であるとか「第二の主著」であるというのは「神話」[22]であると主張する。「『寄与』は実際には、繰り返しの多い冗長な草稿にすぎず、よく出来上がっているとはとても言えるものではない」[23]。さらに「リヒテンベルクやニーチェ以来のアフォリズムを考えれば、ハイデガーの草稿をアフォリズムとみなすことはできない」[24]。また「民族」に関する言説についても、『寄与』にはナチ体制に対する抵抗の記録があるわけではなく、あるのはこれぞ「真実」と思った「民族」の本質にのめりこんでいく記録だけである。[25]「もう一つの主著という神話は、特に〈存在〉へ自発的に引き渡されるという欺瞞に満ちた幻想によって生きている」[26]。こうしてハイデガーは自分自身を、信奉者たちにとっての「祭司‐哲学者」[27]に仕立て上げている。このように、エーベリングの批判は極めて辛辣である。

R・ザフランスキーは「第二の主著」云々については触れないが、同様に総じてネガティヴなトーンで描く。「『寄与』は彼のロザリオを繰りながらのお祈りなのである。型通りの繰り返しもそれゆえであり、これを聞いて感動することのない者、〈改心する〉ことのない者には退屈な単調な響きに思える手回しオルガンなのである」[28]。「『寄与』の中に新しい秩序の具体的幻想を捜し求めても無駄であろう。ハイデガーは隠喩の中に逃げ込むからである」[29]。ザフランスキーの筆致は、伝記にふさわしく、『寄与』の思索の有り様を冷静に淡々と描くものであるが、「自己省察と自己検証という古来尊いとされている哲学の分野が入り込む場所は『寄与』にはない」[30]という文言から窺えるように、『寄与』を哲学としては評価しえないと考えている。

③重要性は認めるが「第二の主著」とまでは見なさない立場

『寄与』に見られる政治思想を批判しようとするA・シュヴァンは、『寄与』が「第二の主著」かどうかという問いに対して、「然りであり否である（Ja und Nein）」[31]と答える。「然り」というのは、『寄与』がエアアイグニスの思索を展開し、基礎存在論から存在の問いそのものの表立った主題化への「転回」を他のどの著作よりも遂行しようとしているからである。しかし「否」であるのは、『寄与』が思想上密度に乏しく、アフォリズム的性格のものであり、エアアイグニスを明らかにする可能性の明白な失敗の「ドキュメント」であるからである。『寄与』は「一つの思索の歩みの重要な諸断片を含む[32]」にすぎず、「移行の典型的な著作[33]」であるとシュヴァンは言う。彼は然りと否という両義的な主張をするわけだが、『寄与』を主著とは見なせないという否定の方にアクセントがあるように思われる。

D・J・シュミットは、「私はペゲラーとは違ってこの『寄与』をハイデガーの真の主著とは見なさないことを告白する[34]」と語る。しかし彼は、その主張の一方で、『寄与』が真摯な注意と努力に値するものと捉え、哲学の新しい語彙を創り出す上での根本的に新たな視点を提供するものである点、さらにハイデガーの思想から或る政治学として現れるものが理解でき、『哲学への寄与』が「政治学への寄与」として読める点を積極的に引き出そうとしている。

H－G・ガダマーも『寄与』を「主著」と見なすことには否定的である。彼は『寄与』公刊前にヘルマン・ハイデガー（ハイデガーの息子）の好意で読んだようであるが、彼の見方では、「この原稿は、人が想像しているような、ハイデガーの主著になるはずだったものなどではない[35]」と言う。それは、ハイデガーによって計画されたがついぞ完成されはしなかった彼のライフワークの「先取り」であり、「膨大なプログラム草案[36]」にすぎない。ただし、初期のものと最後期のものが一つの統一的な全体をなして集結しており、草稿段階のものであるとはいえ、極めて「貴重[37]」だとも述べている。

G・フィガールは『寄与』を「三〇年代のハイデガーの主著[38]」と位置づける。しかしフィガールも、『寄与』を絶対化するようなことはしない。彼によれば、「後期の仕事に属しているハイデガーのテクストは、もし彼が一九三四年から一九三八年の間に書いた講義や著述との関連で読まれないならば、その思想を追うことも再構成することもできない[39]」と言う。後期の思想が一時期の著作群において醸成され、『形而上学入門』（一九三五年夏学期講義）をその開始と見る。『寄与』が「三〇年代のハイデガーの主著」であると言うのは、このテクストをこの時期の著作群の中心と捉えての主張であろう。

以上『寄与』の評価を三つに類型化して瞥見したが、それぞれのタイプの内部でも論者によって評価は微妙に異なる。また『寄与』の取り上げ方の特徴として、ナチ問題との連関で論じるということも挙げられる。そのような取り上げ方がなされる理由は、第一に『寄与』の公刊が八〇年代後半からの一連のナチ問題論議の中でなされたこと、そして第二に『寄与』がフライブルク総長辞任の後、ナチズム席巻の最中で執筆され、実際ナチズムを意識したコメントもあるということである(40)。さらに『寄与』評価は、後期思想全体への評価と重なる。すなわち、前期思想に対し後期思想を評価しない立場では、当然『寄与』の評価も低いことが傾向としては言えるであろう。

いずれにしても、『寄与』の評価は分かれている。そもそもハイデガー哲学自体が毀誉褒貶の甚だしいものであるゆえ、それは当然であるとも言えようが、『寄与』の評価の多様性については、何と言ってもこのテクストが晦渋を極めること、そして包括的研究が極めて乏しいことに起因する。こうした研究状況が本書で『寄与』のテクストに焦点を絞る第一の動機である。

では『寄与』は「第二の主著」であると言えるのであろうか。「第二の主著」というのはハイデガーの言葉ではない。極めてインパクトがあるがゆえに、この言葉自体が独り歩きしたきらいもある。したがって、この問いにはいくつかの注意が必要である。

そもそも「主著」とは何を意味するのだろうか。Hauptwerk とは文字どおりには、その思想家の主要な著作のことである。だがこれは読む者がその書物から何を期待するかによっても変わってくるであろう。周知のように『ハイデガー全集　第一巻』の扉には、「諸々の道——著作ではない」という言葉が掲げられている。これを形式的にとれば、『存在と時間』も含めハイデガーには著作（Werk）はないことになる。しかし当然ペゲラーやヘルマンはこの言葉を承知した上で発言しているはずである。いま仮に、通常の哲学的主著の条件として、①その思想家の思索の結晶、②体系性、③汲めども尽きぬ思索の源泉を想定してみよう（③は古典の条件ということにもなろうが、ハイデガーのような歴史的に大きな影響を与えた哲学者の場合、「主著」となりうることは「古典」となりうることでもある）。

まず明確に言えることは、『寄与』は体系的な著作ではない。また生前に公刊して世に批評を乞うことを控えたものである。その意味では Hauptwerk とは言えない。しかし例えばハイデガーは、ニーチェ哲学の解釈にあたって次のような見解を示している。「本来の哲学は《遺稿》として残されている」（N I, 17）。『権力への意志』は「丹念に仕上げられた《アフォリズム》」（a. a. O., 19）であり、アフォリズムとは「それ自体純粋に、あらゆる非本質的なものから隔てられ、ただ本質的なもののみを確定する」（a. a. O., 20）と。もちろん『寄与』の叙述のスタイルは、通常アフォリズムという言葉で理解されるものとは異なるし、ニーチェのアフォリズムの持つ軽妙さも持っていない。ただ「エアアイグニスとしての存在」という本質的なものを語り出すことだけを目指したものだとは言える。他方『寄与』はたしかに生前公刊を差し控えた《遺稿》ではあるが、晩年ハイデガー自身が『全集』で公刊することを計画していた(41)。そして何と言っても、ハイデガー自身の『寄与』に対するコメントを無視するわけにはいかない。

『ヒューマニズム書簡』の全集第九巻『道標』所収テクストでは、欄外注において「ここで語られたことは、〔中略〕存在の真理を端的に語ろうとする試みの《瞬間》の内で、一九三六年に始められたある道を歩むことに基づいている」（GA 9, 313, Randbemerkung a.）と書かれている。これが『寄与』を指していることは言うまでもない。しかも『寄与』の課題が「存在の真理を端的（einfach）に語る」ことだということが分かる。また同じテクストには「《エアアイグニス》は一九三六年以来、私の思索を導く主導語である」（GA 9, 316, Randbemerkung a.）という欄外注もある。さらに『思索の事柄へ』所収の「講演《時間と存在》についてのゼミナールの記録」でも、「エアアイグニスの本質構造を形成する諸関係と諸連関は、一九三六年から一九三八年の間に仕上げられた」（SD, 46）と述べられている。

このようなコメントから、『寄与』が『存在と時間』以降の思索の道程において重要な起点であると、ハイデガー自らが位置づけていることは間違いない。

ハイデガーは、『寄与』のいたるところで『存在と時間』という著作と問題系を取り上げ、言及し、さらに『寄与』の思索と対照させている。ハイデガー自身が『存在と時間』から自覚的に距離を置いて新しい試みをし、それが以降の思索の方向を規定しているのである。『寄与』は通常の「主著」のような体系性を持たず、断片的性格が強い書物であるが、『存在と時間』に並ぶハイデガーの最重要のテクストと位置づけられると言えよう。したがって筆者の立場は、先に整理した①のペゲラーやヘルマンの立場に近いものであることを言っておこう。もっとも、ある種の党派的な論争を生み出すつもりはない。筆者は、ペゲラーやヘルマンと異なり、『寄与』の思索の制限や問題点も様々な局面で見定めたいと思う。

では、どのようなわけで「第二の主著」と見なせるのか、その理由を、先に想定した主著の条件と照らしながら、ここで整理して述べておこう。これが本書の第二の動機となる。

第一に、『寄与』によって新たな思索の出発点が築き上げられ、ここから後期思想が始まる。ここで言う後期思想の本質は、存在それ自身を端的に問うことであり、存在それ自身をエアアイグニスとして思索することである。しかも単なるそれへの着手であるだけでなく、内容的な掘り下げがなされている(42)。本書では、ヘルマンの「存在史的な問いの軌道」という定式と異なり、「存在それ自身をエアアイグニスとして問う」思索の在り方を後期思想の本質性格として理解する。というのも「存在史」は、たしかに『寄与』を特徴づける適切なメルクマールではあるが、それで後期思想の広がりすべてを特徴づけることはできないし、後にハイデガーが否定的な評価をしているからである(GA 15, 366)。それに対して、「存在それ自身をエアアイグニスとして問う」という構えは、最晩年にいたっても一貫して保持される。もちろん『寄与』は後期思想の完成態ではない。それゆえ例えば、言葉への思索や技術への問いの展開など、『寄与』以降展開される思想は様々ある。しかしこのテクストがなさんとする思索の課題の大きさ、そして果敢に試みられた言説のボリュームは、主著研究に値する。

第二に、『寄与』はなるほど哲学的断章から成り立つ遺稿集ではあるが、全体として一つの秩序ないしは脈絡を有している。例えば、『寄与』の執筆後に書かれた遺稿集『省察』や『存在の歴史』に比べると、はるかに秩序的性格を備えており、またその全体が同時に思索のインパクトとなって、問いを喚起するものとなっている。(43) 要するに、これはメモを集めただけの「断片集」ではない。「体系」と異なる秩序をハイデガーは「接合秩序（Fuge）」と呼んでおり、この接合秩序によって『寄与』は、これまでにない哲学的な著述のスタイルの可能性を示していると言ってもよいであろう。

第三に、『寄与』は狭くハイデガー研究のレベルにとどまらない、実に様々な問題を提起している。例えば、技術文明に対する批判、歴史論（哲学史探究を含む）、真理論、時間論および空間論、神の問題、近代的思考の問い直し（気分論や跳躍の思想を含む）、哲学論といった諸々の問題群である。したがって、断片的性格の『寄与』は、未完の『存在と時間』がそうであったように、哲学的思索の源泉たりうる古典的主著の条件を備えていると思われるのである。

もちろん「主著」が「主著」として成り立つためには、その思索の持つ創造的な豊饒性のみならず、読者がそこから多くのものを読み取ってゆく営みとその連鎖もまた不可欠である。歴史上に残る偉大な著作はどれもそうであろう。それゆえ大事なのは、我々がどれだけそこから哲学的意義を汲み取ることができるかであると言うこともできよう。それを本書は全体として示したいと思う。

2　本書の方法

本書は次の方法ないしは観点から考察を行う。

まず第一に、本書は『存在と時間』との比較研究という方法で『寄与』を考察する。『存在と時間』は誰もが認めるハイデガーの主著である。『存在と時間』についての理解はハイデガー哲学を全体として把握する上での言わば先行了解となる。この『存在と時間』と突き合わせることによって、『寄与』の思索の特徴を、ハイデガー哲学の内部文脈において明らかにすることができる。とくに『存在と時間』が立脚していた超越論的思考が、『寄与』においていかなる意味で批判されることになるのか、また超越論的思考を脱却せんとする『寄与』の思索がいかなるものになるのかを解明したいと思う。また『存在と時間』で使用される重要概念がハイデガー自身によってどう変換され、どのような意義を持つにいたるかにも十分配慮する。

さらに第二に、本書は『寄与』を構成する主要な六つの「接合肢（Fügung）」のそれぞれに対する解釈を行い、このテクスト全体を立体的に摑むことに努める。おそらく、この作業なくしては、『寄与』全体に対する正当な評価を下すことはできないであろう。本書は、各接合肢の思索自体が開く哲学的な問題次元とその意義を吟味してゆくが、その際、一旦通常の哲学的議論（時代批判、解釈学、歴史論、真理論等々）の文脈に置き、そうした議論の連関性や彼の思索の特異性を洞察することを心がける。それによってこの『寄与』という書物がハイデガー哲学の内在的解釈を離れても、十分哲学的な思索の材料を提供するものであることを示したいと思う。このような作業は、『寄与』を含めた後期ハイデガーの思想を秘教的なものにしないためにも必要なのである。

ちなみにハイデガー研究においては、一冊の書物に限定して考察を進めることは極めて少ない。従来の研究書の大方が、ハイデガー哲学の足跡をたどる発展史的研究である。それはまず、ハイデガー哲学が体系的哲学ではなく、道程的哲学であることに起因する。『存在と時間』からしてそもそも未完であった。その未完の理由を探るためにも発展史的研究の方法が求められた。さらに、一九七五年に『ハイデガー全集』の刊行が開始され、次々に新しい資料が登場したことも、発展史的研究の興隆に拍車をかけたと言える。

だが発展史的研究の蓄積は今ではかなりの量に達している。もちろんハイデガー研究にはこの発展史的視点が不可欠であるとはいえ、別のアプローチもまた必要とされているように思われる。そのアプローチの一つが、ある重要な著作に的を絞り、その思索の構造を明らかにするとともに可能性を最大限に引き出すという研究の手法である。本書はこうした研究の状況に鑑みて、『寄与』に対する包括的研究を行うものである。

3　本書の構成

本書は大きく四部に分かれる。第一部は「原初的思索の基本性格」と題し、『寄与』の思索の根本構造ならびに基本性格について考察する。ここでは『寄与』の「Ⅰ　予見」を中心に、第1章で『寄与』の根本構造を押さえ、第2章でこの思索における「気分」の役割ないしはその意義を解明する。この第一部は、続く第二部以下の考察の準備作業として位置づけられる。上述したように、『寄与』は極めて特異で難解なテクストであり、研究の蓄積も乏しい。それゆえ『寄与』に対する何らかの全体的理解をあらかじめ示しておく必要が是非ともあるのである。

第二部では「存在の歴史」の問題を扱う。まず第3章で「Ⅱ　鳴り響き」を解釈しつつハイデガーの時代批判の位置価を見定める。次に第4章で『存在と時間』と『寄与』の比較を行いながらハイデガーの歴史論の性格を明らかにする。さらに「Ⅲ　投げ渡し」の思索に立ち入ることによって、第5章では「投げ渡し」とはいかなる事態かを詳細に考察し、第6章において、「III　投げ渡し」に見られる哲学史観を再構成するとともに、その哲学史観の問題点を浮かび上がらせたい。

第三部は「存在の真理」の問題を考察する。ここでは第7章と第8章で「IV　跳躍」の思索を主題化する。第7章では「跳躍」の思想の内実を明らかにし、その可能性を展望する。そして第8章では跳躍によって開かれる「存在の裂け目」という事態を、様相の問題と対比させつつ解明する。続く第9章、第10章、第11章では「V　根拠づけ」の接合肢に迫る。第9章は「根拠づけ」という思索の性格を、「超越論的思考」との対比において明らかにし、次の第10章は、「存在の真理」と呼ばれるものを真理論の文脈において論究する。そして第11章で「時間-空間」という概念を『存在と時間』の時間論・空間論と比較しながら解明する。

第四部は「将来の哲学の課題」と称する。第12章では、「VI　将来的な者たち」および「VII　最後の神」を解釈しながら、ニヒリズムにおける人間と神との関係を問題とする。そして最終の第13章で、「VIII　存在」を中心にして、『哲学への寄与』という場合の「哲学」の意味を押さえながら、存在と人間の呼応関係、そして存在者の問題を究明し、『寄与』の思索全体の意義を探りたいと思う。

（1）『哲学への寄与』という訳について簡単に触れておく。Beiträge zur Philosophie の日本語の翻訳書は、二〇〇五年に大橋良介氏と秋富克哉氏、そしてハルトムート・ブフナー氏によって上梓された。この訳書では、書名が『哲学への寄与』ではなく、『哲学への寄与論稿』と訳された。大橋氏は、「訳者後記」の中で「寄与論稿」と訳した理由を次のように述べている。学術用語としてのドイツ語 Beiträge は、「論文集」の意味合いで用いられている。実際 Beiträge zur Philosophie という表題を持つ哲学叢書が一九一二年から存在していた。日本語の「寄与」だけでは「論文集」という普通の意味が表現されえないから、これを表題の訳に当てるのは「不適訳ないしは誤訳となる」。そこで定着した「寄与」という語の響きを保ちつつ、通常の意味を訳出するために「寄与論稿」と訳す。このような理由である。『哲学への寄与論稿（性起から〔性起について〕）』（創文社）五五九―五六〇頁。Beiträge が持つ「論文集」という意味に注意を喚起し、また同名の叢書が存在していた事実の指摘は大変重要であり、またこうした訳語の工夫はどこまでも求められるべきであろう。にもかかわらず、本書が「哲学への寄与」という従来の訳のままにするのは、次の理由からである。

まず、「寄与論稿」という訳は日本語としてやや奇妙である。このような題名を持った日本語の書物はほかにはないであろう。ハイデガーは Beiträge zur Philosophie という表題が「公開的な表題」（ということはごく普通の表題）と言っているが、「寄与論稿」という訳語ではそのようには感じ取れない。むしろ例えば「哲学論集」とする方が、その意味ではふさわしいかもしれない。

次に、学術用語としての Beiträge を「寄与」として訳す慣例はこれまでも存在し、広くなされている（これは英語の Contributions も同様である）。この場合、複数の執筆者による「論文集」ではなく、個人の「研究論文・モノグラフ」の表題として使用される場合もある（例えば、マックス・シェーラー「論理的原理と倫理的原理との関係確定への寄与」五十嵐靖彦訳『シェーラー著作集 14』白水社、一九七九年。原題 Beiträge zur Feststellung der Beziehung zwischen den logischen und ethischen Prinzipien）。今日「〜への寄与」という表題で研究論文を理解することは十分可能である。

さらに Beiträge zur Philosophie 全体を通して理解できるのは、「本質的な題名」（＝「エアアイグニスについて」）と区別されているとはいえ、存在の真理を問う来るべき哲学にこのテクストの思索が寄与・貢献するという意味合いが、この「公開的な表題」にこめられているということである。もちろん、この点はこのテクスト全体の解釈にかかわることであり、明白な「事実」ということではない。だが筆者はまさにこのような解釈をとるがゆえにこそ、あえて旧来の「寄与」という訳を採用するのである。

(2) Ereignis についてはこれまで多数の訳語が試みられた。それぞれの訳に相応の理由があると思う。しかし本書では、日本語としての訳を与えるのではなく、カタカナで表記する。ハイデガーは、Ereignis が翻訳不可能であると述べているし（GA 79, 125）、このカナによる音写も従来とられてきたものである。これは徒にいわゆる「カセット効果」をねらうわけではないが、キーワードとして際立つという面がある。また日本語の持つ固有な意味と文脈に引きずられることが少ないという利点もある。筆者としては、本書全体を通して、その意味内容を明らかにしたいと思う。ただし動詞の場合はカナ表記ではどうしても具合が悪い。そこで本書ではハイデガーによる語源的説明を重視し（GA 79, 125）、他動詞として用いられる ereignen を「呼び求める」と訳す。このように訳すことには一つの強い解釈が入り込んでいるが、それにより主観主義を超えるハイデガーの思索の理解を深めることができるものと思う。ereignen は通常のドイツ語では再帰動詞として用いられるが、ハイデガーは他動詞としてしばしば用いる。例えば次のような文がある。Im Da-sein und als Da-sein er-eignet sich das Seyn die Wahrheit...(20) この文の er-eignen は sich があるからと言って再帰動詞としては読めない。die Wahrheit が目的語となる。sich は三格である。そこで本書ではこのような文の場合、「現-存在の中で、そして現-存在として、存在はおのれに真理を呼び求める」と訳す。

(3) Otto Pöggeler, *Der Denkweg Martin Heideggers*, Pfullingen: Günther Neske 1963.（大橋良介・溝口宏平訳『ハイデッガーの根本問題

——ハイデッガーの思惟の道』晃洋書房）

（4） Egon Vietta, *Die Seinsfrage bei Martin Heidegger*, Stuttgart: Curt E. Schwab 1950.（川原栄峰訳『ハイデッガーの存在論』理想社）

（5） 茅野良男『初期ハイデガーの哲学形成』東京大学出版会、一九七二年、同『人類の知的遺産75　ハイデッガー』講談社、一九八四年。茅野氏は『初期ハイデガーの哲学形成』（一二九頁）の中で、『寄与』こそ「後期ハイデガーの思惟の源泉である」と述べている。

（6） 辻村公一「最後の神」（『ハイデッガーの思索』創文社、一九九一年所収。初出は一九八三年）

（7） ペゲラーは、一九五九年六月にハイデガーと議論でき、『寄与』を「学ぶことができた」と語っている。Otto Pöggeler, *Heidegger und die hermeneutische Philosophie*, Freiburg/München: Karl Alber 1983, S. 53.（伊藤徹監訳『ハイデガーと解釈学的哲学』法政大学出版局、四二頁）

（8） Pöggeler, a. a. O., S. 394.（同書、三五五頁）

（9） Pöggeler, *Heidegger in seiner Zeit*, München: Wilhelm Fink 1999., S. 260; *Neue Wege mit Heidegger*, Freiburg/München: Karl Alber 1992, S. 11.

（10） 例えば、Otto Pöggeler, Heidegger und die hermeneutische Theologie, in: *Verifikationen: Festschrift für Gerhard Ebeling zum 70. Geburstag*, hrsg. von Eberland Jüngel, Tübingen: J. C. B. Mohr 1982, S. 481; Otto Pöggeler, Heideggers politisches Selbstverständnis, in: *Heidegger und praktische Philosophie*, hrsg. von Annemarie Gethmann-Siefert und Otto Pöggeler, Frankfurt: Suhrkamp 1988, S. 42 など。

（11） Otto Pöggeler, *Heidegger in seiner Zeit*, München: Wilhelm Fink 1999, S. 13.

（12） Otto Pöggeler, Heidegger und die hermeneutische Theologie, in: *Verfikationen: Festschrift für Gerhard Ebeling zum 70. Geburstag*, hrsg. von Eberland Jüngel, Tübingen: J. C. B. Mohr 1982, S. 481.

（13） Pöggeler, a. a. O., S. 482.

（14） Otto Pöggeler, *Der Denkweg Martin Heideggers*, Pflullingen: Günther Neske 1963, S. 143ff.（大橋良介・溝口宏平訳『ハイデッガーの根本問題——ハイデッガーの思惟の道』晃洋書房、一七一—一七四頁）

（15） Friedrich-Wilhelm von Herrmann, *Wege ins Ereignis. Zu Heideggers »Beiträgen zur Philosophie«*, Frankfurt: Vittorio Klostermann 1994, S. 6. なおこの言葉は、「接合秩序（鳴り響き—最後の神）の最初の全面的な形成」（59）という『寄与』の文言を引用したものである。

（16） Herrmann, a. a. O., S. 17.

（17） Herrmann, a. a. O., S. 6, 17, 30.

（18） Herrmann, a. a. O., S. 6.

（19）Friedrich-Wilhelm von Herrmann, Die „Beiträge zur Philosophie" als hermeneutischer Schlüssel zum Spätwerk Heideggers, in: *Heidegger—neu gelesen*, hrsg. von Markus Happel, Würzburg: Königshausen & Neumann 1997, S. 77.

（20）Friedrich-Wilhelm von Herrmann, *Wege ins Ereignis. Zu Heideggers »Beiträgen zur Philosophie«*, Frankfurt: Vittorio Klostermann 1994, S. 6.

（21）Herrmann, a. a. O., S. 7.

（22）Hans Ebeling, *MARTIN HEIDEGGER. Philosophie und Ideologie*, Hamburg: Rowohlt Taschenbuch 1991. S. 74.（青木隆嘉訳『マルティン・ハイデガー――哲学とイデオロギー』法政大学出版局、八六頁）

（23）ibid.（同書、同箇所）

（24）ibid.（同書、八六―八七頁）

（25）Ebeling, a. a. O., S. 76.（同書、八八頁）

（26）Ebeling, a. a. O., S. 79.（同書、九二頁）

（27）ibid.（同書、九三頁）

（28）Rüdiger Safranski, *Ein Meister aus Deutschland Heidegger und seine Zeit*, 2. Aufl., Frankfurt: Fischer Taschenbuch, 2002, S. 346.（山本尤訳『ハイデガー――ドイツの生んだ巨匠とその時代』法政大学出版局、四五三頁）

（29）Safranski, a. a. O., S. 349f.（同書、四五八頁）

（30）Safranski, a. a. O., S. 352.（同書、四六一頁）

（31）Alexander Schwan, Heideggers „Beiträge zur Philosophie" und Politik, in: *Martin Heidegger, Kunst-Politik-Technik*, hrsg. Christoph von Jamme und Karsten Harries, München: Wilhelm Fink 1992. S. 176.

（32）Schwan, a. a. O., S. 177.

（33）ibid.

（34）Denis J. Schmidt, Strategies for a Possible Reading, in: *Companion to Heidegger's Contributions to Philosophy*, ed. by Charles E. Scott, Susan M. Schoenbohm, Deniela Vallega-Neu, and Alejandro Vallega, Indiana University Press, 2001, p. 32.

（35）Hans-Georg Gadamer, *DER EINE WEG MARTIN HEIDEGGERS* Vortrag, gehalten am 25. Mai 1986 in Meßkirch vor der Martin-Heidegger-Gesellschaft, J. C. B. Mohr（Paul Siebeck）, Tübingen, S. 19.（川原栄峰訳「マルティン・ハイデッガーのただ一条の道」実存思想協会編『存在への問い　実存思想論集Ⅲ』以文社、一九八八年所収、二四頁。なお引用にあたって「ハイデッガー」を「ハイデガー」と変更した。）

（36）ibid.（同書、同箇所）

(37) ibid.（同書、同箇所）
(38) Günter Figal, *Heidegger zur Einführung*, 2. Auf., Hamburg: Junius 1996. S. 138.（伊藤徹訳『ハイデガー入門』世界思想社、一五三頁）
(39) Figal, a. a. O., S. 137.（同書、一五一頁）
(40) 本書ではナチズムの問題を考察することはしない。それは、この問題を軽視しているからでなく、むしろ問題自体の大きさゆえに十分扱いきれないと思ったからである。したがってこの問題は別稿の課題としたい。『寄与』にはナチス批判と見られる発想と文言があり、それによって彼のナチズム加担を緩和させる議論もある。だが筆者の関心は、そのような論調にはなく、ハイデガーのナチズム批判が歴史的現実としてのナチズムの罪に対して、はたして有効性なり重要性を持つのか、むしろ現実的な政治体制の差異を無意味化し、罪に対する責任を回避するものではないかという点にある。
(41) 『寄与』は『ハイデガー全集』第三部門（未完論文）に入れられている。ハイデガーは、晩年、この第三部門の出版を、第二部門講義の編纂の後に開始するように指示していた。これは『寄与』を含めた未公刊のテクストの理解が講義テクストの理解を前提するというものである（Nachwort des Herausgebers, 513）。しかし講義の刊行はその主立ったものがすでに終わっているという理由で、編者の判断によって、『寄与』は生誕百周年に公刊されたわけである。
(42) ハイデガーの思索の展開に関しては、前期・後期の二区分に分ける説のほかに、三区分に分ける説もあり、さらにそれを細かく区分することも可能である。しかし三区分に分ける場合でも、二番目の時期としての「存在の真理」期以降を後期思想と見ることが多く、その場合、前期後期の二区分が前提されていると言えよう。筆者の立場では、質的な違いとして前期と後期の違いが際立っていると考えるゆえ、二区分説に基づいて論を展開する。
(43) ハイデガーは『存在の歴史』の中で次のように記している。「『寄与』はまだ枠（Rahmen）であって接合構造（Gefüge）ではない。『省察』は一つの中心（eine Mitte）ではあるが、源泉（Quelle）ではない」（GA 69, 5）。この文言は、ハイデガーが『寄与』の不十分さを認め、『省察』とともに読むことを要求しているようにみえる。研究方法としては、この時期のこれら一連の遺稿を合わせて考察する必要もあろう。しかし本書では、『省察』や『存在の歴史』なども参照することもあるが、まず『寄与』に集中してその全体を捉えることに専心する。

第一部　原初的思索の基本性格

第1章　『哲学への寄与』の根本構造

1　『寄与』のねらい

本書で取り扱おうとするテクストには二つの標題がある。メインタイトルの「哲学への寄与」とサブタイトルの「エアアイグニスについて」である。メインタイトルの方は「公開的な標題」とされる。『寄与』という書物は、この公開的な標題のことから語り始められる。節の番号のない最初の頁は、『寄与』のねらいを理解する上で大変重要であると思われるので、この箇所を丹念に検討することから始めよう。

「公開的なタイトルは、今や色褪せ、ありきたりで、何も語っていないように響くに違いなく、哲学の《進歩》への《学問的》《寄与》が問題であるかのような外見を呼び起こすに違いない」(3)。

「哲学への寄与」という標題は見かけ上インパクトがない。言葉への根本的なかかわりが不可能になっている現代では、このような公開的な標題を使用せざるをえないが、しかしこの色褪せたタイトルは、次のかぎりで《事柄》に対応するともハイデガーは語る。それは、「形而上学から存在史的思索への移行の時代にあって、存在の真理への問いにおける一層根源的な根本立場に基づいて思索するという、ただ一つの試みが敢行されうるかぎり」(3 傍点引用者）である。

我々はまず、ここに出てくる「移行（Übergang）」という語に注目する。これは『寄与』のキーワードである。移行が何から何への移行であるかは多義的であるのだが、基本的な意味としては、「形而上学の終わりから別の原初への移行」（469）、「近代から別の原初への移行」（89）ということである。「形而上学」とは、存在者の側から存在を存在者性として捉える思考のことであり、これがアナクシマンドロスからニーチェにいたる西洋の歴史を規定してきたと言う。「最初の原初」とはそのような形而上学の原初のことであり、その歴史は「存在忘却」の歴史とされる。ハイデガーは、存在者から存在者性を捉えるのでは存在そのものを捉えたことにはならないと考え、存在それ自身、存在の真理を思索することを、自らの思索の課題とする。この存在の真理を問うというただ一つの試みが行われるならば、公開的なタイトルは思索の事柄にかなったものとなると言うのである。「哲学への寄与」とは存在の真理への思索に資することである。移行はそのような思索への移行にほかならず、形而上学を克服することである。ハイデガーは言う。「最初の原初の終わりから別の原初へと移行することを準備し始めることによって、人間はいまだなかった《時期（Periode）》に足を踏み入れるのでは決してなく、歴史の全く別の領域に足を踏み入れるのである」（227）と。移行は単純にある期間から別の期間への移動のことではない。このことを理解するためには、「原初」なるものの性格を押さえておかなければならない。

「原初（Anfang）」は、文字どおり歴史の「始まり」ではあるが、「最初の原初」と「別の原初」と言うと、二つの歴史の始まりが独立してあるかのようなイメージを与えるかもしれない。だが、そうではない。「この原初が別の原初としてはじめて遂行できるようになるのは、最初の原初との対決においてである」（58）。「別の原初」は、「最初の原初」との対決を通して捉えられる。原初は一回的なものであり、「一回的なもののみが反復可能」（55）であると言う。反復とは二度三度と同じことを繰り返すことではなく、原初によって始められたものを、「別の仕方で取り込む

(übergreifen)」(55) ことである。つまり、打ち消しえない始まりを別の形で捉え、それを新たな始まりとなすということである。このような原初の性格を捉えるならば、移行の本質は、到達にあるのではなく、二つの原初の間を開き、その内に滞在することであると言ってよい。

移行において生起するのが「決断(Entscheidung)」である。では決断とはいかなるものか。これも『寄与』では様々な形で語られるのだが、「44.《諸決断》」という節で最も主題的に述べられている。この節では様々な決断が列挙されている。例えば、〈人間が「主観」にとどまろうと欲するのか、現-存在を根拠づけるのか〉〈芸術が体験の催しであるのか、真理を作品の-内へ-置くことになるのか〉〈自然が計算によって搾取されるのか、大地として形なき世界の開けを担うのか〉等々である。しかしこうした諸々の決断は、一つの決断に集約される。「存在が最終的に脱去するのか、それとも、拒み(Verweigerung)としてのこの脱去が最初の真理に、歴史の別の原初になるのか」(91)。これは、より簡単に言えば、形而上学のままにとどまるのか、それとも形而上学とは別の歴史が開始されるのか、ということである。移行とはこの決断の可能性を開くことである。決断に関して注意しなくてはならないのは、それが人間(主体)による決断ではないということである。「そこで決断という言い方がされる場合、我々は、人間の或る行為、遂行、或る出来事(Vorgang)のことを考えてしまう。だが人間的な活動も出来事的な事柄も、ここでは本質的ではない」(87)。むしろ「存在が決-断する」(GA 66, 46) というのがハイデガーの考えるところである。存在の方が、形而上学か別の原初かを人間に迫るというのである。

さて、『寄与』の最初の頁に戻る。

「将来の思索は、思索の歩みであり、その歩みによって、存在の本質活動のこれまで一般に秘匿された領域が歩み通され、そのようにしてはじめて明らめられ、存在の最も固有なエアアイグニスの性格において獲得される」

(3)。

思索が「思索の歩み（Gedanken-gang）」であることが、通常の「著作」との違い、また「体系」との違いとなる。この歩みによって思索は、存在が本質活動するところの場（現）を開こうとする。それは同時に、先の歴史的決断を用意することである。そうした遂行的性格がこの『寄与』の際立った性格なのである(1)。ハイデガーはこれに続けて次のように言う。

「或るものに《関して》扱ったり対象的なものを述べたりすることが問題なのではもはやなく、エア－アイグニスに身を委ね渡されること（übereignet werden）が問題なのであり、エア－アイグニスに身を委ね渡されることは、《理性的な動物》（animal rationale）から現－存在へと人間が本質変化することに等しい」(3)。

これは最初の頁の最終段落にある文だが、この段落こそは、『寄与』の思索の根本性格を簡潔に語るものである。すなわち、『寄与』で問題となるのは、おのれを安全圏に置いて対象的なものを記述したり分析することではなく、存在者ではないもの、対象とはなりえない存在に身を開き、それを言葉に表わすことであり、それはまた、「《理性的な動物》（animal rationale）から現－存在への本質変化」を果たすことであると言う。この「現－存在への本質変化」ということも本書全体を通して可能なかぎり明らかにしたい。

ただ次のことだけはここで述べておく。「本質変化（Wesenswandel）」という場合の本質とは、不変のエッセンスという意味での本質ではない。ハイデガーは、存在者と区別される存在の有り様を指す言葉として、Wesenという語を基本的に動詞として用い、その動詞の意味を響かせるために「本質活動（Wesung）」という名詞も頻繁に用いる。この表現には、存在そのものが生き生きと働き続けるという意味合いがこめられている。またさらにそれは、「本質存在（essentia）」と「事実存在（existentia）」との統一性において存在そのものを捉えようとする表現でもある。[2] ここで言われている「本質変化」という表現も――人間に関することではあるが――この動詞的 wesen から理解すべきであって、人間の存在の仕方を言い表わすものであると取りあえず言っておこう。そしてこの「本質変化」はまた、思索の在り方の変貌のことでもある。その思索の在り方は、先の「存在史的思索」以外にも、「移行的思索」、「原初的思索」、「思索しぬくこと（Erdenken）」とも様々語られる。[3] 形而上学的ではない思索が求められているのである。

先の引用文を受けて、次の言葉で最初の頁は締めくくられる。

「それゆえ適切な表題は、エアアイグニスについて（Vom Ereignis）である。それは、エアアイグニスについて（davon）、そしてエアアイグニスに関して（daüber）、報告がなされるということを言っているのではなく、エアアイグニスによって（Vom Ereignis）、存在へと思索的に語りつつ聞き従うことが呼び求められ、存在《の》語へと呼び求められることを言わんとしている」（3）。

「エアアイグニスについて〔によって〕」が「適切な標題」であり、「本質的な標題」である。この場合の von が、エアアイグニスによって呼び求められる（er-eignet）ことであると述べられている。では、呼び求められる、その方向が「存在《の》語」であるというのはどういうことなのか。この《の》という二格は、目的格的二格であると同時に主格的二格であることを示唆している。思索は、存在を問い、存在《を》語ることではあるが、しかしそれは、存在《が》人間（思索者）をして語らしめることでもある。『寄与』がエアアイグニスについての「報告」ではないというのは、エアアイグニスとしての存在によって促される語りが求められていることを意味する。だから語ること自体が、「存在の本質から響き出る」(4) とされるのである。

　だがこのような仕方で語られる言葉こそは、このテクストの最大の難解さとなる。それは、読み手がこのテクストを理解する際の難しさであると同時に、語り手がエアアイグニスを語るに際しての難しさでもある。

　「この思索家的な語りは一つの指示（eine Weisung）である」(7) と言われるように、『寄与』でなされるのは論証ではない。しかしまた、語られる言葉は、詩人が紡ぎ出すような詩的言語でもない。あくまで「哲学」という立場から、概念把握に基づいて語りがなされる。この思索の概念は「包括概念（Inbegriff）」と呼ばれる。

　「概念はここでは根源的に《包括概念》である。そしてこの包括概念は、まずもって、かつつねに、エアアイグニスにおける転回に随行してともに把握することに連関している」(64)。包括概念は存在と人間との呼応関係に基づく。『形而上学の根本諸概念』（一九二九／三〇年冬学期講義）では、人間が概念把握すべき事柄（存在）によって、攻撃され、前もって感動させられていなければならず（GA 29/30, 9）、そのような仕方でその都度全体を自分の中へと概念把握することが Inbegriff であると述べられている（GA 29/30, 13）。『寄与』の「包括概念」は基本的にこの考えをふまえたものであろう。「包括概念の最も親密なことは、転回それ自身を概念把握することにある」(64)。この包括概念という語には、存在と人間の転回的連関の内に入って、全体的に、把握するという意味がこめられている。包括概念とは、単なる人間の思考の働きによって生み出されるのではなく、存在と人間の相互の向き合いに基づいた知の在り方のことである。

　とはいえ、そのような存在との応答関係の只中で、これまで問われなかった存在それ自身を言葉にすることには、――とりわけ「形而上学」の言葉が不適切であると自覚するならば――やはり大きな困難が伴う。この困難にあたってハイデガーは、造語はしないと語る。「存在のために新たな言葉が考案されうるのだろうか。否である。このことが成功し、しかも人工的な言葉を作ることなく成功したとしても、この言葉は、いかなる〔存在を〕語る言葉ではないだろう。〔中略〕こうして次の一事のみが大事となる。それは、言葉の単純さと本質力において生い立った、最も気高い言葉を語るということ、つまり、存在者の言葉を存在の言葉として語るということである」(78)。だが造語をしないという発言を額面どおりにはとれない。というのも、『寄与』でも、Wesung、Zeit-Spiel-Raum、Sigetik など造語と見るほかない語が様々あるからである。ただ、例えば、**Ereignis**、**Lichtung**、**Verbergung** をはじめとする言葉は、まさしく「存在者の言葉を存在の言葉として」語る言葉であることは間違いない。したがって、我々はそのようなり方で語られた言葉を、つねに存在を名指すものとして了解しなくてはならない(4)。そしてそれはそれぞれが「指示」なのであるから、このテクストに書かれている言葉をテーゼであるとか、何らかの結論であるというふうにとってはならない。

ハイデガーは、存在者のようには語りえない存在を語ることには、それに従わざるをえないような、ある種のことわりがあると考える。それが「黙示(Erschweigung)」である。「黙示は、哲学が別の原初に基づいて根本の問いを問うかぎりにおいて、哲学の《論理》である」(78)(5)。この「黙示は、言葉それ自身の、本質活動する根源から発現する」(79)。本書では Erschweigung に「黙示」という訳語を当てるのだが、「覆いを剝がすこと」を原義とする **Apokalyptik** とは一応区別しておきたい。**Erschweigung** は「指示」と密接に関係していると解される。黙示とは、存在者ならざる存在に面して押し黙って何も語らないということではない。存在《の》言葉が存在《の》言葉として際立ち、存在の真理を開示するためには、沈黙がなくてはならない。そのような沈黙が原初的なものに向かわせる。そもそも『寄与』の語りが「一つの指示」であるということは、存在の真理なるものをくまなく詳細に語り説明するのではなく、すべてが語られないところで、しかしそれでいて、或る示しがなされるようにするわけである。それだから、語りえない何事かを示すという意味で、この指示ということには〈沈黙〉が伴うと言ってもよい。

以上冒頭の頁の叙述に沿って、このテクストのねらいを見たわけだが、このねらいは、次のモットーと言うべき言葉に集約される。

「この存在は、それゆえ、存在者の方から思索されうるのではもはやなく、それは、存在それ自身に基づいて思索しぬかれなければならない」(7)。

このモットーこそは、晩年の講演「時間と存在」(一九六二年)で「存在を存在者なしで思索する試み」、あるいは「存在を存在者の方から基礎づけることを顧慮しないで、存在を思索する試み」(SD, 2)と言われるように、後期ハイデガーに一貫する思索の基本方針である。それが『寄与』から開始されるのである。ハイデガーによれば、形而上学はどこまでも「存在を存在者の存在として、存在者の方から(von ~ her)存在者へ向けて(auf ~ zu)思考するような思考」(426)であった。この洞察に基づいて、彼は、存在者の存在(存在者性)ではない、存在それ自身を思索しようとする。この存在それ自身を名指すために使用されるのが、Sein の古い表記、Seyn である。この表記に関して『寄与』では僅かなことが述べられるだけである。「Sein と Seyn は同じものであるが、それにもかかわらず根本的に異なる」(171)。Sein も Seyn も、在るという事柄として同じ事柄であるが、捉え方が全く異なる。「こうした企投〔存在者と存在の区別の根拠の企投〕によって、この問いかけは、総じて存在者と存在のかの区別の外部に出るのである。それゆえ決-断は、存在を今や《存在(Seyn)》として表記するのである。このことは、存在(Sein)がここではもはや形而上学的に思考されないということを告示するはずである」(436)。

ただし、フォン・ヘルマンも編者の後書きで述べているように、この使い分けは一貫していない(Nachwort des Herausgebers, 516)。本書では、Seyn という表記の主旨を念頭に置きつつも、日本語としての訳し分けは基本的に行わない。その代わり表記の違いが重要であると思われるところでは、その文脈に応じて Sein もしくは Seyn という原語

を挿入することにする。(6)

2 『存在と時間』との関係

では次に、『寄与』の試みをさらに理解するために、主著『存在と時間』との隔たりを押さえておこう。

周知のように、『存在と時間』のねらいは、存在の意味の問いを具体的に仕上げることであり、「あらゆる存在了解内容一般を可能にする地平として時間を学的に解釈すること」が「論述の差し当たっての目標」(SZ, 1) とされていた。このねらいのもとに、斬新で洞察力の溢れた、浩瀚な著作が執筆されたのだが、『寄与』と比較する場合には、思考の枠組みあるいは根本性格の違いをあらかじめ押さえる必要がある。ここでは、「方法」「超越論的思考」「学問の基礎づけ」の三点に注目する。

(1) 方法　『存在と時間』では思索の方法に対する吟味が周到になされ、存在者の存在をそれ自身の方から見えるようにさせるという意味での「現象学」が方法として採用される。しかもその現象学は、存在の本来的意味と現存在に固有な存在の根本構造とを「告知する」という「解釈学」として具体的に遂行される。この現象学的な解釈学という方法に従って、存在を了解しつつおのれの存在にかかわるところの現存在の存在が分析される。

(2) 超越論的思考　『存在と時間』は、明らかに超越論的思考によって存在の探究がなされている。「存在の意味」という場合の「意味」とは、「存在を了解するという第一次的な企投の基盤」(SZ, 324) とされるが、それは要するに、存在了解を可能にする根拠・条件のことである。もっとも、「超越論的」という表現は、『存在と時間』ではそれほど頻繁に用いられることはなく、序論にある、次の規定が最も明瞭に語られるものである。「存在を超越者として開示することはいずれも、超越論的認識である。現象学的真理（存在の開示性）は超越論的真理である(7)」(SZ, 38)。

『存在と時間』第一部第三篇の新たな仕上げと位置づけられる『現象学の根本問題』（一九二七年夏学期講義）では、「超越論的」という言葉がより頻繁に語られる。「存在了解の可能性の存在論的条件は、時間性自身である」（GA 24, 323）。「存在の対象化は、差し当たって超越に着目して遂行されることができる。我々はそのように構成された存在の学を、正しく了解された超越の光のもとで問いかつ解釈する超越論的な学と名づける」（GA 24, 460）。「根源的に可能にするもの、可能性自身の根源が時間であるがゆえに、時間自身は端的に最も先なるものとして時熟する」（GA 24, 463）。――このように時間をアプリオリな超越論的根拠として探究することが『存在と時間』期の思索の枠組みとして間違いなくあった。

ただし通常の超越論的思考との違いもある。従来の立場――正確に言うとカント以降の超越論的哲学――が存在者の認識を問題にする「認識論」であるのに対して、ハイデガーの立場は存在の意味を問題にする「存在論」である（とくに前者では認識の普遍性の確保が課題とされてきた）。しかしそれよりも決定的なのは、従来の超越論的哲学が「意識」や「自我」を基礎づけの基盤として前提したのに対して、ハイデガーでは「現存在」という新しい彼独自の概念が置かれる点である。というのも、人間を現存在として捉えようとすることは、しばしば無時間的で非歴史的な性格として捉えられる超越論的な主観の現事実的な存在様式を問いかつ探究することになるからである。それは例えばフッサールの立場との違いにおいて明らかになる。『ブリタニカ』草稿をめぐる書簡でハイデガーは、「それの中で「世界」が構成されてくるところの存在者の存在様式は、どのようなものであるのか」[8]と師に問いを向け、「現存在の実存体制がすべての実証的なものの超越論的構成を可能にしている」と書き送っている[9]。ハイデガーの基本思想として、現存在は歴史性という固有の運動性を持ち、その歴史性は時間性に由来する。この時間性は超越論的な身分でありながら、その具体的遂行において、現存在が現事実的に投げ入れられている状況の中からおのれの企投する実存可能性を継承しつつ選び取るほかないのである。「超越論的」という概念が地盤とするところの現存在の超越は、最初から従来の意味での超越論性を破壊する傾向、すなわち脱超越論化（歴史化）の傾向をはらんでいたのである。

（3）　学問の基礎づけ　　超越論的問題設定では、存在の問いとしての哲学は、学問論という性格も持っている。それぞれの存在者にかかわるのが「実証諸科学」であり、それを基礎づけるのが、それぞれの存在者の存在を解釈する（広義の）「存在論」である。しかしその存在論には、存在一般の意味を解明する作業が先立たなければならない。これが、ハイデガーが『存在と時間』で行おうとする「基礎存在論」（狭義の存在論）である。『現象学の根本問題』でも、実証科学が存在者を対象化するのに対して、哲学は存在を対象化することであるとはっきりと謳われている（GA 24, 459ff.）。このような学問・科学の基礎づけという使命は、フッサールの現象学を含めて、これまで哲学の理念として考えられてきたのだが、『存在と時間』もまた共有していたのである。

こうして周知のように『存在と時間』は、存在の了解を本質的に備えている現存在の存在構造を解明することから存在の探究が着手される。この分析によって、現存在の存在は「気遣い」と捉えられ（第一部第一篇）、さらにその「気遣い」を可能にする根拠が「時間性」であることが解明される（第一部第二篇）。そしてその時間性から存在一般の意味を体系的に解き明かし（第一部第三篇）、さらに存在の時間的性格を手引きとして存在論の歴史を現象学的に破壊すること（第二部第一、二、三篇）が予定されていた。しかし実際に公刊されたのは、第一部第二篇までであった。こうした現存在の分析を行いながら超越論的根拠へと遡行していく論述は、原理からの導出という伝統的哲学の体系とは異なるとはいえ、また未完で終わったとはいえ、そのスタイルとしては、従来の哲学的著作の体系性を備えていたと言えよう。

では以上の三点に関して『寄与』の方はどうであろうか。

（1）　方法　　『存在と時間』のような方法に関する吟味は一切ない。ここでは「存在の真理」という事象に対応して語るという作業がなされる。それはまた、言葉に表わしては問う態度であると言ってもよい。「方法」ということを強いて言えば、歴史的省察ということになろうか。もちろん現象学や解釈学をかなり広げて解すれば、『寄与』においても（あるいはハイデガーの後期思想全般においても）現象学であり解釈学であるとも言えなくもない。しかし明らかに現存在の実存論的分析論を通して存在の真理（エアアイグニス）に迫ろうとするものではない。

（2）超越論的思考　『寄与』には、明確に超越論的思考から脱却しようとする意図が窺える。「超越論的なもの」についての積極的な発言はない。むしろ「超越論的」という概念は、概ね形而上学の歴史の中で位置づけられ、克服すべきものと考えられる。「超越論的なものの発見と相俟って、経験はそれのみが尺度を与える存在者の領域として設定されるようになる。経験の対象の《可能性の条件》としての存在者性と、この経験自身とは、それはそれで、存在と見なすべきもののための尺度の中で存在者が優位することによって、条件づけられているのである」（426）。カントの「可能性の条件」という「超越論的本質概念」は、「存在者性」と捉えられる（289）。そして、かつて自らの思索を「超越論的」と特徴づけたことについては、かろうじて次のように記されている。「急変と飛び込みを準備するためには、超越論的な（だが別の《超越》道は、暫定的なものにすぎない」（305）、と。また同時に当然のことながら、「アプリオリ」という概念もネガティヴにしか語られない。存在者から抽象化して得られる存在者性は、後から付けたした「事後的なもの（der Nachtrag）」であり、いわゆる「アプリオリ」もそのようなものである（174）と。「アプリオリ」は通常、事柄として先行するものとされているが、それは「存在の事後性の隠蔽にすぎない」（183）とまで語られるのである。

（3）学問の基礎づけ　『寄与』では、学問の基礎づけという発想は姿を消し、学問については、「鳴り響き」の文脈で「近代科学」が手厳しく批判される。またこれに呼応するように、「存在論」という標題さえも用いられなくなる。

カント以降の超越論的思考は、人間（主観）の思考の働きによる認識の基礎づけであり、人間の思考に優位を置いた主観主義であった。それゆえ、超越論的思考からの脱却は、見方を変えれば、主観主義の色彩を徹底して払拭することであるとも言える。「この道と試みがその意志に反して、新たに主観性を固めることにしかならないという危険にいたる」（GA 48, 261）。後に『存在と時間』についてこう述懐されるが、それは『寄与』で十分自覚されていたと見てよいであろう。『寄与』ではこの方向性が「企投」や「披投性」の捉え方に顕著に現れている。「企投」とは人間が可能性に向けておのれを投げるという能動的な在り方であり、「披投性」は人間がある特定の歴史的状況に投げられているという受動的な在り方のことであった。しかし「企投」も「披投性」も存在そのものとの呼応関係において捉え直される。「企投」は根本的に存在の本質に由来すると解され、人間の企投の遂行という場合であっても、それは人間がおのれを存在者から存在の内へと投げ放つこと（loswerfen）とされ、そのような企投によって「披投性」が開示されると考えられる。そして「披投性」の方は、由来の分からない現事実性ではなく、存在への帰属を意味するようになる。したがって「企投」と「披投性」は純然たる人間の存在構造というよりは、存在と人間との呼応関係の存在構造と言うべき事態なのである。[10] 能動的で揺るぎない根拠としての主観（＝人間）とは別の人間理解がここで一層深められている。

このような理解は、ハイデガーの思索がいよいよ歴史の重大さを痛感したからこそ進展したに違いない。どんな思考も歴史的状況から離れることはできない。『寄与』では、まさしくニーチェの「神の死」の経験をハイデガーなりに受容し、それを存在棄却が極みに達する状況として、そして存在の歴史の転換点として捉えて思索を行おうとするのである。その歴史の転換において詩人ヘルダーリンが思索の寄る辺となった。[11]『寄与』の思索の最大の特徴は、「存在の歴史」を問題にしながら存在の真理を問うということである。『寄与』のどのパートも「存在の歴史」が問題になっているのである。

ところで『寄与』には、『存在と時間』に対する言及が数多くある（その中にはテクストというよりも「存在と時間」という事柄ないしは問題を指すものもある）。これらの言及には、『存在と時間』との連続性を語るものもあれば、『存在と時間』への誤解を正すものもある。だが明らかに、『存在と時間』との断絶を語るものがある。ここではその断絶を語る言説に注目しよう。

『寄与』の立場からすれば、『存在と時間』は、問題設定が「十分に展開されておらず」(48)、存在それ自身を問うことを「純粋にそれ自身から原初的に展開していない」(76) とされる。これはどういうことなのか。当然これは、『存在と時間』の未完問題にかかわる。『存在と時間』の挫折点は、テンポラリテート（Temporalität）の問題であった。テンポラリテートは、この問題性の論究によって、「存在の意味への問いの具体的な答えが与えられる」(SZ 19) はずのものであった。このテンポラリテートの問題に纏わる極めて重要な言質が『寄与』の中にあるのである。

「『存在と時間』は、《時間》を存在の企投領域として証示することをねらっていた。たしかにそうなのだが、しかしそこにとどまることになっていたら、存在の問いは、問いとして、したがって最も問うに値するものを思索しぬくこととして、展開されることは決してなかったであろう。

それゆえ必要だったのは、決定的な場所において、必然的にそのように差し当たって立てられた存在の問いの危機を克服すること、とりわけ存在の対象化を回避することであり、それは一つには、存在の《テンポラールな》解釈を差し控えることによってであり、二つ目に、存在の真理をそれ〔テンポラールな解釈〕から独立して《見えるように》させることによってである」(451)。

最初の文にある「《時間》を存在の企投領域として証示する」とは、《時間》を存在了解の超越論的地平として明らかにするということと理解できる。そして「そこ」にとどまっているならば、存在それ自身（存在の真理）を思索しぬくことはできない。では「存在の問いの危機」とは何か。これは、存在を存在者性と捉えてしまう危険性と解釈することができる。換言すれば、存在がテンポラリテートとしての時間性に基づいて構成され、主観に対立する「対象」のように捉えられてしまう危険性である。これはつまるところ、超越論的思考の枠組みに由来する危険性であると言えよう。だから「存在の《テンポラールな》解釈」を差し控え、そこから独立して、本来どんな対象化も許さないはずの存在それ自身（存在の真理）を捉える試みを行え、というわけである。ここに『存在と時間』に対する決定的な乖離が語られていると見てよい。

ハイデガーは、存在の問いの《道》は「墜落」と「登攀」（84）であり、まっすぐな《展開》などはなく、「種々の変更」は本質的であると述べている（85）。「ここでは諸々の転覆（die Umstürze）がいわば規則なのである」[12]（85）。もちろん『存在と時間』の思索を完全に失敗したものとして捨て去るわけでない。『存在と時間』で思索しようとした事柄を、もう一度新たに思索し直す試みであると言える。

3　エアアイグニスについて

序論で触れたように、「エアアイグニス」は『寄与』以来、ハイデガーの「思索を導く主導語」（GA 9, 316, Randbemerkung a.）となった。[13]「エアアイグニス」が一体何を意味するかは、本書全体において明らかにすべき根本主題であるのだが、ここでエアアイグニスというこの根本語が含意するものをあらかじめ概観しておきたい。

A　生前公刊テクストにおけるエアアイグニス

後期思想の主導語「エアアイグニス」は、ヘルダーリンの詩「ムネモシュネー」の次の詩句に由来するものであると「推測」されている[14]。

時は　　Lang ist
永い、だが　　Die Zeit, es ereignet sich aber
真なるものは、出来事として生じる　　Das Wahre.

『ヘルダーリンの賛歌《ゲルマーニエン》と《ライン》』（一九三四年冬学期講義）では、この詩句にある「真なるもの」を「存在の露わとなること（das Offenbarwerden des Seyns）」と言い換えている（GA 39, 56）。また「何のための詩人たちか」（一九四六年）では、乏しき時代という「世界時期の転換」がどのように「生じる（sich ereignen）」か、という文脈でこの詩句を引用している（GA 5, 270）。

だが、このムネモシュネーへの指示、およびこの詩に対するハイデガーの解釈だけで、エアアイグニスの内実を理解することはできない。ハイデガー自身によるエアアイグニスの規定を検討しなければならない。

ハイデガーは、『思索の事柄へ』に収録されている「講演《時間と存在》についてのゼミナールの記録」で、「エアアイグニスへの様々な道」（SD, 38f.）について簡単な示唆を与えている。それによれば、エアアイグニスへの様々な道には次の四つのテクストが挙げられる。

①「ヒューマニズム書簡」では「意識的に両義的に」（一九四七年）

②「在るものへの観入」では「より明瞭に」（一九四九年）
③「技術講演」（一九五三年）
④「同一性講演」では「最も明瞭に」（一九五七年）

エアアイグニスにいたる道が「様々な道」であるとすれば、このリストが単純な発展過程を表わしているとも言えない。むしろそれぞれが試みであり、そうした試みが複数あると解せよう。が、時系列に沿って並べられているこれらのテクストを順番に見てみることにする。

①「ヒューマニズム書簡」

これは言うまでもなく、「転回」が語られることで有名なテクストであり、戦後しばらくの時期まで後期思想の出発点とも目されていた。しかしこのテクストでは、名詞形のEreignisは出てこず、エアアイグニスそのものがいかなるものであるのかという説明は一切ない。言葉の上では、他動詞のereignenが使用されている（sich ereignenの形もいくつか出る）。「思索は、存在によって呼び求められて（ereignet）、存在に帰属するかぎり、存在に由来する」（GA 9, 316）。もちろん、これが存在と思索との呼応関係に踏み込んだものであるがゆえに、事柄としてエアアイグニスへの思索であるということは言えよう。

「ゼミナールの記録」で示唆されている「両義性」の意味であるが、これはおそらく、全集版の欄外注に「形而上学の言葉の中でのほんの一つの目配せ」（GA 9, 316）とあるように、このテクストでなされているのが、形而上学的な語り方を残しつつ、エアアイグニスへの思索を暗示するということであろう。いずれにしても、「ヒューマニズム書簡」ではエアアイグニスが十分語り出されてはいない。[15]

②「在るものへの観入」

「在るものへの観入」は、一九四九年にブレーメンで行われた連続講演である。標題の「在るものへの観入」とは、「存在における転回というエアアイグニス」、「エアアイグニスそれ自身」(GA 79, 74) を意味すると言う。「ゼミナールの記録」で「より明瞭に」とあるように、エアアイグニスについてより踏み込んで語られる。例えば次のようにである。「大地」と「天空」、「死すべき者たち」と「神的なものたち」の四者 (das Geviert) の反照‐遊戯が「世界」であり、そうした「世界の世界する働き (das Welten von Welt)」がエアアイグニス (GA 79, 49) であると。さらに、存在の本質の明るみは突然明け開かれ、閃くこと (Blitzen) であり、存在の真理の光芒が、「存在それ自身における エアアイグニス」(GA 79, 74) であると。ここでは、世界や存在の真理の生起的性格がエアアイグニスと捉えられている。この説明では、明らかに、Ereignis というドイツ語に含まれている「突発性」という意味が強く響いている (この連続講演でも再帰動詞の形での用法が多用される)。

③「技術講演」

これは、連続講演「在るものへの観入」の第二講演「ゲ‐シュテル (das Ge-stell)」の一部を基礎にしながら新たな体裁で語られた講演であり、『講演と論文』に収録され、ハイデガーの技術論として非常に有名になったものである。基本的に「在るものへの観入」でのエアアイグニスの思索と変わりはないように思われる。大きく言えば、このテクストでは「ゲ‐シュテル」がテーマになっているので、エアアイグニスの裏面としてのエントアイグニス (Ent-eignis) の歴史的動向が思索されているとも言える。しかしこのテクストでエアアイグニスについての新たな内実が思索されているとは言い難い。

④「同一性講演」

これは、もともと「思考の根本命題」と題される連続講演 (「フライブルク連続講演」) の第三講演として語られ、その後『同一性と差異性』に収められたものである。ハイデガーが「最も明瞭に」と語っているように、エアアイグニスの意味合いが明確に述べられており、極めて重要である。

まず注目すべきものは、エアアイグニスという語の説明である。

「エアアイグニスという語は、自然言語からとられたものである。エア－エイグネン（er-eignen）は、もともとは、エア－オイゲン（er-äugen）からきており、すなわち、看取する、見つめて自分の方に呼ぶ、我が－ものにするという意味である。エア－アイグニスという語は、ここでは、一層根源的に考えるなら、パルメニデスのあの不可解な〈ト・アウト──同じことが、思考でありかつ存在である〉という言葉を記憶にとどめようと試みる思考にとって役立つ主導語と解される。エアアイグニスという語は、ギリシア語の主導語であるロゴスや中国語のタオと同様、翻訳不可能である。エア－アイグニスという語はここでは、ふだん我々が何か起こったこととか或る事件とかと呼んでいるようなものを、もはや意味しない。この語はこの場合、単数名詞として使われている」（GA 79, 125）。

Ereignis というドイツ語は、通常は「出来事」や「事件」を意味する。動詞の場合、再帰動詞（sich ereignen）として用いられ、「起こる」「生じる」という意味である。しかしハイデガーは、エアアイグニスがふだん我々が出来事や事件と呼んでいるものではないと言う。そして ereignen という動詞が、本来、目で見て、自分の方へ呼び、我がものにするという意味であることを強調する。ハイデガーは、ここから、存在が人間を呼び求めるという事態をこの語で言い当てようとするのである。

「エア－アイグニスとは、この語から思索されるべき事柄を名づけており、それゆえ、人間と存在の両者の所有を譲渡させるという、本来的な帰属させることを指す」（GA 79, 125）。

「エアアイグニスは、人間と存在とをある相互性の内へ帰属させる」（GA 79, 126）。

これに見られるように、エアアイグニスが、人間と存在との呼応関係を指示することが分かる。筆者は、この意味合いを、これまで多くの論者が捉えてきたように、エアアイグニスの最も本質的な意味であると考える。エアアイグニスが人間と存在の呼応関係を捉える言葉であるからこそ、パルメニデスの「思考と存在は同じものである」という言葉を記憶にとどめようとする試みの主導語であると言われるのである。

「同一性講演」では、さらにエアアイグニスが「我がものとすること（Eignung）、おのれを譲渡する働き（Vereignung）、固有性（Eigentum）、本来性（Eigentlichkeit）が支配する領域」（GA 79, 126）とも言い換えられている。ドイツ語の Ereignis には語義的には eigen（固有な）という意味はないのであるが、ハイデガーは明らかに意図的に、eigen という意味を持たせているのである。存在と人間が相互に帰属し合い、相互に委譲し合うことによって、それぞれが本来固有なものとなる。これがここでのエアアイグニスの意味である。

またさらに、エアアイグニスという事態を理解する上で重要な発言がある。

「エア－アイグニスを、エア－アイグニスとして思索するとは、この領域の建造物を建てることにたずさわることを意味する。このそれ自身において浮動する建造物を建てるための道具を、思索が受け取るのは、言葉からである。なぜなら言葉こそは、エアアイグニスの揺らめく建造物にあって、一切を抑制する最も繊細な振動だからである」（GA 79, 126）。

このように、エアアイグニスは、具体的には、言葉という形をとって思索可能となるのである。言葉とエアアイグニスとの密接な関係については、上で見た四つのテクスト以外でしばしば語られる。「言葉は、意のままにしうるような道具ではなく、人間存在の最高の可能性に精通するエアアイグニスである」(GA 4, 38)。「エアアイグニスは言(Sage)の概要を集約し、それを多様な示しの接合構造へと展開する。エアアイグニスは、見えざるもののうちで最も見えざるもの、単純なもののうちで最も単純なもの、近いもののうちで最も近いもの、遠いもののうちで最も遠いものであり、我々はその中に、死すべき者として生涯滞在するのである」(GA 12, 247)。「エアアイグニスの中に根差している言は、示すこととして、エアアイグニスという活動の最も固有の仕方であることである。エアアイグニスは語りながらある(Das Ereignis ist sagend)」(GA 12, 251)。——後期ハイデガーは、このような言葉の本質への洞察とともに、エアアイグニスの思索を深めていったと言うことができる。

さて、生前公刊されたテクストでは、以上の四つのテクストとともに、講演「時間と存在」(一九六二年)を無視するわけにはいかない。この講演は、時間と存在との連関がテーマとなっており、その連関がエアアイグニスとして捉えられる。「時間と存在を、それらの固有なものへと、すなわちそれらの共属へと規定するものを、我々はエアアイグニスと名づける」(SD, 20)。時間と存在の両者を共属へと「確保し」「保つ」ものがエアアイグニスであり(SD, 20)、存在と時間は、ともに存在者ではないがゆえに「それは存在する」とは言えず、「与えられる」(エス・ギプト)と言わざるをえない。その存在と時間を与えるところのエスがエアアイグニスなのだと言うのである(SD, 20)。

この講演では、人間と存在との呼応関係がエアアイグニスとして直接語られてはいないが、人間のエアアイグニスとの連関は思索されている。「そのように固有化されて、人間はエアアイグニスに帰属する」(SD, 24)。「この帰属は、エアアイグニスを際立たせる、譲渡の働き(Vereignung)に基づいている。譲渡の働きによって、人間はエアアイグニスの内へと入れられる（einlassen）のである」（SD, 24）。

またこの講演では、エアアイグニスにはおのれを脱去させるという「エントアイグニス」が帰属すること、さらに「存在はエアアイグニスにおいて消滅する」（SD, 22）ことが語られている点も確認しておこう。

後期思想の主導語「エアアイグニス」の意味は、実に多義的である。上で見てきた以外では「歴史」、「思索」、「作品の創造」がエアアイグニスであると語られたりもする。だが以上の重要なテクストから分かるように、エアアイグニスは、突発的な出来事というコノテーションを含みつつ、人間と存在との呼応関係を核心的なものとし、「固有」「本来」なものにするという意味が持たせられ、さらにとりわけ言葉に根差した仕方で開示されるとハイデガーは考えているのである。

B 『寄与』におけるエアアイグニス

それでは、エアアイグニスの思索の出発点である『寄与』ではどうであろうか。エアアイグニスの規定に着目しながら、いくつかの特徴を取り出して見よう。

①存在の本質活動

『寄与』の中で、最初に出てくるエアアイグニスについての規定は次の文である。「存在は没落する者たちを必要とし、ある存在者が現象する場合には、彼らをすでに呼び求めており、自らに割り当ててしまっている。これが存在それ自身の本質活動であり、この本質活動を我々は、エアアイグニスと名づける」（7）。この箇所で、「存在それ自身の本質活動」がエアアイグニスであるとされている。これを言い換えた表現、「存在はエアアイグニスとして本質活動する（Das Seyn west als Ereignis）」は、このテクストの様々な箇所に頻出する。

②人間と存在

先にエアアイグニスの意味が人間と存在との呼応関係であることに触れたが、『寄与』でもそのことが言える。

「存在は、それが本質活動するためには人間を必要とする。そして人間は、現‐存在としてのおのれの究局の使命を遂行せんがために、存在に帰属する。〔中略〕必要とすることと帰属することとのこの対向振動が、エアアイグニスとしての存在をなす」（251）。

さらに次の文も同様である。

「だが人間は現‐存在として、エアアイグニスとしての存在に呼び求められ、そのようにしてエアアイグニス自身に属している。

存在は人間につきまとって《存在》しているのでもなければ、一つの存在するものとしての人間を貫いて振動しているのでもない。むしろ存在は現存在を呼び求め、そのようにしてはじめてエアアイグニスとして本質活動する」（256）。

ハイデガーはこの人間と存在との呼応関係を「転回（Kehre）」と表現する。「転回」（あるいは「転回的（kehrig）」）という語も多義的であるが、基本的にこの語は、エアアイグニスにおいて生起する事柄であり、存在の「呼びかけ（Zuruf）」と人間の「聴従（Zugehör）」の間で本質活動する「対向‐転回（Wider-kehre）」（407）を根本的な意味としている。

③人間と存在と神

だが『寄与』では人間と存在との二者だけでなく、人間と存在と神との連関という事態としても語られる。

「エアアイグニスは、人間を神に捧げることによって、神を人間に委ね渡す。この委ね渡しつつ捧げること（Diese übereignende Zueignung）がエアアイグニスである」（26）。（これと同じような文は280頁にもある。）

神と絡んでエアアイグニスが語られることが、『寄与』の最大の特徴であると言ってよいであろう。このように語られる思索は、「在るものへの観入」で語られる四者（das Geviert）の反照‐遊戯の生起としてのエアアイグニスに繋がってゆくことも推測されるが、しかしこれは、何と言っても「最後の神」の問題を考察する中で解釈しなければならない[16]。

④「Ⅷ　存在」の八つの規定

「Ⅷ　存在」には、エアアイグニスについて合計八つの規定が纏めて挙げられる。

「エアアイグニスとは、つねに、エアー‐アイグヌング、決‐断、向き‐合い、救‐出、脱去、単純性、唯一性、孤独性としてのエアアイグニスを意味する」（471）。

このような形でエアアイグニスが語られるのも、『寄与』固有であると言ってよい[17]。

なおちなみに『寄与』では、晩年の「時間と存在」のように「エアアイグニス」と「エントアイグニス」とが対概念のようには語られず、「エントアイグニス」はenteignenという動詞の形で僅かに登場する（「〔人間が〕存在に拒まれる（des Seyns enteignen）」（120, 231））。しかし事柄としては思索されていて、「拒み」や「存在の脱去」と言い表わされている。また『寄与』では、以後の思索で深められるような、言葉とエアアイグニスとの関係が十分表明されていない点も留意しておこう(18)。

以上、『寄与』でのエアアイグニスについて、その規定に着目して整理してみたのだが、もちろんこれは、あくまで本書第3章以下の考察のための準備作業として行ったまでである。存在の本質活動としてのエアアイグニスは、人間と存在との呼応関係を基本としながらも、神との連関としても語られ、さらにエアアイグニスの性格が様々挙げられる点が特徴的である。本書では、この点の考察も含めて、単なる命題の処理に終わることなく、エアアイグニスという事柄に肉薄してみたいと思う。

4　接合構造

存在そのものを問おうとする、来るべき哲学は、「思索の歩み（Gedanken-gang）」(3)と規定された。「I　予見」には次のような宣言のごとき文がある。すなわち、「《諸体系》の時代は過ぎ去った。存在の真理に基づいて存在者の本質形態を打ち立てる時代はまだ来ていない」(5)と。『寄与』の叙述スタイル自体が断片的性格のものであり、通常の体系的著作でないのは明らかであるが、実際「体系」に抗う思索の姿勢が随所に語られる。

「《体系》なるものは、（広い意味での）数学的思考（一九三五／三六年の冬学期を参照）の支配に従った結果においてのみ、可能である。この領域の外に立つ思索、そしてこの領域に対応して真理を確実性として規定することの外に立つ思索は、それゆえ本質的に体系なしにあり、非‐体系的である。しかしだからと言って、恣意的だとか混乱しているというわけではない。非‐体系的ということが《混乱している》とか無秩序だとか言うのは、体系を尺度にして測られる場合だけである」（65）。

ハイデガーは、存在の思索が全く無秩序であるというのではなく、そこに何らかの秩序があると考えている。この秩序が「接合秩序（Fuge）」であり、その秩序の全体的な構造が「接合構造（Gefüge）」である。ハイデガーがこれらの語で念頭に置いているのは、ギリシア語のディケー（δίκη）であると考えられる。彼はその根源的意味をピュシス（φύσις）の持つ内的秩序と解している。だからディケーを「正義」とは訳さない（GA 40, 169ff.）。上の引用にあるように、ハイデガーは、数学的思考の支配によって可能となった、近代の《体系》に対照する仕方で、接合秩序を主張するのである。「接合秩序は《体系のようなもの》とは本質的に別の何かである（一九三五／三六年冬学期と一九三六年を参照）。《体系》は主導の問いに答える歴史の領域でのみ可能であり、その領域では、《体系》は、終わりに向かってはいよいよ必然的である」（81）。

接合秩序とは、まさしく「存在」の接合秩序のことであるが、それは取りも直さず「存在の歴史」の転換の接合秩序のことでもある。

「移行の準備へのこれらの『寄与』の概要は、移行の歴史性のまだ克服されていない根本概要自身からとってこられる。

鳴り響き（der Anklang）
投げ渡し（das Zuspiel）
跳躍（der Sprung）
根拠づけ（die Gründung）

将来的な者たち（die Zukünftigen）
最後の神（der letzte Gott）」(6)。

この六つは「接合肢（Fügung）」と呼ばれ、通常の書物の章に相当する形で配置される。これらの接合肢とその全体としての接合構造の性格については十分に注意する必要がある。

ハイデガーによれば、「この概要は様々な諸対象についての様々な考察を並べ上げることを与えているのではない。それは下から上へと導出的に上昇するのでもない。それは時間‐遊動‐空間の先行的な概要である……」(6)。したがって『寄与』は、哲学的諸問題の考察を寄せ集めた断片集ではない。しかしまた、接合肢の中に「原理」のようなものがあって、そこから導出されるような事態でもない。だが秩序的なものであるがゆえに、そこに何らかの道筋があるはずである。接合肢を単に並べるのではなく、何らかの筋を語る箇所としては、次のような文――これはペゲラーの引用によって大いに注目されてきた――がある。

「語られるものが、問われ思索されるのは、最初の原初と別の原初との相互の「《投げ渡し》において（in）、存在棄却の困窮における存在の《鳴り響き》に基づいて（aus）、《最後の神の》《将来的な者たち》の準備としての存在の真理を《根拠づけ》るべく（zu）、存在の内への《跳躍》のために（für）、である」(7)。

これらの接合肢は、それぞれが緩やかに連関し合っているとも言える。例えば、「鳴り響き」の思索は「根拠づけ」に向かって（für）なされ、「跳躍」の思索は「投げ渡し」において（in）なされるというふうにである。もちろん、それぞれの接合肢が、独自の思索の領域であり事柄ではある。「接合の六つの接合肢は、そのつどそれだけで独立している。だがそれは、本質的な統一をより切迫するものにするためである。六つの接合肢のそれぞれにおいて、同じものについて、その都度同じものを語ることが試みられるが、しかしその都度エアアイグニスを名づけるものの別の本質領域に基づいて試みられるのである」(81f.)。接合肢のそれぞれにおいて同じものが語られるということは、どの接合肢でもエアアイグニスが語られるということを意味しよう。実際、各接合肢を横断する形で同じ言葉が繰り返し現れる。それはあたかもフーガ(遁走曲)のようでもある。したがって接合秩序とは、全体が渾然一体となって織り成す、中心なき、思索とその事柄の内的秩序であると言ってよいのである。

ここで、それぞれの接合肢の簡単な説明をして、鳥瞰を与えておこう。

「鳴り響き」:この接合肢は、存在が存在者を見棄てる(存在棄却)という、存在の歴史における今日の状況を、様々な局面において洞察するものである。鳴り響きとは、存在が拒みとして鳴り響くことである。

「投げ渡し」:これは、鳴り響きに基づいて、歴史の原初へと遡行する思索である。「最初の原初」と「別の原初」との相互の対決が「投げ渡し」の意味である。

「跳躍」:投げ渡しを通して、存在の内への跳躍がなされる。「跳躍」という接合肢では、存在の諸相が「裂け目」として語られるが、とくに存在と無が中心的な裂け目として注視される。

「根拠づけ」:これは、跳躍によって現れる「存在の真理」をさらに究明してゆく思索である。ここでは「現‐存在」、「真理」、「時間‐空間」という三つの事柄が思索される。この時間‐空間が「最後の神」の「将来的な者たち」を準備する。

「将来的な者たち」:「将来的な者たち」とは、別の原初への移行において、存在の真理を根拠づけ保管する人間のことである。彼らは、「最後の神」によって使命を与えられる者たちである。

「最後の神」:「最後の神」は、不在という形でおのれを示す神である。それは、立ち寄ることで人間に目配せを送る。この神によって人間の新たな結びつきの可能性が予示される。

以上六つの接合肢に加え、『寄与』というテクストには、「全体をあらかじめ見通す」「予見（Vorblick）」と、回顧しつつ「全体をもう一度捉える試み」である「存在（Seyn）」が付けられてある（Nachwort des Herausgebers, 512）[19]。こうして『寄与』は、「I　予見」、「II　鳴り響き」、「III　投げ渡し」、「IV　跳躍」、「V　根拠づけ」、「VI　将来的な者たち」、「VII　最後の神」、「VIII　存在」の、合計八つに分節されることになるのである。

先に述べたように『寄与』の接合秩序は、近代哲学の「体系」とは異なる秩序を有したものであるが、その全体を通覧してみるならば、接合肢間にある種の緊密な関係が成り立っているようにも思われる。それは六つの接合肢のうち、「鳴り響き」と「投げ渡し」、「跳躍」と「根拠づけ」、「将来的な者たち」と「最後の神」という二つの前後する接合肢間の緊密性である。このことはすでに指摘されていたことでもあり[20]、ここでは辻村公一氏の説を紹介しておこう（なお訳語は本書での訳語に変更する）[21]。

辻村氏は、『寄与』の構図が次の「三つの次元」から成り立っていると解釈する。

（1）「鳴り響き」と「投げ渡し」とは第一の次元をなしている。ただし、それは「跳躍のために」「根拠づけに向かって」である。それゆえ、「鳴り響き」と「投げ渡し」とは、第二の次元への助走もしくは準備である。

（2）「跳躍」と「根拠づけ」とは第二の次元であるが、この次元もまた「将来的な者たち」と「最後の神」との「準備」である。

（3）「将来的な者たち」と「最後の神」とは第三の最後の次元である。それは、問いつつ思索することを終結せしめる次元である。そこから見て、ハイデガーの「問いつつ思索すること」は、人間の現存在の別の原初を「準備する思索（das vorbereitende Denken）」として性格づけられうる。

さらに辻村氏は、これら三つの次元が「問いつつ思索すること」の「既在（Gewesenheit）」と「現在（Gegenwart）」と「将来（Zukunft）」とを示していると解釈する。氏は、これら三つの次元が「ハイデガーの思索の「始」と「中」と「終」とも特色づけられうる」[22]と言い、さらに「各々の次元はそれ自身の内にそれ自身の着手と展開とを含んでいる」[23]とも述べる。「鳴り響き」は第一の次元の着手であり、「投げ渡し」がその展開となる。「跳躍」は第二の次元の着手であり「根拠づけ」がその展開となる。「将来的な者たち」が第三の次元の着手であり、「最後の神」がその展開である、と。

三つの次元に分かれるということは、筆者も同意するところである。しかし注意しなければならないのは、その次元が単純な発展過程とは言えない。というのも、ハイデガーが接合構造について導出的関係ではないとしている点、そして本書第11章で見るように、「根拠づけ」で開かれてくる真理が、「鳴り響き」が主題とするところの「存在棄却」の現在を開示する点があるからである。要するに、この思索は――『存在と時間』もその面があったが――循環を本質とするのである。

また接合肢の全体的な解読を行う場合、次のようなやや微妙な問題も指摘できる。それは、「将来的な者たち」および「最後の神」の二つと、その前の四つの接合肢との間に位相の違いが見られるということである。まず外面的なことだが、「将来的な者たち」と「最後の神」は、その前の六つと比べると分量が著しく少ない。さらに、ハイデガーは『寄与』の思索の課題を語る際に、「将来的な者たち」と「最後の神」を除いた形で述べる場面がいくつかある。「原初的思索は、鳴り響き、投げ渡し、跳躍、根拠づけをそれらの統一性において根源的に遂行することである」(64)。この発言をそのままとれば、「原初的思索」は、「鳴り響き」から「根拠づけ」までの事柄を扱うということになる。「3. エアアイグニスについて」でも六つの接合肢が挙げられていて、「将来的な者たち」と「最後の神」については言及がない。おそらく「将来的な者たち」と「最後の神」は、「別の原初」が準備された上で真に生起すべき事柄であり、原初的思索としてはあくまでその準備に徹するものであり、かろうじて乏しい示唆を与えることができる性格のものだと解することができよう。

（1）D・ヴァレガ＝ノイも、このテクストの最も革命的な点がその遂行的様相にあることを指摘している。cf. Daniela Vallega-Neu, *Heidegger's Contributions to Philosophy. An Introduction*, Indiana Universty Press, 2003. p. 2.

（2）詳しくは第8章5を参照。

（3）おそらくそこには厳密な区別はないように思われる。「移行的思索」については次のように語られる。「移行的思索は、存在の真理を根拠づけつつ企投することを、歴史的省察として行う」(5)。「原初的思索」の規定はこうである。「存在をエアアイグニスとして思索することが、原初的思索である。原初的思索は、最初の原初との対決として、別の原初を準備する」(31)。「思索しぬくこと」については、本書第13章を参照。

（4）R・ポルトは、この「として」がどのように働くのか、我々はどのようにして存在物を名づける語から存在を名づける語へとシフトできるのかをハイデガーが説明していないとし、ポルト自身、我々の存在者自身の経験においてすでに働いているところの一つの出来事の再発見として、このシフトを理解することを提示している。cf. Richard Polt, The Event of Enthinking the Event, in: *Companion to Heidegger's Contributions to Philosophy*, ed. by Charles E. Scott, Susan M. Schoenbohm, Daniela Vallega-Neu, and Akejandro Vallega, Indiana Universty Press, 2001, p. 97f.

（5）『ニーチェ講義』でも、「思索の語りは黙示（ein Erschweigen）である」（N I, 471）と同様のことが語られている。また『寄与』では、黙するという哲学の「論理」の本質が「黙示学（Sigetik）」と呼ばれる（79）。

（6）この後期ハイデガーにおけるSeinとSeynの使い分けの不徹底は、『寄与』公刊以前につとに指摘されていたことである。「ハイデガーは或る期間、存在が存在者からではなくそれ自体からの考察において把握されうる仕方、しかもそれ自体から或いは「根源」として、或いは「極」として現れる二つの仕方を、すでに《Sein》ならびに《Seyn》という書き方で区別しようと試みた。この試みはのちに再び放棄された」。Max Müller, *Existenzphilosophie im geistigen Leben der Gegenwart*, 2. erweiterte Aufl., Heidelberg: F. H. Kerle 1958, S. 46.（新田義弘訳『ハイデッガーと西洋の形而上学』理想社、六四―六五頁）

（7）O・ペゲラーが適切に指摘するように、ハイデガーは「超越論的」概念を、カントの言う意味だけでなく、「超越者に関するスコラ学説の意味でも使用している」。Otto Pöggeler, *Heidegger und die hermeneutische Philosophie*, Freiburg/München: Karl Alber 1983, S. 96.（伊藤徹監訳『ハイデガーと解釈学的哲学』法政大学出版局、八三頁）

(8) Husserliana Band IX, S. 601.
(9) A. a. O., S. 602.
(10) この点は第7章ならびに第13章で立ち入って論じる。
(11) 「VIII 存在」では「哲学の歴史的使命はヘルダーリンの言葉を聞く耳を作り出す必然性を認識することに極まる」(422) と言われている。
(12) O・ペゲラーは、転覆が規則になるのは、存在の問いの深淵性がそうさせると解釈している。Otto Pöggeler, *Neue Wege mit Heidegger*, Freiburg/München: Karl Alber 1992, S. 42.
(13) エアアイグニスという語は、『存在と時間』以前の初期のテクストにも出てくる。「諸体験は、それらが固有なものに基づいて生き、生をそのように生きるかぎり、諸々のエア‐アイグニスである」(GA 56/57, 75)。ここで言うエアアイグニスは「体験」という意味であり、「体験」という概念は、『寄与』とは異なり、根本学としての哲学が立ち返るべき前理論的な事柄として、積極的・肯定的意味で用いられている。だがやはりこの初期のエアアイグニス概念は、後のエアアイグニス概念と全く無縁ではないけれども、基本思想としては考察の外に入れてよいだろう。
(14) 川原栄峰氏は、一九三〇年ごろに始まるハイデガーのヘルダーリン傾倒に基づいて、この推測を行っている。川原栄峰『ハイデッガーの思惟』理想社、一九八一年、七一七―七一八頁。
(15) 辻村公一氏は、『有と時』〔存在と時間〕の立場はなお、超越論的主観性としての現有に立脚する一種の形而上学であるのに対して、『ヒューマニズム‐書簡』の中では、『有と時』の内で形而上学的に思索された事柄が「性起」の方から思索し変えられていると解釈している。『思索の事柄へ』訳者注(92)一九八―一九九頁。
(16) この問題は第12章で扱う。
(17) この八つの規定についての立ち入った解釈については、第13章3を参照。
(18) エアアイグニスと言葉の関係については、『寄与』では、最後の節「281. 言葉(その根源)」で示唆が与えられている。
(19) 「VIII 存在」の接合肢に関しては若干の注意が必要である。編者のフォン・ヘルマンによると、「I 予見」から「VII 最後の神」までの原稿は、一九三六年から一九三七年にかけて書かれ、「VIII 存在」の原稿は、これらの執筆の後一九三八年に書かれたようである(Nachwort des Herausgebers, 515)。そして目立った特徴として、一つ一つの節の長さがそれまでの接合肢と比べると非常に長く、冗長ですらある。鹿島徹氏が指摘するように、「VIII 存在」は「すでに特異な性格をやや失って、後者〔『省察』『存在の歴史』〕の草稿群の文体に近づきつつある」。鹿島徹ほか『ハイデガー「哲学への寄与」解読』平凡社、二〇〇六年、九三頁。
(20) 鹿島徹ほか『ハイデガー「哲学への寄与」解読』平凡社、二〇〇六年、序論をも参照されたい。

(21) 辻村公一『ハイデッガーの思索』創文社、一九九一年、一九〇―一九一頁。
(22) 同書、一九一頁。
(23) 同書、同箇所。

第2章　原初的思索における気分

1　ハイデガーの気分論

ハイデガーは存在を問う思索において「気分」というものを重要視する。このことは『存在と時間』から後期にいたるまで一貫しており、彼の思索の変貌に対応して気分の捉え方も異なってくる。極めて大雑把に言えば、近代の哲学では気分は非合理的なものとして、思考とは異質なものと考えられ、貶められてきた。そこでは理性がつねに感性の上位にあり、理性によって感性を制御することが認識の客観性を獲得することの条件であり、また倫理的であることも理性が情動を制御することであったと言ってよい。ところがハイデガーは、存在を思索するには、まさに気分によって規定されることが必要だと主張するのである。

かつてO・F・ボルノーが、ハイデガーの気分論に触発されて、『気分の本質』という著作で気分について詳論したことは広く知られている。彼は、哲学的人間学の立場から、ハイデガーが「不安」という「ふさいだ」気分だけを強調しており、それは一面的だと批判し、もっと立ち入って気分という現象の多様性を追究する必要があるとして、「高揚した気分」、「幸福な気分」[1]を中心に考察を進めた。その後も、例えばE・ケッテリングなどは、このボルノーの考察を、ハイデガーとの立場の違い（哲学的人間学と基礎存在論との違い）を指摘することで片付けようとするのではなく、より積極的に「ハイデガーの実存範疇の有益な補完と具体化だ[2]」と評価しようとしている。だがこのボルノーの『気分の本質』は、ハイデガー全集が刊行されるはるか以前の、一九四一年に初版が出ており、したがってハイデガー批判も『存在と時間』、『形而上学とは何か』、『カントと形而上学の問題』に限られている。そこでハイデガーが「不安」のみを強調していると言われても、それは無理からぬことである。近年、全集刊行作業が進むにつれ、それ以後気分についての思索がさらに展開されていたことが明らかになった。しかもそこでは「不安」ではなく、別の様々な気分が根本気分として重視されているのである。『形而上学の根本諸概念』(一九二九/三〇年冬学期講義)では「退屈」が、『ヘルダーリンの賛歌《ゲルマーニエン》と《ライン》』(一九三四/三五年冬学期講義)では「悲しみ」が、根本気分として明示され論じられている。本書が主題とする『寄与』においても、気分が存在の思索において重要な役割を果たすと考えられ、「驚愕」、「控え目」、「物怖じ」、「予感」といった様々な根本気分が挙げられるのである。

今やこうした新しい資料によって、ハイデガーの気分論を捉え直す時期が来たように思われる。そのような中で例えば、K・ヘルトなどは、『寄与』も顧慮しながら、ハイデガーの気分論に光を当て、批判的に乗り越えるべく意欲的な試みをしている。(3) しかし総じて言うなら、『存在と時間』期以降のハイデガーの気分論——ことに『寄与』の気分論——は、まだ十分に検討されているとは言えない。(4)

そこで本章は、『寄与』の「I　予見」を中心に、ハイデガーの気分論を検討してみたい。それによって、原初的思索の根本的な性格を捉え、難解極まりない『寄与』を読み解く一つの手がかりを作ろうと思う。

2　情態性

まず始めに、ハイデガーの気分論の基本的特徴を押さえるために、出発点となる『存在と時間』の議論を見ておきたい。『存在と時間』において、気分は「情態性（Befindlichkeit）」と術語化される。この術語は sich befinden という語に由来する。sich befinden は、①「（何らかの場所に）ある」という意味と、②「（気分・健康について）感じる」という意味がある。ハイデガーが「情態性」というこの術語を採用したのは、現存在が存在するという事実が、まさに sich befinden という仕方で開示されると見たからである。情態性において開示されるのは、「現存在が存在しており、存在しないわけにはいかないという事実」であり、ハイデガーはこの事実を「現事実性（Faktizität）」と名づける。彼は、現事実性の開示に関しては、直観や悟性は無力であることを主張する。「現事実性の事実は、直観というものにおいては決して見出されず」（SZ, 135）、「認識の開示しうる可能性の到達範囲は、気分の根源的開示に比すれば、あまりに短い」（SZ, 134）とされる。

しかしだからと言って、ハイデガーは、知に対して情を優先させ、非合理主義の哲学を打ち立てようとするのでは決してない。なぜなら、現存在の実存論的分析論は、存在論的には不明のままである「主観・客観」、「知・情・意」といった枠組みを離れたところで、人間存在を探究する試みだからである。ハイデガーは、情態性を心的能力として把握することを禁止する。「気分づけられて在ることは、差し当たって心的なものに関係するのではなく、それ自身、謎めいた仕方で外へと達し、事物や人格に影響を与えるような、いかなる内面の状態でもない」（SZ, 137）。もしも気分を内面的状態と考えてしまうと、それは知らず知らずに主観と客観という二つの事物的存在者をあらかじめ発端に置いていることになり、それはつねにすでに「現象を破砕する（sprengen）」（SZ, 132）ことだとハイデガーは考えるのである。現象を破砕することなく人間存在を捉える規定が世界内存在なのであるから、「気分は、《外》から来るのでもなければ、《内》から来るのでもなく、世界内存在という在り方として、世界内存在自身から生じてくる」（SZ, 136）と捉えられるわけである。したがって、ハイデガーの気分論を非合理主義として性格づけることは、不適切である。ハイデガー自身非合理主義についてこう述べる。すなわち、「非合理主義は、――合理主義の反対として

――合理主義が盲目になっているものについて、横目で睨みながら語っているにすぎない」(SZ, 136)、と。

一般に気分と感情とがどのように区別されるかと言うと、ボルノーによれば、感情が「つねに特定の対象に《志向的》に関連する[5]」のに対して、気分は「一定の対象を持たず[6]」、「人間存在全体の状態のようなものであり、また色調である[7]」とされる。そして、「ただ気分だけが、下から支えている生の基盤の層に属するのであり、それに対して感情は、そこから発展し、その上に築かれる《より高い》成果に属する[8]」という仕方で、位相が分けられる。ハイデガーは気分と感情との違いをそれほど明確に述べていないが、上のような位相の違いは彼においても考えられる。知・情・意といった主観の能力は、まさに情態性に基づいていると考えられている。「気分において現存在は、すべての認識や意欲以前に、そして認識や意欲の開示する射程を越えて、現存在自身に開示されて」(SZ, 136) おり、それゆえ、いわゆる「《感官》も、存在論的には、情態的な世界内存在という存在様式を持つ存在者に帰属するがゆえにのみ、それらの感官は、《感動させ》られ《何かに対する感じを持つ》」(SZ, 137) とされるのである。

このように、現存在の存在構造の基本契機とされる気分は、感情をはじめとする心的能力の基盤となると同時に、この気分の根源性は、たとえ気分がどのようなものに変わろうとも気分づけられてあるという在り方だけは変わらない。ハイデガーは「無気分 (Ungestimmtheit)」も一つの気分に数えるし、また純粋なテオーリアといえども、「落ち着いた (ruhig)」気分に基づくのだと主張するのである。さらに、知や意欲で気分を支配するといったことがある種の可能性においては言えても、それは「決して気分から逃れて支配するのではなく、その都度何らかの反対気分に基づいて支配する」(SZ, 136) のだと考えるのである。

3　根本情態性

『存在と時間』では、言うまでもなく、様々な気分の中でも「不安」という気分が根本情態性とされる。なぜ不安が根本情態性となるのか。これについて簡単に触れておく。

不安は、「恐れ（Furcht）」と異なり、いかなる世界内部的存在者も対象とすることがない。「不安の対象は完全に無規定であり」（SZ, 186）、そこでは、「世界は完全な無意義性という性格を持つ」（SZ, 186）とされる。世界の世界性は有意義性によって成り立つとされていたが、有意義性から無意義性へと崩壊することによって、かえって世界そのものが、端的に露わとなる。これが不安の現象である。それゆえ、ここでは人は、「不気味さ」に襲われ、「居心地の悪さ」を経験することになる。さらに不安は、公共的な被解釈性に基づいて頽落しつつおのれを了解する可能性を現存在から奪い、現存在を「単独化」するとされる。この単独化は、「現存在を、まさに極限的な意味において、世界としてのおのれの世界に当面させ、かくして現存在自身を、世界内存在としておのれ自身に当面させる」（SZ, 188）。つまり不安の単独化は、「現存在をその頽落から連れ戻し、本来性と非本来性とを現存在の存在の二つの可能性として現存在に露わならしめる」（SZ, 191）のである。

このように、不安という気分の開示作用は、現存在を頽落した在り方から自己自身に直面させるのであり、言うならば〈自己反省〉的な営みをさせるのであり、それゆえ「際立って開示する可能性」（SZ, 190f.）を有すると言われるのである。このことが不安が根本情態性とされる所以である。

そこで忘れてはならないのは、この不安の分析によって、「現存在の根源的な存在全体性を明示的に捉えるための現象的基盤」（SZ, 182）が与えられるということである。『存在と時間』では、第五章で内存在の分析をし、現存在の日常的在り方が頽落であると論じられた後、第六章で現存在の存在構造全体を気遣いとして捉えようとする。そのための「現象的基盤」を与えるのが不安なのである。つまり、内存在の契機の内の、「了解」でもなく、「語り」でもなく、不安という際立った「情態性」が、現存在の構造全体を開示するのである。それゆえ情態性は、単に現存在を存在論的に性格づけるだけでなく、「実存論的分析論にとっても原則的な方法的意義を持つ」(SZ, 139 傍点引用者)と言われるのである。思索は気分によって規定されることが必要だという後期の思想を考えるとき、『存在と時間』における情態性のこの方法的意義に注意すべきである。

4　原初的思索の様々な気分

以上出発点となる『存在と時間』の気分論を、前提として押さえた上で、いよいよ『寄与』の気分論を考察する。通常非合理的なものの領域に押し込まれ、思考とは別物と考えられている気分は、存在の思索に本質的なものとされる。この考えは、『寄与』にいたっていよいよ強まっているように思われる。『存在と時間』同様ここでも、「《気分》についてのその他のあらゆる外的で《心理学的な》表象は、遠ざけられるべきである」(33)と主張される。そして、思考の明敏さや明瞭さに比べて、気分を弱々しく不明確なものであると考えるのは、実は、「思考を誤解した成れの果て」(21)だと考えられている。「すべての本質的な思索は、おのれの思想と命題とが、その都度新たに、まるで鉱物のように、根本気分から打ち出されることを求める」(21)。逆に言えば、もしもこの根本気分が生じない場合には、思想は、概念と言葉が虚しく音を立てていることにすぎない、というふうに考えられている(21)。根本気分を欠いた思想は空虚だ、というわけである。

『寄与』においては、以下のようなものが根本気分とされる。まず、形而上学が始まる最初の原初の根本気分として、「驚嘆（Er-staunen）」が挙げられる。これは、プラトンやアリストテレスに出てくる、有名なタウマゼインのことである。原初的思索を規定する別の原初の根本気分としては、「控え目（Verhaltenheit）」、「驚愕（Erschrecken）」、「物怖じ（Scheu）」、「予感（Ahnung）」といったものが挙げられる。中でも「控え目」は「原初的思索のスタイル」(33) とされ、中心的な役割を果たす。そこで、「控え目」に対する考察の前に、それ以外の根本気分の内容を追ってみたい。

まず「驚愕」について、ハイデガーは次のように規定する。「驚愕とは、馴染みのものにおいて振る舞うことの周知性から、おのれを秘匿するものが差し迫ってくることの開け、その開けの中でこれまで周知のものが異他的なものであると同時に束縛するものであることが明らかになるのだが、その開けの内へ帰りゆくことである。だが最も周知のものであり、それゆえ最も知られていないものは、存在棄却である」(15)。驚愕は、最も馴染みのものが、最も馴染みのものでなくなる、すなわち奇異なものになる気分である。だとすると、驚愕には、『存在と時間』や『形而上学とは何か』で出てくる「不安」に通じるところがある。しかし「不安」と決定的に異なるのは、「驚愕」においては、歴史的視点が前面に出てくるという点である。なぜなら、ここでは「存在棄却」が最も周知のものであり、しかし最も知られていないものとされるからである。「存在棄却（Seinsverlassenheit）」とは、「存在が存在者を見棄てる」(111) という「最初の原初」の歴史、つまり形而上学の歴史の動向である。「驚愕」は、「存在者が存在する」ことに対する驚愕とされるが、しかしそのことに際して、存在が忘却されているという歴史の動向を開示する気分だと言ってよいであろう。

次に「物怖じ」はどうか。「物怖じとは、最も遠いものそのものに近づき、その近くにとどまり続ける仕方である」(16) とされる。驚愕が「存在者が存在する」ことに直面して驚愕するのに対して、物怖じの方は「存在が本質活動する」ことに直面して生じる気分である。それゆえ物怖じは、「鳴り響いているエアアイグニスに対する物怖じ」

（396）とも言い換えられる。

さらに「予感」という気分が挙げられるが、これは、将来的に迫ってくるものを計算して予測するのではなく、「現の時間‐遊動‐空間（Zeit-Spiel-Raum）を推し量る」（22）ことであり、「〔我々に〕割り当てられおそらくは〔我々に〕拒まれているものの秘匿の広がりを開示する」（22）と言われる。時間‐遊動‐空間（時間‐空間）は存在の真理の展開とされるのだが、そのような通常は隠れている存在の真理の広がりをあらかじめ感じ取る気分といったものであろうと思われる。

このように、別の原初の根本気分というものは、様々に名づけられ、それぞれ一義的でなく、言葉の使い方に動揺が見られる。(9) ハイデガーは、このことについて、「別の原初の根本気分が様々に名づけられざるをえないのは、これらの気分の単純さに矛盾するのではなく、それらの豊かさと異他性とを立証する」（22）のであり、「一切の単純なものの捉え難さを示している」（21）と言っている。

しかし様々に名づけられる気分の中でもとりわけて重要なのが、先にも触れたように「控え目」という気分である。『寄与』においては「控え目は、驚愕と物怖じにとっての中心（Mitte）である」（15）と考えられ、また『哲学の根本的問い』（一九三七／三八年冬学期講義）でも、次のように根本気分の連関に触れられている。「控え目においては、存在者が存在するという最も身近で最も差し迫ってくることに対する驚愕と、存在者においてそしてあらゆる存在者に先立って存在が本質活動するという最も遠いことに対する物怖じとが、ともに、根源的に一つであり、帰属し合っているのである」（GA 45, 2）。このように控え目は、驚愕と物怖じとを繋ぎ止める言わば紐帯の役目を果たす気分なのであり、それを欠けば、原初的思索が破綻してしまうような気分であると思われる。ハイデガーは、『寄与』において、根本気分の中でも「控え目」について最も多く紙面を割いている。では次に、この「控え目」の内実を探ることにする。

5　控え目

根本気分としての控え目は、とりわけ「根拠づけ」に深く関係しているように思われる。というのも、ハイデガーは次のように言うからである。「根拠づけの根本‐気分は控え目である」(31)。「控え目が根本気分であるのは、現‐存在の根拠、つまりエアアイグニスを、徹底的に究明することを気分づけるからであり、したがって現‐存在の根拠づけを気分づけるからである」(34)。「根拠づけ」とは、「存在の真理」を根拠づけることである。ところが存在の真理はまさに現‐存在において開示されるわけであるから、根拠づけは同時に現‐存在を根拠づけることでもある。それは、『寄与』の言わば白眉となる思索の作業だと言ってよい。

しかしもちろん、『寄与』の接合肢のそれぞれは、本質的に連関し合うのであるから、控え目は「根拠づけ」だけにかかわるわけでもない。ハイデガーは、「最後の神の支配は控え目だけに出会われ」(34)るのであり、控え目は、最後の神とその支配とに「偉大なる静けさを創り出す」(34)と言う。この「最後の神」とは何かということについては、本書第12章で詳しく論究するが、それがキリスト教的な全知全能の神でもなければ、第一原因としての神でもなく、そうした従来の「神」概念の理解を超えたものであるということだけは指摘しておこう。ここで注目したいのは、先に引用した文の「偉大なる静けさ」というものである。ハイデガーは次のように語る。すなわち、「最後の神の近さは沈黙(Verschweigen)である。この沈黙は、控え目という様式で作品と言葉の内へと置かれねばならない」(12)、と。また別の箇所で、偉大なる静けさは、「沈黙(Schweigen)からのみ発現し」、「黙示(Erschweigen)は控え目からのみ生え出る」(34)と言っている。

一体控え目が沈黙を生むとはどういうことであろうか。それは次のように考えられる。存在を思索することにおいて、我々は「根源的に」「言葉が出てこないことがある（es verschlägt einem das Wort）」（36）とハイデガーは語り、そこで、発言することを妨げるものは、「存在の目配せと襲来としてのエアアイグニス」（36）であると考える。つまり es verschlägt の es こそエアアイグニスにほかならない。このエアアイグニスへと現存在がかかわることが、控え目ということなのである。「控え目とは、エアアイグニスの呼びかけに呼び覚まされて、エアアイグニスへと際立った仕方で瞬間的にかかわることである」（31）と、或る箇所では端的に言われている。「沈黙」という語りは、『存在と時間』以来言葉の本質的で根源的な在り方として重視され、後期に入っていよいよその考えが強く出てくる。『言葉への途上』では、「沈黙は、呼び求めつつ‐示す言の静けさの声なき響きへ応答することである」（GA 12, 251）と言われている。『寄与』においても、「黙示学・黙示的態度（Sigetik）」なるものが、別の原初から存在の真理を問う「哲学の、《論理》」（78）とされる。それは、O・ペゲラーの言うところによると、「一切を匿う秘密として、秘匿を沈黙のままに取り出す[10]」ことであり、これが、存在の思索が従う法則性なのである。エアアイグニスへと控え目という気分（調子）でかかわるとき、そこにはおのずと沈黙と静寂が生じるのである。人間はエアアイグニスによって沈黙せざるをえないに違いない。エアアイグニスの呼びかけは人間があれこれと空談的に発言することを妨げ、現存在を沈黙させるのだが、しかしこのことは、存在を名づけるための「原初的条件（anfängliche Bedingung）」（36）になるのである。エアアイグニスへのかかわり合いとしての控え目は、おのれを秘匿することを本質とする存在を、名づけつつ沈黙することであり、「深‐淵の中で創造しつつ耐えぬく」（36）在り方にほかならない。

ところで『寄与』の「I 予見」には、「控え目と気遣い」と題する興味深いパラグラフがある。そこでは次のように述べられている。「控え目は気遣いの根拠であり、現‐存在の控え目は、気遣いを、現を持ちこたえている切実さとして、はじめて基礎づける」（35）、と。これはどういうことか。

『存在と時間』では、気遣いは現存在の存在構造全体を指すもので、それは時間性によって基礎づけられていた。

それゆえ気遣いという構造の内に、その構造を成り立たせる契機として、情態性（気分）があるのであって、気分が気遣いの根拠にあるとは言いえなかった。上述の引用は、『存在と時間』の術語では理解できない。『寄与』において「気遣い」は、（そして「気分」もそうであるが）その概念内容が変更されている。ここでは気遣いは、「ひとえに《存在のために（umwillen des Seyns）》」(16) 気遣うことであり、「人間の存在ではなく、全体としての存在者の存在のために」(16) 気遣うことだとされる。そして、存在を探究し、存在の真理を保護し、最後の神の通り過ぎの静寂のための番人であること、これが「現存在の根本動向としての気遣いを意味する」(17) と言われる。したがってここでの気遣いとは、現存在の存在構造を言うのではなく、存在の真理を問うべく原初的思索を遂行する人間の有り様を言うのである。しかしそれには、Sorge というドイツ語原語に含まれているような、ふさぎこんだり苦悩に満ちた憂慮をするような意味合いはなく、「存在の真理へと向かう決然とした態度であると同時に、〔存在によって〕割り当てられたものを耐え忍びつつ現の中にとどまり続けること」(35) であり、そしてこの「同時に（Zumal）の根拠が現存在の控え目だ」(35) とされる。よって、「存在の真理へ向かうよう決然とした態度をとりつつ現の中に耐え忍ぶ」という現存在の根本動向を、気分づけるという仕方で支えるのが、控え目なのだと言うことができよう。

　こうした原初的思索の在り方でもって、我々は「何事かをなしうる」などと早急に考えることはできない。控え目は、「《効果（Wirkung）》というものを断念しうる控え目」(60) でもあるのである。では控え目が《効果》を断念し、「エアアイグニスを思い起こしつつ期待する」(69) ことになると、この「控え目」という語の持つ語感からしてそうなのであるが、何か「受動的」で弱々しい態度のように聞こえるに違いない。しかし実は、控え目というのは、存在に献身するために「没落」をも辞さない内に秘めた《意志》[11] (15) というものであり、決然とした態度のことである。ハイデガーは、控え目が「自分を抑えながらエアアイグニスの転回の内へ先行的に跳躍すること」(36) であると言い、またあえて矛盾したような言い回しでこう語る。「控え目とは、エアアイグニスにおける転回という真理の中に本来的に立つことへと呼び求められ投げ置かれるための、最も強いと同時に最もか弱い用意である」(34)と。ここに、「能動」と「受動」、「強さ」と「弱さ」の両面が入り混じった、微妙で、緊張した気分の働きを見て取らねばならない。控え目にあっては、社会改革のような、計算的思考が期待する「効果」は断念され、ただ存在の真理の中へと呼び求められるための用意をする。その意味では、「受動的」で「消極的」であるが、しかしそれでいて、決然とした態度でもって、存在棄却の困窮に耐えながら、未曾有の原初的思索を敢行せんとする《意志》なのであるから、高度に「能動的」で「積極的」であるとも考えられる。

以上見てきたように、控え目は、別の原初の根本気分の中でも中心的な気分として、現-存在の根拠づけを気分づけ、最後の神に偉大なる静けさを作り出す。それは、呼びかけられることの用意として、沈黙しつつ深-淵の中で耐え忍び、おのれを拒む存在にかかわろうとする内なる《意志》であると言えるであろう。

6 気分の本質

こうしてみると、『寄与』で思索される気分は、最初に押さえた『存在と時間』の実存論的分析論の議論とは、かなりその内容と局面が異なる。気分は、もはや気遣いという現存在の存在構造に帰属するのではない。気分は、単に自己の存在の現事実性、あるいは本来性・非本来性を開示するだけでなく、存在の歴史の動向をも開示するものとして考えられるのである。

しかし何と言っても、気分論において決定的なのは次の思想である。すなわち、「気分づけるものはエアアイグニスである」(256)というのがそれである。『存在と時間』では、気分の出所、由来といったものは不明のままであった。ところが『寄与』にいたっては、気分づけるものはまさにエアアイグニスだと、さりげない短い文ながら、はっきりと明言されるのである。気分は主観の心理的活動によるのでもなければ、身体の生理的活動によるのでもなく、それは、ほかならぬ根源的な存在の活動によって引き起こされるのだと考えられるのである。「気分は、現‐存在におけるエアアイグニスとしての存在の震動の撒き散らし（Versprühung）である」（21）という一文は、まさにこのことを言っていると思われる。ハイデガーは、後の『形而上学とは何か』の後記（一九四三年）で、気分が存在の声（Stimme）に由来すると述べる。「この講義〔『形而上学とは何か』〕は、存在の声に注目することから進んで、この声に由来する気分づけ（Stimmen）を思索する」（GA 9, 307）。また『哲学とは何か』（一九五五年）では、存在の声（Stimme）によって気分づけられ、規定されることに基づいて、存在の語りかけに対応することが、哲学であると主張する（WP, 22ff.）。まさにこの存在の声によって、思索の在り方が規定されるという事態、これが気分であることこそ、ハイデガーの気分論の到達点である。

ここには、彼の言う「主観性を捨て去る思索」（GA 9, 327）の一つの成果が看取できる。その意味では、『存在と時間』の気分論は不十分であった。もちろん『存在と時間』においても、情態性を主観の能力としての感情と同一視することが厳しく戒められていた。しかし、「現存在が〜の情態にある（sich befinden）」ことから思索される「情態性」概念には、「存在が現存在を気分づける」と捉える観点からすると、どうしても主観性の色彩が拭えないのではないか。ハイデガーは『存在と時間』期以降「情態性」という概念を使用しなくなるが、それはこのためではないか、と推測することができよう[12]。『存在と時間』は、現存在の企投に比重が置かれていたために、主観主義的だという批判がしばしばなされるが、それは同時に気分論の不徹底という点からも指摘することができるであろう。ただしここで忘れてはならないのは、実存論的分析論では、その第一篇の予備的な基礎的分析が不安という根本情態性の開示によって成し遂げられたということ、ここには、原初的思索が根本気分によって規定されて遂行されるという思想の、前形態を見てよいのではないかということである。

最後に一言すれば、後期ハイデガーにおいては存在の生起は歴史である。『寄与』でも、「エア‐アイグニスは根源的な歴史それ自身である」(32) と言われている。したがって気分は、存在の歴史のエポックにおいて思考を気分づける。すなわち、ギリシアの思考においては驚嘆（タウマゼイン）が、近代においては懐疑と、確実性への信頼との気分が、時代のパトスと考えられるのである (WP, 24ff.)。

7 思索と気分との連関

以上ハイデガーの気分論について、『寄与』を中心に、しかもその中で最も重要となる「控え目」という気分を中心に、考察を進めてきた。ハイデガーの気分論は、通常の考えからすると奇異である。その感は、後期の神秘主義めいた思想が深まるほど増してくるかもしれない。そして人は、ハイデガーの思想に対してこう言うかもしれない。すなわち、気分を重視し、しかもその気分が、同時に歴史でもある存在の声に規定されることになれば、我々は、無反省的に時代のムードに流され、熱狂し、ひいては何らかの「過ち」を犯すのではないかと。そこで最後に、こうした疑念になにがしかの回答を与えることによって、ハイデガーの気分論の特徴をより鮮明に、そして総括的に究明したいと思う。

まず、たしかにハイデガーは上述のように、それぞれの歴史のエポックにおいて支配する時代の気分を指摘しているが、しかしそれは、社会の作り出すいわゆる時代のムードとは区別されねばならない。存在の気分は、時代のムードよりも根源的に、思索を規定するのであり、時代のムードよりも、それを変更させたり克服することが困難で厄介であると言える。ハイデガーは、こうした時代のムードを含めた歴史の状況を批判的に知ることから思索を開始させようとする。詳しく言えば、存在忘却が極致にいたった技術の時代にあって、存在者のみにかかわり、最も固有な自己を失い、頽落している状況を、批判的に知ることから、歴史の別の始まりを思索することが開始されるのである。次章で見るように、『寄与』の「鳴り響き」は、そうした存在に見棄てられ、存在を忘却している困窮の時代を、警告として、批判的に知るという思索なのである。

さらに言えば、気分には、現存在をそれまでの在り方から覚醒させる働きがある。不安において自己は、本来性と非本来性という二重の自己として現れ、その気分の中で、良心の呼び声が、本来的自己を取り戻すべきだとほのめかすとされていた。後期の存在の声に応答するという在り方は、まさに『存在と時間』の良心の現象において見て取られた在り方である。良心においては、私の内にあって私ではない「何ものか」、すなわちエス(es)が呼ぶのだとされる。「呼び声は私の中からやって来るのだが、それでいて私をめがけて襲ってくる(über...kommen)」(SZ, 275)。このことは気分についても言われる。気分は「我々と物とに襲ってくる(über...kommen)」(GA 39, 89)。(ちなみに『存在と時間』では、「気分は襲う(Die Stimmung überfällt)」(SZ, 136)と表現される。)このような、我々をめがけて襲ってくる気分の働きは、もちろん、知性ないし悟性のなす、いわゆる反省とは異なるわけであるが、現存在を、それ以前の在り方から覚醒させる働きであることは間違いない。[13] むしろ気分は、日常、悟性的な反省をしている現存在に、突如として、思いもかけない仕方で、いわば〈不意打ちを食らわせる〉。そのとき現存在は沈黙せざるをえないのだろう。その意味では現存在の意のままにはならないが、そうであるがゆえに、通常の意識的な反省よりさらに根源的な批判的作用を持つのだと、考えてよい。とりわけ、このような批判的性格の強い気分が、不安であり驚愕であり、また驚嘆であろう。

加えて言えるのは、ハイデガーの主張する根本気分は、熱狂とか激情といったものとは全く反対の気分であるということである。とりわけ、控え目という気分が自己を抑えた落ち着いた調子であるのは、先に見たとおりである。『哲学の根本的問い』では、「思索の純粋な冷静さ(Nüchternheit)とは、根本において、最高の気分を最も厳格に自ら抑えて保つこと」(GA 45, 2) だと言い、その後で、将来の哲学の根本気分を言うとすれば、それは控え目であると断言する (GA 45, 2)。この控え目を言うことの裏には、先ほど述べた現代批判があるのである。ハイデガーは、「II 鳴り響き」の中で、現代の人間の態度を「性急さ (Schnelligkeit)」(121) と特徴づけ、さらに、現代は「脱魔術化 (Entzauberung)」の時代ではなく、むしろ逆で、技術によって魔法をかけられ、魅了された、「魔術化 (Verzauberung)」(124) の時代だと見るのである。この問いなき「魔術化」時代、換言すれば最高の困窮の時代を、はやる気持ちを抑え、辛抱強く耐え忍ぶ思考態度こそ、控え目ということなのであり、原初的思索のスタイルにほかならない。別の原初を準備する移行的思索には、現代の性急さとは反対の、自己を抑えて《効果》を断念する醒めた気分が、基盤として必要とされる。そして、このような冷静かつ緊張した気分の中で、驚愕や物怖じが、雲散霧消することなく、繋ぎ止められるのである。

　このような冷静な気分というのは、何も『寄与』から急に重視されるわけではない。実は、『存在と時間』の不安においても、僅かながら、すでに考えられていることなのである。『存在と時間』では次のような件がある。すなわち、「単独化された存在しうることに当面させるこの醒めきった (nüchtern) 不安には、こうした可能性でおぼえる身構えのできた歓び (Freude) が伴っている」(SZ, 310)、と。不安も熱狂や激情と無縁であり、しかもここでは歓びが伴うとされる。『形而上学とは何か』では、不安は、「創造する憧憬の晴れやかさと和らかさとにひそかに結びついている」(GA 9, 118) と言われている。このように、醒めきった落ち着いた在り方は、不安においても見て取られることであり、それは、『寄与』の控え目を貫き、さらに後年の「平静さ (Gelassenheit)」の思想に繋がってくると考えられる。『平静さの究明によせて』では次のように語られる。平静さにある耐えぬく態度は、「控え目の内へと集中する態度であり、その控え目はつねに平静さの持つ控え目であり続けるだろう」(GA 13, 64) と。

　このように、ハイデガーの言う気分は、いわゆる時代のムードのことではなく、むしろ困窮の時代のムードに没入している現存在を、呼び覚まさせ、歴史の別の原初を探究すべく、はやる気持ちを抑えて、深‐淵の中で持続的に耐え忍ぶ、冷静な気分なのである。思索とはそのような気分を根拠にしてなされる行為である。まさに気分なき思想は空虚なものと言えよう。

（1）Vgl. Otto Friedrich Bollnow, *Das Wesen der Stimmungen*, Frankfurt: Vittorio Klostermann 1941.（藤縄千艸訳『気分の本質』筑摩書房）

（2）Vgl. Emil Kettering, *NÄHE. Das Denken Martin Heideggers*, Pfullingen: Günther Neske 1987, S. 129.（川原栄峰監訳『近さ――ハイデッガーの思惟』理想社、一二〇頁）

（3）Vgl. Klaus Held, Grundbestimmung und Zeitkritik bei Heidegger, in: *Zur philosophischen Aktualität Heideggers*, Bd. I „*Philosophie und Politik*“, Frankfurt: Vittorio Klostermann 1991. ヘルトは、この論文で、ハイデガーの気分の分析を評価しながらも、ハイデガーが「驚嘆（Staunen）」（タウマゼイン）を頽落形態においてしか見ておらず、それは一面的だと批判する。ヘルトは、驚嘆には、原初を樹立するという比類なき意味があるのであり、この比類なき本来的驚嘆に基づいて「誕生の取り戻し」が可能になり、ひいては瞬間の歴史性において歴史的に行為することができ、相互存在の本来性が開示されると言う。そしてハイデガーにおいては、驚嘆の一面的解釈のために、ポリスの世界も、したがって民主政治も積極的に評価されないと考察している。またヘルトは、別の論文で、気分の前言語的共同性の内に相互対話の基礎を探ろうとする試みも行っている。Vgl. Klaus Held, Europa und die interkulturelle Verständigung. Ein Entwurf im Anschluß an Heideggers Phänomenologie der Stimmungen, in: *Europa und Philosophie Martin-Heidegger-Gesellschaft*. Bd. 2, Frankfurt: Vittorio Klostermann 1993.

（4）ハイデガーの「退屈」という気分については、次の貴重な研究が挙げられる。川原栄峰「ハイデッガーの「退屈」説」（実存思想協会編『実存と時間　実存思想論集Ⅳ』以文社、所収）。また同氏は、さらに、退屈説から『寄与』への動向も論じられている。同氏『ハイデッガー賛述』南窓社、一九九二年。

（5）Bollnow, a. a. O., S. 34.（上掲訳書、二一頁）

（6）Bollnow, a. a. O., S. 34f.（同書、同箇所）

（7）Bollnow, a. a. O., S. 35.（同書、同箇所）

（8）Bollnow, a. a. O., S. 36.（同書、二三頁）

（9） とくに「予感（Ahnung）」が他の三つ（驚愕、控え目、物怖じ）とどう関係するかが問題である。

（10） Otto Pöggeler, *Der Denkweg Martin Heideggers*, Pfullingen: Günther Neske 1963. S. 276.（大橋良介・溝口宏平訳『ハイデッガーの根本問題——ハイデッガーの思惟の道』晃洋書房、三三九頁）

（11） もちろん、この場合の《意志》とは、括弧付きであるから、通常の知と情と区別される主観の働きではない。

（12） 細川亮一氏は、情態性が「現存在〜の情態にある」ことに由来しているがゆえに、「全体としての存在者の開示」に対する術語としては不適切であると解釈し、『形而上学とは何か』が「情態性」概念から「気分」概念への「移行期」になると見ている。細川亮一『意味・真理・場所』創文社、三三一頁。

（13） ちなみに、ボルノーも「ふさいだ気分」というものに「批判的作用」を認めている。O. F. Bollnow, a. a. O., S. 143.（上掲訳書、一一四頁）またヘルトも、ハイデガーの言う気分に「覚醒の運動」があることを指摘している。Vgl. Klaus Held, Grundbestimmung und Zeitkritik bei Heidegger, in: *Zur philosophischen Aktualität Heideggers*, Bd. I „*Philosophie und Politik*", Frankfurt: Vittorio Klostermann 1991, S. 46.

第二部　存在の歴史

第3章　存在の鳴り響き

1　現代への批判

　哲学には多かれ少なかれ時代批判という面がある。ドイツに限ってみても、カント然り、フィヒテ然り、ヘーゲル然りである。キルケゴールやニーチェにいたっては、時代批判の作業は、決して付随的な仕事ではない。近代という時代で生じた世界の変貌は、否応なく哲学的問いを惹起する。

　ハイデガーにおいてもそうした議論があること、とりわけ後期の『世界像の時代』や『技術への問い』と題される講演がその代表であることは周知の事柄であり、また幾度となく取り上げられてきた。とくに昨今環境問題が叫ばれる中、何かにつけて彼の議論が引き合いに出される(1)。そこで決まって言われるのが、「ハイデガーの議論にはそれなりに深みがあるかもしれないが、環境問題に対処する具体的方策がない」という指摘か、はたまた「いささかロマンティッシュである」という批判である。なるほど、ハイデガーが『技術への問い』の終わりに、ヘルダーリンの「危険の存するところ、おのずから救うものもまた芽生う」という言葉を引用したり、『平静さ』で、技術に関しては Ja und Nein の態度が必要だと主張したりするのは、我々を困惑に陥れる。しかしながら、ヘルダーリンの先の言葉や、技術に対する Ja und Nein の態度こそは、ハイデガーの思索の特色を端的に表現するものであり、それを悪しき神秘主義だとして簡単に切って捨て去ることはできない。それは技術の本質を突き詰めて思索していった結果、出てくる思想なのである。現代に対する批判は、決して折々になされる片手間の仕事ではなく、或る重大な意義を持つ仕事なのである。それはどういうことか。

問題は、ハイデガーの思索の道程における時代批判の位置価である。換言すれば、「存在の問い」にとっての、時代批判の持つ意義である。この点を捉え損なうならば、彼の時代批判は、それがいかに現代の環境問題に示唆を与えようとも、宙に浮き、単なる時代診断に終わり、つまるところ「牧歌的ロマンティーク」の烙印を押されることになるのである。ハイデガーは、自分が行う現代への省察が「あらゆる種類の安っぽい《時代批判》」(110) とは異なると述べているのであるから、なおさらこの思索の本旨を摑み損ねてはならない。本章はこの問題について、「II 鳴り響き」を解釈しながら明らかにしたい。(2)『寄与』こそは、『世界像の時代』や後の『技術への問い』の下敷きになる議論、その生々しい思索のドキュメントが見て取れ、時代状況を把握することの意義と位置価とを判然とさせてくれると思われるのである。

そこで本章のねらいを次の二つの点に絞りたい。第一に『寄与』の「II 鳴り響き」の思索を可能なかぎり内容に沿って解釈し、『寄与』の中でのこの思索の役割を探ることであり、第二に、それによってハイデガーの時代批判の持つ射程と問題性を呈示することである。

2 存在棄却

A 存在棄却とは何か

「鳴り響き」という接合肢は、「存在棄却 (Seinsverlassenheit)」という存在の歴史の出来事をめぐってなされる思索である。「鳴り響き」のテーマは存在棄却である、と端的に言ってよい。では存在棄却とは何か。

テクストにおけるこれについての規定は、例えばこうである。「存在棄却。存在は存在者を見棄て、存在者は自分自身に身を委ね、そのようにして存在が存在者を作為の対象にしてしまうこと」(111)。ここで注目すべきことは、「存在が存在者を見棄てる」ということである。Seinsverlassenheit という場合の、verlassen の動作の主体(主語)は存在であり、目的語は存在者なのである。では「存在が存在者を見棄てる」とはどういうことか。それは、「存在が存在者の顕示性(Offenbarung)においておのれを秘匿する(sich verbergen)ということである」(111)と言う。したがって存在棄却とは、存在の秘匿であり、非真理であり、脱去(Entzug)という在り方である。これは、もちろん、『存在と時間』の非本来性、頽落(Verfallen)にも繫がるものであるが、しかしそれは、「単に《頽落(Verfall)》であるばかりでなく、存在それ自身の第一の歴史」(111)であり、「最初の原初の歴史」(111)であると言う。ここで存在が主語に立てられることにより、人間の在り方よりも根源的な存在の歴史の動向が捉えられている。

この歴史のプロセスは、ごく簡単に次のように考えられている。「存在者が存在に見棄てられていること(Seinsverlassenheit des Seienden)。存在が存在者から引きこもってしまい、存在者が差し当たって(キリスト教によって)かろうじて別の存在者によって創られたものになってしまった」(111)。つまり、「一切の存在者の原因としての最高の存在者が、存在の本質を引き受けた」(111)。しかし近代になると、「今や存在者がただ存在者の対象性においてのみ捉えられ、支配されるかぎり、かつて創造神によって創られたこの存在者は、人間の作り物になってしまった」(111)。そして「存在者の存在者性は、《論理的形式》」(111)といったものへ色褪せる。こうした歴史の動向が存在棄却であって、「存在棄却は、根本において、存在の腐敗した在り方(Ver-wesung)である」(115)、と。

「存在棄却」という概念は、生前既刊のテクストにおいてもすでに出てきてはいた。例えば『ニーチェ講義』においてである。「本来的に生起するのは、存在者が存在に見棄てられていること(Seinsverlassenheit des Seienden)である。つまり、存在が存在者を存在者自身に委ね、その点で自らを拒むということである」(N II, 28)。しかし、こうした形而上学の歴史の動向を表わす概念として一般に広く知られているのは、何と言っても「存在忘却（Seinsvergessenheit）」である。ではこの「存在忘却」と「存在棄却」は同じものなのか、否か。

B　存在忘却と存在棄却

「存在忘却」という言葉が広く知られていることには、『ヒューマニズム書簡』の影響が大であろう。「転回」問題でしばしば引用される一文にこの言葉がある。「『存在と時間』において試みられた思索は、《存在と時間》から《時間と存在》への転回においてはじめて、そこから《存在と時間》が経験されており、しかも存在忘却の根本経験から経験された次元へと到達するのである」（GA 9, 328 傍点引用者）。『ヒューマニズム書簡』では存在忘却は、『存在と時間』における「頽落」のことだとされていた（GA 9, 332）。存在が忘却されているとは、『存在と時間』以来のハイデガーの主張であり、また彼の根本経験である。「存在忘却とは、存在と存在者との区別の忘却である」（GA 5, 364）。これは前期後期を貫く考えである。

さて『寄与』において、この存在忘却と存在棄却とは区別され、両者の関係が考えられている。すなわち、「存在棄却には存在忘却が属している」（113）と。人間が存在を忘却し、存在者のみにかかわり続けていることにおいては、存在者（人間）が存在から見棄てられるということが起こっているのであって、「存在棄却は、存在忘却の根拠である」（114）と主張されるのである。したがって、存在棄却は存在忘却よりも根源的な現象なのであって、人間が存在を忘却していることの根拠となっている。これが『寄与』の考え方である。

E・ケッテリングは、存在棄却と存在忘却の区別は重要だと言って、両者の関係をこう解釈する。「存在者が存在に見棄てられていることは、存在の自己脱去ないし自己秘匿によって生じる。このことに関しては人間は無力である。これに反し、人間は存在忘却に決定的に関与しており、存在忘却は本質的に人間の怠慢である」(3)。存在忘却が「人間の怠慢である」と断じることには俄には首肯し難いが、人間が存在忘却に決定的に関与し、これに対し存在棄却は存在の自己脱去であるという見方は、肯綮に当たっている。存在棄却は存在の歴史の動向であり、存在忘却はそれに対応する人間の在り方であると考えられる。忘却の主体はあくまでも人間にならざるをえない。存在棄却はその人間存在を歴史的に規定する存在の動向になる。したがって、「存在棄却が存在忘却という形で最終的に硬化すること（die endgültige Verfestigung der Seinsverlassenheit in der Seinsvergessenheit）」（107）という表現がなされるわけである。単純化して言えば、存在忘却は人間の側、存在棄却は存在の側から見た出来事である。そして両者の本質的に分かち難いことを洞察する点に、後期ハイデガーの思索の力点があるのである。

C　存在棄却の隠蔽

存在が存在者を見棄てるという存在棄却は、それが高じれば高じるほどそれ自体隠蔽されるという性格を持つ。その隠蔽の形態として、ハイデガーは、①計算（die Berechnung）、②性急さ（die Berchnelligkeit）、③大衆的なものの突発（der Aufbruch des Massenhaften）という三つを挙げる。「存在棄却は、計算、性急さ、および大衆的なものの要求（Anspruch）がその有効性を増してくる中で、自らを覆う」（120）。そこでこれら三つを順に見てみることにする。

まず計算について、ハイデガーは次のように言う。計算は、「数学的なものの中に知的に根拠を置いているところの、技術の作為によってはじめて力を持つ」（120）もので、「指導原理や規則において予握すること」（120）であると。計算については、後期のハイデガーはいたるところで語っており、例えば「科学と省察」（一九五三年）の中では、「広い本質的な意味での計算（Rechnen）とは、或ることを計算に入れる、すなわち或ることを考慮する、或るものをあてにする、すなわち期待する、ということを意味」（VA, 54）し、現実的なものを対象化する営みはすべて計算であるとされている[4]（VA, 54）。また、存在の真理を思索する「本質的思索」と区別して、存在者のみにかかずらう形而上学の思考を「計算的思考」と特徴づけるのも、『寄与』のこの考察と連繫したものである。いずれにしても、計算というのは、「計算する」という行為とか、「抜け目なさ」という意味合いのものではなく、極めて広く、「〔人間の〕態度の根本法則（Grundgesetz des Verhaltens）」（121）を意味するのである。

そして次の「性急さ」も、同様にこうした人間の態度、在り方を意味する。現代においては、「技術的な《速さ（Geschwindigkeit）》の機械的な上昇」（121）が見られる（例えば交通手段や生産のスピードアップ）が、この速さは、そもそもこの性急さという人間の態度の「ひとつの帰結」（121）にすぎない。そして「この性急さは、秘匿された熟成と期待の静けさの中で耐えられないこと」（121）だとされる。そこで人々は、退屈に対する不安から、びっくりさせたり熱狂させるものを好んで求めてしまうことになる。これはまさに「大衆社会」の状況である。

ハイデガーが「大衆的なものの突発」ということで考えるのは、単に「社会的な」意味での「大衆」だけではない。彼はこうした「大衆」が出てくるのは、数とか計算可能なもの、すなわち誰にでも等しいやり方で近づいてくるものが通用するがゆえにであると考える（121）。したがって、多くの人々にとって等しく妥当するものが受け入れられるという状況こそが問題なのであり、そうしたことは、存在の本質という類い希で唯一のものに対して、目立たぬがゆえに最も鋭く敵対するものになるのである[5]（122）。

さてハイデガーは、「存在棄却についてのこうした徴候すべてが指し示しているのは、あらゆる物や作為が全面的に問われない時代が始まったこと」（123）であり、「今やはじめて一切が《体験され》、あらゆる事業とあらゆる催し物とが《諸体験》から滴り落ちてくる」（123f.）と考える。そこで次に、ここで言われる「作為（Machenschaft）」と「体験（Erleben）」ということに注目してみたい。なぜなら、存在棄却の偽装は、この「作為」と「体験」の二つによってなされると考えられているからである。「作為」と「体験」は、それまでの公刊された著作ではあまり聞き慣れない言葉だが、『寄与』の「II 鳴り響き」では、存在棄却を特徴づける重要な概念になっている。

3　作為と体験

作為という言葉は、通常の意味では人間の悪しき行動を意味するが、「存在の問いの連関では、この語でもって人間の態度が言われているのではなく、存在の本質活動の一つの仕方が言われている」（126）とされ、それは直ちに「為す（Machen）」（ポイエーシス、テクネー）ということを指示すると言われる（126）。たしかに「為す」ということは人間の態度と言ってよいが、しかしその人間の態度は、存在者をいかに解釈しているかに基づいているのであり、作為とはその存在者の解釈にかかわることだと考えられる。そこでハイデガーは、ここでも作為に関する簡単な存在史を描出する。

ギリシアの時代では作為は、まだその十分な本質において明るみには出てこない。中世のアクトゥス（actus）概念によって、存在者性の解釈の原初的にギリシア的な本質が覆い隠され、このことと連関して、作為がはっきりと前面に出てきて、ユダヤ－キリスト教的な創造思想とそれに対応する神の表象とが働き合うことによって、ens（存在）が ens creatum（被造物）になる。そして原因－結果連関がすべてを支配する連関になる。これは、ピュシスからの本質的な離反であると同時に、近代的思考において存在者性の本質としての作為が現れてくることへの移行なのである（126f.）。

したがって作為は、そこから存在者が解釈される条件、すなわち存在者性であり、しかもそれは「為すことと為されたものとの支配（Herrschaft des Machens und des Gemächtes）」（131）として性格づけられる存在者性のことである。「作為とは、早くからあり、しかし長きにわたってずっと秘匿されていた、存在者の存在者性の非本質（Unwesen）である」（128）という言い方もなされている。この存在者性により、中世では神が被造物を創り出し、近代では神に代わって人間が一切を処理可能なものとして扱うという事態が成立する。いずれにしても、作為によって性格づけられる、存在棄却の高まった時代は、近代主観主義が極度に高まった時代のことである。ここでは「人が《意志》を奮い起こしさえすれば、一切は《為される》」(108)。「この一切を為す《意志》は、あらかじめ作為に身を捧げているのであり、言い換えれば、存在者を表象しうるものと表象されるものとして解釈することに身を捧げている」(108f.)のである。(6)

「作為」には、対をなすものとして、「体験」というものが対応する。『存在と時間』では「体験」は、「生(Leben)」とともに、およそ括弧に入れられて表記され、現存在を捉えるには不十分な概念と見なされていた。「もしも配慮的に気遣いつつある交渉が、もっぱら《時間の内で》経過する《諸体験》の連続にすぎないとしたら、たとえこれらの諸体験がどれほど緊密に《連結されて》いようとも、目立ってはいるが利用しえない道具を出会わせるということは、存在論的には不可能に終わるであろう」(SZ, 355)。しかしながら『存在と時間』ではハイデガーが、まさに「体験」や「生」という概念で切り開こうとしたディルタイの哲学的志向を、基本的には評価し、「ディルタイの諸研究を我がものにすること」(SZ, 377)を謳い、そしてそれを乗り越える試みをしようとしたことは、喋々するまでもないであろう。(7)これに対して『寄与』では、こうしたトーンは一切出て来ず、徹底してネガティヴである。もっともここでは、ディルタイ哲学に対する批判が展開されているのではなく、むしろ「体験」という事柄の持つ問題性が思索されている。『存在と時間』において「体験」は、「主観」の内部で生起するものであり(SZ, 388)、したがって「事物的なもの」(「事物的に存在する体験」(SZ, 373))と考えられていた。この考え方を存在史の中で捉え直したのが、『寄与』で言われる「体験」ではなかろうか。『寄与』では「体験」とは、表象されたものとしての存在者を《生》の中に取り込むこととされるが(129)、しかしそれはもっと広く、存在棄却の状況を表わす言葉になる。体験とは「作為と作為の中に維持されるものとの表象の根本様式」(109)を意味し、それは、秘密に満ちたもの、すなわち興奮させたり、扇動したり、感覚を麻痺させたり、魅了したりするものが誰にでも受け入れられるような公共性（Öffentlichkeit）のことだと言われる（109）。「体験」や「生」は、そもそも、認識論的思考では捉えられない豊かな生き生きとした経験を捉えるための概念であって、『存在と時間』ではその意味合いが評価されたわけだが、『寄与』にいたって「体験」は生き生きとした豊かな経験ではなく、むしろ人々を興奮させ感覚を麻痺させるような経験として考えられ、批判されるのである。それはまさに、「無制限に省察を欠いていること」（VA, 83）という在り方にほかならない。

ところで、作為と体験の関係はどうなっているのであろうか。作為と体験の両者については、それらの共属性（Zusammengehörikeit）が示唆されているが（129）、さほど明瞭とは言えない。細川亮一氏は以下のように整理する。「作為は、ポイエーシス、テクネーから思惟されているが、人間の態度ではなく、《存在の現成〔Wesung〕の一つのあり方》（GA 65, 126）である。存在としての作為に対応する人間のあり方が体験 Erleben とされる」(8)。たしかにこれは明解な整理である。しかし筆者はこれをもっとパラフレーズしてみる必要があると考える。ハイデガーは「作為はどこへいたるか」と問い、それは「体験にいたる」（107）と答えている。また、体験は秘密に満ちたものの公共性であると言われるが、それは「作為的なものが必然的に作り為す」（109）とも言っている。それゆえ、作為は体験に先んじており、体験は作為という存在の動向が結果として帰着したものであると考えられる。その意味で体験は人間の在り方であるとも言えよう。したがって、作為に対応する人間の在り方といっても、それは必然的に帰着する歴史的動向なのである（このことは存在忘却にも当てはまる）。「両者〔作為と体験〕の名前は、真理と存在者性との歴史を、最初の原初の歴史として、名指すのである」（132）。

4　科学批判

「II　鳴り響き」の終わりの方では、「科学（Wissenschaft）」に対する省察が、かなりの頁数を割いて行われている。Wissenschaft の問題は、ハイデガー哲学の歩み全体において、ポジティヴな指向からネガティヴな指向へと推移することもあり、注目すべきトピックである。[9] 前期では根源学の樹立を目指し、序論で確認したように、『存在と時間』では存在論＝哲学が諸科学の基礎づけをなすものと考えられていた。しかしやがて Wissenschaft の立場は捨てられ、後期では近代科学に対して厳しい批判のみがなされるようになる。こうした後期のトーンが、以下に見るように、まさに『寄与』において確立しているのである。

まずなぜここで科学への省察がなされるのか、その意図と必要性を確認しておこう。ハイデガーによれば、真理は、近代になって「確実性（Gewißheit）」という形態に定着し、確実性は「近代《科学》の組織〔設備〕と営みにおいて展開してきた」（141）。「存在棄却は、本質的に近代科学によってともに決定されている」（141）。そればかりか、今日では近代科学が、尺度を与える知そのものであることを要求している（逆に言えば、近代科学のやり方でなされないような知は、知としては認められない状況が成立している）。「それだから、近代科学への省察と、作為的に根づいている近代科学の本質への省察とが、存在の鳴り響きとしての存在棄却を指示する試みには、不可避となるのである」（141）。

ハイデガーは科学の省察の道には二つの方向性があると言う。「一つの道」は、「科学を現存の組織としてでなく、ある知の展開と構成との特定の可能性として捉える」（144）ものである。「その知の本質は、存在の真理のより根源的な基礎づけに根づき」、「この基礎づけは、西洋の思考の原初とはじめて対決することとして、遂行されると同時に、西洋の歴史の別の原初になる」（144）と言う。したがって、この道は、科学の可能性を存在の思索として追究する道ということになる。一方これとは「別の道」があって、それは「科学を今現実にある体制において把握する」（144）ものである。この省察は、科学の近代的本質を、その本質に固有な努力の営みに応じて捉えようとする。それは近代科学を存在棄却の動向として解する道である。この省察は「最初の省察の裏面」（144）である。

ただし『寄与』の「II　鳴り響き」においては、もっぱら後者、すなわち「別の道」がとられており、科学批判に終始している。言い換えれば、科学（学問）を存在の思索に直接繋がるものとしては展開していない。最初に挙げられた道は理念の提示に終わっている。

ではハイデガーはここで科学の本質をどのように捉えているのか、「76．《科学》についての諸命題」の節を中心に見てみよう(10)。

ここでの《科学》とは近代科学のことであり、中世の《教説》やギリシアの《認識》とは根本的に区別される。したがってまた、「本質的真理を根拠づけ保管するという意味での知」（145）、すなわちハイデガーの存在の思索でもない。

近代科学では、《科学的に》認識しうるものがその都度科学にあらかじめ与えられており、存在者は領域として科学にとって前もってある。存在者はこの意味で置かれてあるもの（ein positum）であるがゆえに、科学はどれも、それ自身《実証（positiv）》科学であると言う。

また《芸術》や《哲学》のように、科学そのもの（die Wissenschaft）というものはなく、科学は本質的に《個別》科学であらざるをえない。それは科学が進歩してゆくための条件である。科学の行う対象化は、対象の領域を確立しながらなされる。科学の細分化の本来的根拠は、「表象されてあることとしての存在者性にある」（146）と捉えられるのである。

さらにハイデガーは、「あらゆる科学は、いわゆる《記述的》科学ですら、説明的である」(146)と言う。近代科学では、知られていないものは、様々な仕方で知られたものへと引き戻されるという形で説明されるのであり、こうした「説明の諸条件を準備することが、研究である」(146)。そしてこの理解可能性の要求が、個々の科学の領域をあらかじめ規定し、それに応じて説明の連関が作られる。こうして、科学による知の組織化(Einrichtung)は、或る説明連関の建設と拡張として遂行される。この説明連関は、研究をその都度の事象領域に一貫して拘束することを要求する。この拘束が、科学に属している厳密さ(Strenge)のことである。

ハイデガーは、ここから科学における「方法」を捉えようとする。「科学の厳密さは、前進的処置(Vorgehen)(事象領域への観点をとることの)と手続き(Verfahren)(研究の遂行と叙述の)の仕方において、すなわち《方法(Methode)》において、展開される」(146)。この前進的処置は、連続する原因‐結果‐関係の連なりを先取りしつつ設計し、それを追跡しながら、対象の圏域を説明可能性の或る一定の方向にもたらす。

それゆえ科学には、前進的処置と手続きとしての方法が、事象領域そのものに対して優位するという傾向がある。この方法は、計算し測定することの「精密性(Exaktheit)」という性格を持つ。その精密性が可能になるのは、「科学の事象領域が、量的測定と計算においてのみ近づきそしてそのようにしてのみ成果を認める領域《自然》という近代的概念)として、あらかじめ措定される」(150)からである。

ところで、近代科学の成立においては「実験」の登場が通常考えられるのだが、ハイデガーもその点に触れている。彼によれば、あらゆる科学は、自分の事象領域を知ることに依拠し、最広義における経験(エンペイリア)と実験に依拠している。だがあらゆる科学が近代的な意味で実験的であるわけではなく、精密科学が、近代的意味で実験的なのであると言う。《実験》は精密性の必然的な本質の帰結である。どういうことかと言えば、精密性は、対象領域を数学的に——ということは量的‐規則的に——規定するという性格を本質としており、そのような数学的な仕方で存在者が先行的に把握されるところで、実験は可能となると考えるのである。このような精密性および説明的性格は、今や精神科学の営みにも及んでおり、今日、歴史学は「新聞学（Zeitungswissenschaft）」と化しており、「歴史を不断に回避している」（153）と、ハイデガーは手厳しく批判する。

彼は、「すべての科学の作為的技術的本質が、だんだんと固定してゆくことで、自然科学と精神科学との対象的方法的区別がますます後退するであろう」（155）と言って、自然科学と精神科学の区別がつかなくなっている事態を指摘する。そして今や「《科学的研究と教授の場》としての《大学》は、《現実に近い》活動施設になり」、「文化装飾の最後の残滓」（155）を保持してゆくものだとして、大学制度をも批判する。

このようなハイデガーの科学批判は、つまるところ、次のような悲観的な展望へといたる。

「この〔科学の〕進歩は、大地の搾取と利用、人間の育成と調教を、今日まだ表象できない状態の内にもたらすであろう。そうした状況の出現は、以前のものや別のものをロマンティッシュに想起することでは妨げられないし、また食い止めることさえできない」（156 f.）。

以上は極めて大まかなハイデガーの科学批判の要約であるが、ここから分かるように、「世界像の時代」や「科学と省察」などでなされる、後期思想の科学批判の基本的論点がここに確立している。したがって『ドイツ大学の自己主張』（一九三三年）でまだ見られたような学問の理念を積極的に展開しようとする姿勢は消え去っている。[11] ただし省察の第一の道は学問への積極的可能性を追究するものであって、そうした可能性が、ハイデガーの念頭に残されているとは言えよう。[12] しかし『寄与』のテクストに書き連ねてあるのは、科学が存在の思索からますます離れてゆく、その動向であり、その理由である。また産業政策に組み込まれた研究や大学の企業的性格、あるいは成果主義といった、まさに現代の科学の置かれた有り様を言い当てている。否、というより、すでにこのような事態が、この時代（一九三〇年代）すでに顕在化していたと言うべきかもしれない。ハイデガーはこの科学の現状を、科学の作為的・技術的本質から捉えようとしているのである。したがって、科学そのものが技術的本質を有していると見るわけである。

こうした科学批判がなされるのは、ひとえに存在棄却への指示を浮かび上がらせるためであって、ただ単に反動的に科学を嫌悪するからではない。むしろ科学至上主義の風潮が出来上がる時代にあって、近代科学が前提とする「確実性」、そして「正当性」という真理を相対化する役割を持つと言えよう。そもそも歴史学をはじめとする精神科学の真理性は、そのような真理には尽きないはずのものであった。だからこそ、実証科学へと傾く歴史学に対する批判はとりわけて厳しいものに響く。ハイデガーによる科学の省察とは、実証科学的に歴史探究をするのでは塞がれてしまう存在の歴史の動向、数学的合理的思考では捉えられえない「在る」ということの真理（明るみと秘匿）、これを思索する上での不可避となる省察なのである。

5　ニヒリズム

ハイデガーは、周知のように、西洋の形而上学の歴史を「ニヒリズム」と特徴づけた。一連の『ニーチェ講義』が始まったのは一九三六年であり、これは『寄与』が書かれ始めた同じ年である。『寄与』には、使用される語も含めて、いたるところでニーチェ思想の影響を感じさせるものがあるが、ニーチェとの対決姿勢をすでに見せているところもある。それが「72．ニヒリズム」という節である。ここには、ハイデガーのニヒリズムに対する根本思想と同時に、彼の時代批判が生々しくも語られている。

ハイデガーはニーチェのニヒリズムをまだ不十分な洞察と見なしている。ハイデガーの言う存在棄却こそは、「ニーチェがニヒリズムとしてはじめて認識したものの、根拠であると同時に、より根源的な本質規定である」(119) と言うのである。彼の考察は以下のごとくである。

「ニーチェの意味でのニヒリズムは、一切の目標がなくなったことを意味する」(138)。だが「別の原初を目指すなら、ニヒリズムとは、存在棄却の本質的帰結よりも一層根源的に把握されねばならない」(138) と言う。ところが、「もしもかつてニーチェがニヒリズムとして経験し考えぬいたものが、現在まで把握されないままであり、とりわけて省察されないならば、いかにしてこの存在棄却は認識され決断されるのか」(138)。ハイデガーに言わせれば、存在棄却が認識されているどころか、その前提となるニーチェのニヒリズムすら正しく把握されていないと言うのである。こうしてニヒリズムの状況が次のように描かれる。

人は、「《ニヒリズム》についてのニーチェの《教説》を、興味深い文化心理学として認識してきたが」(139)、それでいてそれを「悪魔的なものとして遠ざける」(139)。さらにニーチェのこの「教説」が真であるなら我々はどこに行くのか、という熟慮を人は行う。しかしながら本当は、このような熟慮こそ「本来的なニヒリズム」(139) なのだということとは予感されない。人は目標のないことを認めたがらず、目標を追求するための手段さえも、突然それ自身目標に仕立て上げようとする。そして人は再び目標を持ち、「幸福」となり、映画館や海水浴旅行 (Seebadereisen) に出かけ、様々な「体験」をする。しかしここには「最大のニヒリズム」(139) が存しているのである。それは、「人間の目標 - のないこと (Ziel-losigkeit) に組織的に目をつむること」(139) であり、「存在に対する不安」(139) なのである。

ニヒリズムが進行して、教会や修道院が崩壊し人間が滅茶苦茶に殺されるのか、それともこうしたことが起こらず、《キリスト教》が迷わず自分の道を進むのか。しかしこの二者択一がニヒリズムの目印にほかならない。「重大なニヒリズムの本質は、人がキリスト教の後継者と自称し、それどころか社会的な業績に基づいておのれ自身に最も信心深いキリスト教性を要求する点にある」(139f.) とされる。したがって前者の粗野なニヒリズムの方向も、後者の博愛的な方向も、ニヒリズムの対立する形式であり、ともにニヒリズムに帰属するのである。こうしてハイデガーは次のように言う。すなわち、「かくしてニヒリズムは、全体的で根拠的なものに、克服できないほどに算入されているように、私にはどうしても思われる。ニヒリズムの二つの極端な対立形式が、互いにしかも必然的に最も鋭く闘い合うなら、この闘いは、いずれにしてもニヒリズムの勝利にいたる」(140)、と。

この発言は、一見すると、この上なく「ニヒリスティック」であり、絶望的なもののように聞こえる。はたしてハイデガーの時代批判は、つまるところ、ペシミスティックに絶望を説くものであろうか。それに関しては、これまで公刊された著作からも分かるように、断じて否と言うべきである。この点を押さえるためには、「鳴り響き」の意味をあらためて熟考しなくてはならないだろう。

6　鳴り響き

ハイデガーは、先のニヒリズムについての節の中で次のような発言を行っている。「ニヒリズムの克服の上で最も不可避的で困難なことは、ニヒリズムを知ることである」(141)。つまり、ニヒリズムにあって一番問題なのは、ニヒリズムの状態にあることが気づかれていないということである。あるいは正しく認識されていないということである。したがって、「困窮がないという困窮 (die Not der Notlosigkeit)」の時代、すなわち「最高の困窮 (die höchste Not)」の時代においては、存在を忘却したニヒリズムの状況をまずもって知ることが必要なのである。もっとも「知る」と言っても、その知は「知識」を吸収するといったものではないし、また実証主義的に説明するようなものでもない。それは、まさに彼の言う「原初的思索」の知にほかならない。この知の特徴は、ある種の「受動性」によって成り立つ点である。この知は、存在の言わば合図を聴き取る知なのである。そしてその合図こそが「鳴り響き」なのである。

ハイデガーは、こうした存在棄却の状況を知ることから存在の思索を始め、そこから困窮を転じる必要性を説くのである。「存在棄却から鳴り響きが起こらなければならず、存在忘却の展開でもって始まらねばならない。存在忘却において、別の原初が鳴り響くのであり、したがって存在が鳴り響くのである」(114)。「存在の鳴り響きは、存在棄却を暴露することを通して、存在をエアアイグニスとしての存在の完全な本質活動において取り戻そうとする。このことが生じるのは、存在者が、現-存在の根拠づけによって、跳躍において開示された存在の中に置き戻される仕方によってのみである」(116)。

ということは、存在の鳴り響きを「知る」とは、この接合肢で完了するのではなく、「跳躍」や「根拠づけ」の思索を遂行することによってなされることになる。ハイデガーは、存在忘却が極致にいたってはじめて、転回の可能性が出てくるという史観を持つ。してみれば、どこまでも絶望に安住するわけではないのである。しかしかといって、何もしないで歴史はおのずとよい方向に転じる、というような楽観主義では毫もない。存在の鳴り響きは、あくまで「拒みの鳴り響き(der Anklang der Verweigerung)」(108)なのである。そして歴史の転回が、言い換えれば最初の原初から別の原初への移行が、成功するという「保証」はどこにもない。存在の真理を問うことは、その意味でまさに「絶望と希望の交錯[13]」した思索の試みであると言えよう。

7　移行的思索の両義性

『寄与』の「II　鳴り響き」においてハイデガーは、「存在棄却」の状況を様々な局面で描いている。それは、時代批判として、現在においてもなお多くの示唆を与えるどころか、現在においていよいよもってその批判の重要性が増してきていると言えないであろうか。

「存在棄却」にあっては、一切が組織のもとで計算しうるものとして、数量化され、効率的に処理され、それと同時に「速さ」というものが追求される。ここには、退屈に対する不安から逃れようとして、すべてを性急に扱おうとする人間の態度がある。さらにそこでは、「大衆的なもの」が勃興してきて、計算可能なものという誰にでも等しく受け入れられる「客観的な真理」のみが、有益で有意味なものと見なされる。したがって存在を問うことなど無意味なこととして退けられ、ますます忘却されるわけである。この「存在棄却」の状況を、ハイデガーはこの書ではとくに、「作為」と「体験」という言葉でもって捉える。「作為」とは、すべての存在者が処理可能なものとして扱われる存在の歴史の動向であり、これに対応する人間の在り方が「体験」と考えられる。人間は、「体験」という在り方で、表象されるものとしての存在者を、興味を持って主観的な「生」の内に取り込むのである。作為を本質とする「近代科学」の進展は、自然の搾取と人間のコントロールを未曾有の仕方で押し進める。かつてニーチェは、キリスト教の神の死とともにニヒリズムが始まると説いたが、ハイデガーは、そのニヒリズムが実は「存在棄却」に基づいているのだと主張する。至高の価値が崩壊する以前に、存在が一つの際立った存在者（神）として解釈され、存在そのものが問われなくなることからニヒリズムが始まると、ハイデガーは考えるのである。

このようにハイデガーの現代批判（後の技術論もそうであるが）の射程は、単なる時代の風潮やその時代を支える社会構造や政治体制に向けられるのではなく、プラトン以来のヨーロッパの形而上学全体に向けられ、形而上学をその根本から批判し、見直してゆこうとする作業なのである。

しかしそうなると、当然次のような疑義が出てくる。すなわち、一体ハイデガーの時代批判において環境破壊や大衆社会の問題はいかにして解決されるのか、と。そしてハイデガーにおいては具体的な対策が欠けているという批判が下される。思想家の課題がそうした現実的具体的な対策を呈示することであれば、このような批判は至極当然である。しかしハイデガーは、そのような対策や処方箋を早急に呈示することを思想家の課題とは考えていない。彼は、技術の問題を技術によって克服することでは、根本的な解決とはならないと考え、近代技術を支える主観主義という思考、さらにその思考をもたらした存在の歴史の動向を見据えようとするのである。しかしまた、プラトンやフォアゾクラティカーの思想まで遡って思索するなら、そして原初的なピュシスにおいて真理の秘匿の可能性が本質的に帰属することを看取するならば、おいそれと「ピュシスに帰れ」などと言えないはずである。批判は直ちに否認を意味するのではない。したがってハイデガーは、技術を全く否定するわけではない。『平静さ』において彼は、技術に関してはJa und Neinの態度が必要だと主張する（GL, 23）。つまり我々が技術の使用なしには生活できない以上は「然り」と言わざるをえず、しかし他方それが我々の本質を歪曲し、混乱させ、荒廃させている以上は「否」を言わざるをえない、ということである。

この主張は、『寄与』の思想から見るなら、まさしくハイデガーの思索が「移行的思索」であることを表わしている。移行における思索は、どうしても両義的であらざるをえない。「移行的思索は、〔中略〕力ずく（Gewaltstreich）でもって、形而上学の習慣を振り払うことはできない。実のところ、この思索は、伝達するためにしばしば形而上学的思考の軌道を行かねばならず、それでいてつねに別のものを知らねばならないのである」（430）。「形而上学の歴史は、存在を根源的に企投することで歴史の本質がはじめて活動し始めるときでさえ、突き放すことはできないのである」（480）。たゆまない存在の思索を続けることによって、歴史の別の原初への移行を準備するのだと、ハイデガーは考えるのである。その思索の出発点がまさに存在棄却の現状を知ることなのである。存在棄却の現状を存在の歴史の警告として聴き取ることから、「戻り行き（Schritt-zurück）」の思索が開始される(14)。これがまさに『寄与』の「鳴り響き」の意味なのである（それはちょうど、『存在と時間』が現存在の平均的日常性（＝頽落）から始められたのとパラレルである）。ここには「危険の存するところ救いもまた芽生う」という思想、つまりネガとポジの逆転の思想がすでに一貫してあるのだと言えよう。本来性と非本来性との交錯、真理と非真理との相互帰属性の思索が、実に Ja und Nein の態度を帰結させるのである。

（1）この種の議論は、的場哲朗氏が簡略に紹介している。的場哲朗「自然をめぐって――ハイデッガーの自然論」（大橋良介編『ハイデッガーを学ぶ人のために』世界思想社、所収）参照。

（2）S・フィエタは、『寄与』の「鳴り響き」を扱い、ハイデガーのナチズムおよび技術批判を論じている。Vgl. Silvio Vietta, *Heideggers Kritik am Nationalsozialismus und an der Technik*, Tübingen: Max Niemeyer 1989.

（3）Emil Kettering, *NÄHE. Das Denken Martin Heideggers*, Pfullingen: Günther Neske 1987, S. 59.（川原栄峰監訳『近さ――ハイデッガーの思惟』理想社、四八頁。ただし一部訳語を変更した。）

（4）ここでは「計算」は、Rechnen という語であるが、ハイデガーはその直前で Berechnen という語を用いており、Rechnen と Berechnen との間には、本質的な差異はないと思われる。

（5）ハイデガーは、以上三つのもののほかに、さらに続くものとして、「あらゆる気分の、露出〔剝脱〕・公開・平俗化（die Entblößung, Veröffentlichung und Vergemeinerung jeder Stimmung）」などを挙げている（123）。

（6）「作為」は、明らかに、後年「ゲ－シュテル（Ge-stell）」として捉えられるものの前段階と考えられる。例えば、『寄与』には「《作為》（技術）」（274）という記述、さらに『ニーチェ講義』の「形而上学としての存在史のための草稿」には「作為（ゲ－シュテル）」（N II, 471）という記述がある。

（7）これについては、渡辺二郎『ハイデッガーの実存思想』勁草書房、第四章第一節三を参照。ならびに、Vgl. Frithjof Rodi, Die Bedeutung Diltheys für die Konzeption von Sein und Zeit. Zum Umfeld von Heideggers Kasseler Vorträgen（1925）, in: *Dilthey-Jahrbuch*, Bd. 4, 1986.（高田珠樹・丸山高司訳「ハイデガーとディルタイ――ハイデガーのカッセル講演をめぐって」『思想』岩波書店、一九八六年一一月号）を参照。

（8）細川亮一『意味・真理・場所』創文社、四六五頁を参照。

（9）O・ペゲラーは「科学論的問題こそがハイデガーの出発点だった」とし、この問題の重要性を指摘する。Vgl. Otto Pöggeler, *Heidegger und die hermeneutische Philosophie*, Freiburg/München: Karl Alber 1983, S. 397.（伊藤徹監訳『ハイデガーと解釈学的哲学』法

政大学出版局、三五八頁）

(10)「II 鳴り響き」でなされる科学批判では、様々論点を取り出すことができる。T・グレイズブルックは、近代科学と古代・中世の知識との対照、専門化における科学の企業的性格、計算、経験と実験の区別というポイントを強調しながら、『寄与』での科学に対する省察が後の技術批判の基礎となっていることを跡づけている。cf. Trish Glazebrook, The Role of the *Beiträge* in Heidegger's Critique of Science, *Philosophy Today* 45, no. 1, 2001, pp. 24-32.

(11) 加藤恵介氏は、『ドイツ大学の自己主張』（一九三三年）と『言語の本質への問いとしての論理学』（一九三四年）の間に、「学問」から「労働」への主導概念の移行があることを分析し、そのことの政治的含意を解釈している。加藤恵介「実存と民族——「ハイデガーとナチズム」問題に寄せて」日本倫理学会編『倫理学年報』第五五集、二〇〇六年。

(12) J・D・カプートは、ハイデガーの科学に関する議論に、科学の解釈学的説明と脱構築的批判の二つがあることを考察している。彼は、『存在と時間』で分析された科学の解釈学的本質を丹念にフォローし、ハイデガー哲学が科学に敵対するものではないことを明らかにする。しかしその一方で、後期でなされる脱構築的批判が、かつてなされたような注意深く明解な科学の性格づけを見失っていることをカプートは問題視する。カプート自身は、解釈学的説明が脱構築的批判を支えるべきであり、その両者が必要であると主張する。cf. John D. Caputo, Heidegger's Philosophy of Science: The Two Essences of Science, in: *Rationality, Relativism and the Human Sciences*, ed. by Joseph Margolis, Nijhoff, 1986. このカプートの解釈に引きつけて考えるならば、「II 鳴り響き」にある科学省察の「第一の道」を歩むことは、『ドイツ大学の自己主張』で考えられる路線が当然想起されるが、筆者としては、カプートが示した科学の二つの本質の両方を考慮して目指されるべきであろうと思う。

(13) 渡辺二郎『ハイデッガーの存在思想』第二版、勁草書房、第三章第一節二参照。このことを『寄与』の言葉で表現すれば、決-断（Ent-scheidung）によって開かれる二つの可能性の内を揺れ動く事態と言えよう。

(14) ハイデガーが「ピュシス概念を回復させようとしているのは、彼の科学技術批判の積極的な裏返しにほかならない」というチョー・カー・キョングの発言は、正鵠を射ている。チョウ・カー・キョング『意識と自然』志水紀代子／山本博史監訳、法政大学出版局、五二頁を参照。

第4章　ハイデガーの歴史論

1　ゲシヒテとヒストーリエ

近年歴史論をめぐっては、言語分析やいわゆるポストモダニズムをはじめ種々の議論が澎湃として起こり、展開されている。本章での考察はそれらの議論に直接参加するのではないが、それらの議論を根本的に見直す可能性を、ハイデガーの思索の中に探ろうとするものである。その際、ゲシヒテ（Geschichte）とヒストーリエ（Historie）という最も基本的な区別に立ち返って、『存在と時間』と『寄与』との比較研究を行う。ハイデガーにあっては、両概念は独特の仕方で変換されており、またこの区別自体が幾分曖昧さをはらみ、さらに思索の進展とともにこの区別の捉え方も変わってくる。それだけに、この区別とその変貌についての明察を得ることが、ハイデガーの歴史論の独自性と思索の変貌を明瞭化することに繋がる。しかしそれのみならず、この観点においてはじめて、極めて重大な問題が浮き彫りになるのである。それは、歴史を探究するとはいかなる在り方か、という問題である。

ハイデガーの歴史論と言えば、とりわけ後期の「存在の歴史」が晦渋を極め、また通常の「哲学史」からすれば強引で胡乱なものと映る。なるほどR・ローティの言うように、ハイデガーの哲学史記述を、問題解決のレベルではなく問題構制のレベルにかかわる「精神史的哲学史」というジャンルに分類することもできるかもしれない(1)。しかし、ハイデガーの哲学史解釈を批判的に評価するためには、彼の歴史探究の在り方そのものについての洞察が肝要であり、実はこのことは、「存在の歴史」が本格的にテーマとなる『寄与』の思索、とりわけ「投げ渡し（Zuspiel）」と呼ばれる思索の本質を含味することにかかわるのである。

そこで本章は、次の問題関心に沿って考察を行う。まず、ハイデガーにおいてゲシヒテとヒストーリエの区別がどのように変換され、変貌を遂げるかを明らかにする。そのことを通じて『存在と時間』と『寄与』の「連続性」「不連続性」を看取するとともに、「歴史性から存在へ(2)」というような定式化では見落とされてしまう論点を明らかにする。その上で、「存在の歴史」の探究の仕方について、あえてハイデガーが明言しなかったところまで語り、この思索の「知」の性格について見通しをつけたい。

2　『存在と時間』の歴史論——歴史性・歴史学・破壊

『存在と時間』において歴史の分析は、現存在の生誕と死との間の「伸び広がり」を視野におさめるべく、「時間性のより具体的な仕上げ」（SZ, 382）として展開される。ハイデガーは、時熟に基づく現存在の伸び広がりという動的性格に、生起（Geschehen）という語を当て、そこから歴史という事象を考えようとする。そこでハイデガーにとって、歴史は、言葉上このGeschehenと語源的に親密なゲシヒテの方が、ヒストーリエよりもふさわしいとまずは言える。

しかし現存在の生起としての歴史性は、あくまでも人間の在り方であって、「出来事としての歴史（res gestae）」として考えられる通常のゲシヒテ概念とは異なる。それどころか、歴史の通俗的解釈に「反対して（gegen）」（SZ, 376）、「《歴史的》主体の主体性」（SZ, 382）が問われるのである。「過去」に優位を置く通常の歴史理解では、例えば遺物を「歴史的なもの」と見るのだが、そうした世界内部的に出会われるもの（「世界‐歴史的なもの」）は、現存在の何らかの既在していた世界に属し、そこから由来するがゆえに歴史的性格を持つとされる。つまり、それは第二次的に歴史的に存在するのである。第一次的に歴史的なものは現存在であり、現存在の歴史性が歴史の根源的次元であるとハイデガーは考えるのである。

このように『存在と時間』の議論の展開は、「遺物としての存在者（道具）」から「世界」、「世界」から「現存在の存在」へと歴史の存在論的な根源を遡らせるという道をとる。P・リクールが指摘するように[3]、ここでは「世界」が要衝であり、「世界」概念を言わば基軸にすることによって、現存在の歴史性と通常の歴史との接点が確保されるわけである[4]。しかし、『存在と時間』の歴史論の重要性は、単に歴史の成立条件の位相を掘り下げただけではない。むしろ人間の歴史性についての捉え方そのものが、独自なのである。では現存在が歴史的に実存するとはいかなる事態なのか。

周知のように、現存在の本来的な生起は、先駆的決意性に即して読み取られる。すなわち、死へと先駆し（到来）、被投性を引き受け（既在）、おのれの時代・状況を見据えて存在する（現成）という在り方が、本来的歴史性の内実をなす。この本来的歴史性において何より特徴的なのは、「到来」の優位と「反復」の重要性であろう。死への先駆が起点となるがゆえに、歴史はその根を到来の内に持つ（SZ, 386）。そして死によって、現存在は被投性へと投げ返され、現にそこに既在していた現存在の諸可能性の中へと還帰（Rückgang）する（SZ, 385）。これが反復である。反復とは、過去の単なる再生ではなく、「現に既在していた実存の可能性に応答する（erwidern）」とともに、「過去」として今日に影響を及ぼしているものを取り消すこと（Widerruf）である（SZ, 386）。先駆―反復―瞬視という緊密で統一的な時間性の構造に基づいて、歴史を対象化することなく、歴史的に存在すること、日本語の文法を侵して言えば「歴史を存在すること」、これがハイデガーの議論の真面目である。

一方、ヒストーリエはもっぱら「科学（Wissenschaft）」という意味で使用される。これは、伝統的な「記述としての歴史（historia rerum gestarum）」とそれほどかけ離れてはいないが、しかし著しく狭められた意味で用いられていることに注意しなければならない。明らかにここには科学への批判に照準を合わせた彼の戦略がある。ハイデガーは、歴史性の議論を開始する際にも、歴史の問題の「在りか」を歴史学に求めず、歴史についての科学論的な問題設定では、歴史が「一つの科学の客観（Objekt einer Wissenschaft）」（SZ, 375）としてのみ扱われると見なしていた。この科学としてのヒストーリエ（歴史学）は、遺物や報告などを資料として「過去」を開示するわけだが、しかしそのためには「歴史学者の実存の歴史性」（SZ, 394）が前提される。それゆえ歴史学者の実存の歴史性が歴史学を基づける（fundieren）わけである（SZ, 394）。こうしてヒストーリエは、現存在の歴史性の派生的な形態として考えられ、「本来的な歴史性は必ずしも歴史学を必要としない」（SZ, 396）とまで言われる。ここに、変換された意味ではあるが、ヒストーリエに対するゲシヒテの優位を指摘することができるとともに、この思想が「生に奉仕するヒストーリエ」というニーチェの系譜にあることも容易に看取できる。「《歴史主義》という問題の台頭は、歴史学が現存在をその本来的歴史性から疎外させようと駆り立てていることを、極めて明瞭に証拠立てている」（SZ, 396）。このハイデガーの発言は、ヒストーリエの過剰、実証主義的歴史学の風靡という意味での歴史主義に対する対決表明である。[5] この箇所でニーチェを積極的に解釈するのも、またヨルクのディルタイ批判に共感するのも、このランケ派に代表される歴史主義に対する批判がその基調をなすのである。[6]

しかし、ヒストーリエにはもう一つ重要で積極的な意味合いがある。それは公刊されなかった『存在と時間』第二部、「存在論の歴史の破壊」にかかわる。「存在の問いの仕上げは、問いかけ自身が歴史的な問いかけであるという最も固有な存在意味に基づいて」、「歴史学的になるべしという指示」（SZ, 20f.）を受け取らざるをえない。この問いには「一つの《歴史学的》な学的解釈」（SZ, 39）が要請される。つまり破壊とは、historisch な営みなのである。もとより歴史性の議論全体（第一部、第二篇、第五章）の役割は、「やがて遂行されるはずの、哲学の歴史の歴史学的破壊という課題の明瞭化のための準備として役立つ」(SZ, 392) ものであった。さらに「歴史学の実存論的根源」(第七六節) の趣旨をよく考えてみるならば、そこでは既存の歴史学の存立構造を単に説明したり基礎づけるというよりは、「本来的な歴史学」(SZ, 397)、現存在の歴史性に基づいた「歴史学の理念」(SZ, 393) を示すことにアクセントが置かれているのであり、言い換えれば、破壊の作業の理念的考察がなされていると言ってよい。その際とりわけ「反復」が「破壊」の本質となることは明白である。したがって、ヒストーリエは決して派生的形態にとどまらない性格を持つのである。

以上のように、『存在と時間』におけるゲシヒテとヒストーリエの区別は、錯綜した事態となっている。問題なのは、ヒストーリエに対する評価である。ヒストーリエは歴史性からすると派生的なものであり、とくに過去のものを再構成するという既存の歴史学にはいささかの積極的意味は見出されないが、一方で存在論の歴史の「破壊」の作業においてはおそらく本来的歴史学を意味するものと認められるのである。簡潔に定式化すれば、〈世界‐歴史的なものに関する歴史学＝科学としての派生的な歴史学〉と〈存在論の破壊としての歴史学＝哲学としての本来的な歴史学〉という二つの歴史学が考えられるのである。(7)

3 『寄与』の歴史論――エアアイグニスとしての歴史

さて、ゲシヒテとヒストーリエの区別は、『寄与』になると厳しく対立するものとなり、ヒストーリエに対する評価は非難的なものへと変わってくる。ハイデガーは『寄与』の思索を次のように特徴づける。「移行的思索は、存在の真理を根拠づけつつ企投することを、歴史的省察 (geschichtliche Besinnung) として行う」(5)。この「歴史的省察」は、「歴史学的考察 (historische Betrachtung)」と区別される。『寄与』と密接な講義『哲学の根本的問い』(一九三七／三八年冬学期講義）によれば、「歴史的（geschichtlich）」とは「生起」（GA 45, 35）を指すのに対し、「歴史学的（historisch）」とは「一種の認識作用を指す」（GA 45, 35）。「歴史学的なもの」とは「過去のもの」（GA 45, 40）であるが、「歴史的なもの」は「将来のもの」（GA 45, 40）である。ここでは「歴史的省察」に対立する形で、「歴史学的考察」が批判され、積極的な意味は与えられなくなる。

したがって、『存在と時間』に見られた歴史主義批判の基調は、『寄与』にいたって一層強まっている。ハイデガーは次のように言う。歴史学の支配は、「今日、近代の決定的な時期の始まりにおいて、極めて広範に広がっており、歴史学によって規定された歴史把握のせいで、歴史が没歴史性へと押し退けられ、そんなところに歴史の本質が求められるということになっている」（493）。ここで言う歴史学は、「算定しつつ駆り立てる現在の視界の方から、過ぎ去ったものを確認しつつ説明すること」（493）を意味する。したがってそれは、近代科学の形態での歴史学である。ここで『存在と時間』からの進展としてとくに注目されなければならないのは、歴史学が「形而上学の一つの帰結」（494）であると洞察される点である。歴史学が単に「歴史を不断に回避している」（153）のみならず、それが科学として幅をきかせ、そのような科学がいよいよもって存在棄却の事態を硬化すると考える以上（142）、この歴史学から自由になることが課題となるのである。

こうしてみると、『寄与』の中でのヒストーリエの意味は、先に整理した〈科学としての派生的な歴史学〉に一本化されると言ってよく、またかつての歴史学の存在論的根拠や本来的歴史学という議論は姿を消す[8]。そしてヒストーリエが形而上学の帰結であると洞察されることが、それとは別の歴史探究を理由づけるのである。

ではゲシヒテの方はどうだろうか。たしかに『寄与』にいたって歴史の根源は、現存在の歴史性から存在そのものへと移される。『寄与』では「エア-アイグニスが根源的歴史それ自身である」（32）、あるいは「エア-アイグニスとしての存在が歴史である」（494）と言われる。歴史は、「存在者の領域」というのではなく、「ひとえに存在それ自身の本質活動」に注目して把握される（32）。それゆえ「歴史は人間の特権では全くなく、存在それ自身の本質である」（479）。これは、「在る」ということの名状し難き事実の生起と言ってもよいであろう。[9]

けれども、歴史はここで再び人間を離れたところの「実在」、「客観的歴史」になるのではない。なぜなら、エアアイグニスとは普通のドイツ語としては「出来事」を意味するものではあっても、ハイデガーにおいては、人間と存在との呼応関係を名指すものだからである。「存在は、それが本質活動するためには人間を必要とする。そして人間は、彼が現‐存在としてのおのれの究極の使命を遂行せんがために、存在に帰属する」（251）。「必要とすることと帰属することとの対向振動が、エアアイグニスとしての存在をなす」（251）。したがって「歴史は、存在と人間との連関〈中略〉においてのみ、根拠づけられうる」（492）ことになる。逆に言えば、「歴史的になる」という人間の在り方が、この歴史には必要なのである。「歴史的になるとは、存在の本質から発現し、それゆえ存在に帰属し続けるということを意味しており、過ぎ去ったものや歴史学的に確認しうるものへと身を委ねることではない」（456）。この人間の在り方は、歴史（過去）を対象化し、それを表象する仕方で把握したり処理したりすることの対極にある。それは、歴史学的説明に回収できない言わば〈歴史の土壌〉を保護する、「番人」という在り方なのである。その意味で、「人間の番人性が別の歴史の根拠である」（240）と言われる。

『寄与』では「人間それ自身の変化」（84）が目指されている。これは「歴史的にある」ことであり、「理性的動物」から「番人」へと変容することである。ゲシヒテとヒストーリエの区別が単なる〈思弁的〉な区別ではなく、「決断の最も厳しい必要性」（GA 45, 55）と言われるのは、こうした人間の変化と呼応しているわけである。以上のように見るならば、『存在と時間』の歴史性の立場、先に「歴史を存在する」といった立場は、依然として保持されている。この「存在の歴史」における人間存在の転回的関与という点が、「現存在から存在」へという定式化では看過されてしまう点なのである。とはいえ、『寄与』では『存在と時間』と異なって、現存在の時間性から歴史の成立を一気に

《演繹》（SZ, 377）するのではなく、人間が存在そのものとの呼応的な連関にあり、この連関においてはじめて歴史（存在の歴史）が成立すると見るところに、主観主義的な超越論的性格からの脱却を認めることができるであろう。

だがそれしても、ヒストーリエが克服すべきものとなった今、一体エアアイグニスとしての歴史は具体的にどのように探究され、また語られるのであろうか。

4　歴史的対決としての「投げ渡し」

実はここに、存在の歴史を語り出す、すぐれた意味での historisch な行為（決して形而上学的な歴史学ではない）があると思われる。存在の歴史は「出来事」・「事件」の歴史ではなく、思索の活動に基づいて成立する歴史である。しかし、精神史的に「資料」（哲学的テクスト）を実証的に扱い、過去の思想を再構成するというのではない。存在の歴史の探究は、この歴史が探究者の存在を徹底的に規定しているからこそ、形而上学の偉大な哲学のテクストと対決し、それを積極的に読み換え、別の思索に転じることになる。この作業が最もダイナミックに展開されるのが、「投げ渡し」と呼ばれる思索であって、この思索に筆者はハイデガーの用語法に反して、あえて〈ヒストーリエ〉を読み込みたい。

ただしその場合、〈ヒストーリエ〉というのは、この語の最広義の意味において理解されねばならない。つまり、「歴史学」という狭い意味においてではなく、ヒストレイン（ἱστορεῖν）というギリシア語以来の、探究すること、知ること、語ることである。[10]「存在の歴史」においても、この最広義の〈ヒストーリエ〉の営みがなければ、それは無意味に等しい。しかし、だからといって、「存在の歴史」と言えども「物語り文」を使って叙述を行っているとか、歴史学的知見なしにこれまでの哲学史を扱うことはできないということを主張したいのではない。そのことよりも、かつて『存在と時間』で「破壊」として語られた「歴史学」が、『寄与』において別の言葉で発展的に活かされていると考えたいのである。

『寄与』は、形而上学の原初である「最初の原初」から形而上学ならざる「別の原初」への「移行」を目指すわけだが、「最初の原初」との「対決（Auseinandersetzung）」が「投げ渡し」の思索である。この「投げ渡し」の本質的な性格は次のように整理できる。[11] まず第一に、「歴史的な対決」としての「投げ渡し」は、「形而上学」に反動的に敵対し、それを否定して捨て去ることではないということである。なぜなら反動（Gegenbewegung）は、それが抵抗する当のもの（Wo-gegen）によって、ともに規定されてしまうからである（186）。第二に、「投げ渡し」とは、「最初の原初」を「誤り」として放擲するのではなく、最初の原初（形而上学）を根源的に捉え返し、「我がものとすること」（171）である。しかしまた第三に、「投げ渡し」は、在ったままの過去を照準とした単純な「再生」（再構成）ではなく、歴史的対話において「別種性」（187）を得ることであり、別の原初を照準とした読み換えである。以上の三点は、『存在と時間』の「破壊」の理念とも十分符合する。さらに第四に、「投げ渡し」は「最初の原初と別の原初との相互の《投げ渡し》」（7）である以上、解釈者の単なる「主観的意図」を超えた、解釈自体の活動であり、問い自身の展開を指すのである。

こうして、「投げ渡し」において形而上学は、一方で克服されるべきものでありながら、他方で「偉大な哲学」（187）として根源的に我がものとされるべきものであり、つまりは「両義的」（171）なものとして現れる。[12] だとすれば、「最初の原初」と「別の原初」は独立した二つの歴史の原初ではない。「最初の原初は唯一反復されるものであり続ける」（GA 45, 199）のであり、「別の原初は〔中略〕最初の原初とその歴史からの断絶ではない」（GA 45, 199）。それゆえ、最初の原初から別の原初への移行は、断絶でもなければ、連続でもなく、あえて言えば、〈転調〉とでも言うべき事態なのである。形而上学とは全く別のもの（存在の真理）は、どこまでも最初の原初との投げ渡し的関係を通してしか区別されず、また獲得されない。その意味で「投げ渡し」は、存在への「跳躍」を「準備する」(9)ことになるのである。

以上のように、「投げ渡し」の思索にはかつての「破壊」の思想が活かされ、そこに独自の歴史探究の性格を色濃く見て取ることができる。これを広義の〈ヒストーリエ〉とするなら、「存在の歴史」は、主観が意のままにすることのできない歴史（Geschichte）と、その中に立ちつつ別の可能性を読み取る探究（Historie）という二重の歴史が絡み合い緊張し合う中で、はじめて出現するのである。この二重の歴史は、存在と人間との転回的なかかわりに基づく。歴史は、思索者が問う当のものでありながら、同時に問いを「呼び覚まし」(5)、あくまで歴史的に存在する人間を必要とする。思索者は、歴史の中にすでに帰属し存在に「襲われ」(492)ながらも、否そうであるからこそ、決してそこに埋没するのではなく、歴史を創造的に知りかつ語る。このような転回的なかかわりに基づく歴史の知は、空白の未知を新しい資料によって次々に塗り替え、未知を既知に囲い込んでゆくようなものではない。むしろ、問いの投げ渡しという活動において、既知の中に未知を探りつつ深められるべき、重層性を持った知であると言えよう。

（1）Richard Rorty, The Historiography of Philosophy: Four Genres, in: *Philosophy in History*, ed. Richard Rorty et al., Cambridge University Press, 1984, p. 56.（冨田恭彦訳『連帯と自由の哲学――二元論の幻想を超えて』岩波書店、一二〇頁）

（2）Karl Löwith, *Heidegger. Denker in dürftiger Zeit*, in: Säumtliche Schriften 8, Stuttgart: Metzler 1984, S. 173.

（3）Paul Ricoeur, *Temps et récit*, III, Le temps raconté, Seuil, 1985, p. 116.（久米博訳『時間と物語』Ⅲ、新曜社、一三四頁）

（4）この「世界」概念を基軸とした議論は、『存在と時間』以降も、現存在の「超越」に定位する形でしばらく進められる。Vgl. *Metaphysische Anfangsgründe der Logik*, Martin Heidegger Gesamtausgabe Band 26, S. 270.

（5）そもそも「歴史主義」という言葉は極めて多義的である。ハイデガーの批判する「歴史主義」は、ニーチェと同様、歴史学的な知識の過剰のことであり、K・ホイシィの言う「歴史叙述のための歴史叙述」、あるいはH・シュネーデルバッハの言う「歴史主義1」に当てはまるものである。その意味では、ハイデガーの批判するHistorismusは、文字どおり「歴史学主義」とでも訳す方が事態に即している。だが本書では慣例に則り、「歴史主義」と訳しておく。Vgl. Karl Heussi, *Die Krisis des Historismus*, Tübingen: J. C. B. Mohr 1932, S. 6.; Herbert Schnädelbach, *Geschichtsphilosophie nach Hegel Die Probleme des Historismus*, Freiburg/München: Karl Alber 1974, S. 19–30.（古東哲明訳『ヘーゲル以後の歴史哲学――歴史主義と歴史的理性批判』法政大学出版局、二一―三六頁）

（6） Charles R. Bambach, *Heidegger, Dilthey, and the Crisis of Historicism*, Cornell University Press, 1995, pp. 187–266.

（7） この区別は、『現象学の根本問題』（一九二七年夏学期講義）で言われる「歴史学的哲学的認識」と「他のすべての科学的歴史学的認識」との区別に相当する。Vgl. Martin Heidegger Gesamtausgabe Band 24, S. 32.

（8） もっとも、「歴史学的考察」の必要性を注記する箇所がないわけではない。Vgl. Martin Heidegger Gesamtausgabe Band 45, S. 50.

（9） 細川亮一氏が指摘されるように、ハイデガーがエアアイグニスを存在の歴史として思索することが成功しないと後に語っている点は注意すべきであろう。Vgl. Martin Heidegger Gesamtausgabe Band 15, S. 366. および細川亮一『意味・真理・場所』創文社、四七三頁、註（1）を参照。そしてこのことは、後期の歴史論という場合でも、あくまでも探究の途上にあることを示唆する。『寄与』に関して言えば、Geschick という言葉は散見されるものの、存在の schicken から Geschick を思索するような議論はまだ出てこず、その分だけ運命論的な色彩は弱いと言ってよい。

（10） *A Greek-English Lexicon*, compiled by Henry George Liddell and Robert Scott, Oxford: Clarendon Press 1968, p. 842. ただしハイデガーは、あくまでもこのギリシア語の意味でも積極的に取り入れることはない。とくに「科学と省察」では、この語を「表象の一様式」と見なしている。Vgl. *Vorträge und Aufsätze*, 6. Aufl., 1990, S. 59.

（11） 「投げ渡し」についての詳しい考察については、次の「第5章　原初の投げ渡し」で行う。

（12） この両義的な読み方は、『寄与』ではとくに「《歴史的な》講義」（176）というタイトルを付けられた節で一つのプランが語られているが、それだけでなく、彼の後期の著作、例えば『根拠の命題』や「ヒューマニズム書簡」などにも当てはまる。「ヒューマニズム書簡」での両義的な読み方については、拙論「ハイデガーとヒューマニズム批判の問題」（ハイデガー研究会編『対話に立つハイデガー』理想社、二〇〇〇年所収）を参照されたい。

第5章　原初の投げ渡し

1　「投げ渡し」のさらなる究明へ

本章の主題は、前章で取り上げた「投げ渡し」という思索を一層詳細に解明し、その意義を明らかにすることである。その際、次の問題群の中で考えてみようと思う。

まず第一に、「投げ渡し」の思索を解釈学的思考の一つの可能性と見る。[1] 後で詳しく見るように、「投げ渡し」とは、これまでの哲学との「対決」ないしは「対話」のことであると考えられる。伝統的思想との「対話」「対決」とは、まさに解釈学的な問題である。だからここでなされる「対決」がいかなる仕方でなされるものか、またどのような性格を持つのかを究明することが肝要となる。さらに第二に、本章は「投げ渡し」の意義を歴史論・歴史哲学の問題群の中で考察する。[2] もとより、解釈学と歴史の問題は極めて密接である。というのも、ディルタイ以降の哲学的解釈学は、思考の歴史性の自覚に基づいて展開されているからである。「投げ渡し」の思索には、ハイデガーの歴史に対する洞察、「存在の歴史」の基本構造が如実に現れており、しかもそれは「投げ渡し」の解釈学的な性格と相俟って看取される。したがって本章では最終的に、「投げ渡し」の解釈学的性格を明らかにすることで、「存在の歴史」の存立構造といったものを明らかにしようと思う。

2　『寄与』における「投げ渡し」の位置

まず『寄与』全体の構造の中での「投げ渡し」の接合肢の位置を押さえておこう。

『寄与』は、根源的な存在（Seyn）それ自身を問う試みであるが、それは存在の真相を直観によって把握することではないし、また現存在の実存論的分析を踏み台にして存在一般を解明するのでもない。それは形而上学の歴史を省察し、その省察を通して形而上学とは別の存在の真相を究明する営みである。それゆえこの思索においては、徹頭徹尾、歴史が思索のフィールドとなるわけである。と同時に「別の原初への移行」という、単なる「歴史認識」にとどまらないような性格も持っている。「移行的思索は、存在の真理を根拠づけつつ企投することを、歴史的省察として行う。この場合歴史とは、考察の対象とか領域ではなく、思索的問いかけをはじめて呼び覚ますものであり、このものの決断の場所として思索的問いかけを実現させるものである」(5)。

『寄与』の思索の概要は、「鳴り響き」、「投げ渡し」、「跳躍」、「根拠づけ」、「将来的な者たち」、「最後の神」である。「投げ渡し」の前には「鳴り響き」があり、後には「跳躍」が続く。

「鳴り響き」の思索は、第3章で見たように、存在が存在者を見棄てるという「存在棄却」をその様々な局面にわたって論じるものであり、通常の言い方をすれば、〈時代批判〉とでも言うべき内容になっている(3)。「鳴り響き」は、これ自体存在史的思索の中で生じるものであるが、ここから歴史の原初へと遡行し、存在の真理を思索するための言わば出発点である。この「鳴り響き」と「投げ渡し」との連関は、『寄与』の中では明確に述べられていないが、フォン・ヘルマンの言うように、鳴り響きの中で開示される、おのれを拒むものとしての存在の真理は、「思索に対してその固有の歴史へと戻るように指示する(4)」と見てよいであろう。そして思索の固有の歴史へと歩み戻る行程の中で、

「投げ渡し」が展開される。

一方、「投げ渡し」と次の「跳躍」との連関は、はっきりと語られている。「投げ渡しは、まず、最初の原初の投げ渡しである。それは、最初の原初が別の原初を活動させて、こうした相互の投げ渡しから跳躍の準備が生じることを目指してである」(9)。「跳躍」とは、「エアアイグニスとしての存在への跳躍」(278) であり、「存在の真理の企投を遂行すること」(239) である。それは、別の原初において開示される、根源的な存在の本質へと飛び込むことである[5]。先の引用にあるように、この跳躍を準備すること (Vorbereitung) が、「投げ渡し」の作業であり、「跳躍」は「投げ渡し」から「由来し発出する」(229) といった事態になっているのである。

3 「投げ渡し」の意味

では一体「投げ渡し」とは、どのような意味合いの思索なのであろうか[6]。

「投げ渡し」と訳した Zuspiel は、そもそも日常のドイツ語では、球技でなされる「送球」「パス」という意味である。動詞としての zuspielen は、「自分のチームの選手に〔ボールやパックを〕回す、パスする[7]」ということである。『寄与』で一番最初にこの語が出るのは、「最初の原初と別の原初との相互の《投げ渡し》(»Zuspiel« des ersten und des anderen Anfangs zueinander)」(7) という言い回しであるが、ここからすると、日常のドイツ語の語感として、原初と原初との間に球技のパスがなされるような、これ自体奇異なイメージであるが、ともかくそうしたイメージとなるであろう。そこで Zuspiel を日本語としてどう訳すかという問題が生じる。これまで Zuspiel については「投げ渡し」という訳語のほかに、「働き合い」、「球戯」、「投げかけ」、「送返球遊戯」などの訳がなされているが、『寄与』に出てくる他の術語と同様、定訳といったものはない。「投げ渡し」という訳語では spielen (戯れる、活動する) のニュアンスが明瞭に出てこないけれども本書では、この訳語を採用し、論考の中でこのニュアンスを捉えることにしたい(8)。

「投げ渡し」ということでまず押さえるべきは、これが最初の原初との「対決」、つまり形而上学の歴史との「対決」を指していることである。「III　投げ渡し」の最初の言葉は次のようなものである。「最初の原初の根源的措定に基づく、別の原初の必然性の対決（Auseinandersetzung）」（169）。ハイデガーは「投げ渡し」に関する言説の中で、いたるところにこの「対決」という語を語り、「投げ渡し」のほとんど言い換えとなっている箇所さえある（229）。ここからこの「投げ渡し」に、これまでの思想家との「対話」という意味が含意されることになる。「我々は、おそらくは一層目立たない仕方で、また一層決定的な仕方で、歴史的な省察を、最初の原初の歴史に属する思索家の方へと導かねばならず、そして彼らの問いを保持し問いながら対話すること（fragende Zwiesprache）で、思いがけず、一つの問いかけを植えつけなければならない」（169）。また「I　予見」には次のような一文がある。「移行における思索は、真理の存在の最初の既在的なものと、存在の真理の終局的な将来的なものとを対話へと据え、対話の中で存在のこれまで問われなかった本質を言葉にもたらす」（5f.）。「投げ渡し」の思索とは、ここで言われる「対話」が自覚的に遂行される場面であると言ってよいであろう。しかし注意しなければならないのは、「対話」といっても、単純に解釈者と伝承、あるいは自己と他者という図式で、この「対話」を理解することはできないということである。なぜならここでの「対話」は、「最初の原初」と「別の原初」との対話であり、また対決であるからである。この対話・対決の構造を解明するために、「最初の原初の歴史」なるものを確認しておこう。

最初の原初の歴史とは、すでに触れたように、「形而上学の歴史」（175）である。しかし形而上学の歴史を問題にすると言っても、個々の教説の異同や展開過程を問題にするのではない。「形而上学がその歴史においてはじめて看取されるのは、形而上学の主導の問いが把捉され、主導の問いの取り扱いが展開された時である」（175）。では「主導の問い（die Leitfrage）」とは何か。それは「（存在者の）存在の問い」（75）であり、定式化すれば「ティ・ト・オン。

存在者とは何か」(75)となる。そして「ここでは存在は存在者性を意味する」(75)。「コイノン、各々の存在者にとって共通するものであり、そのように思念されたもの」(75)が存在と考えられる。この主導の問いは、「アナクシマンドロスからニーチェにいたるまで」(232, 424)の歴史を支配しているとされる。それは、言ってよければ、哲学の一主題ではなく、西洋の文化を根本において規定している、深層の了解をなすものである。ここでは、存在者の存在、存在者性という規定、ウーシアにとっての諸カテゴリーを告げることが「答え」(76)であって、つまり「答え」がなされているような問いなのである。この「主導の問い」に対して、ハイデガーは「根本の問い(die Grundfrage)」というものを立てる。「根本の問い」は「存在の本質活動への問い」(76)であり、「真理への先行的‐問い」(76)と言われる。この問いを定式化すれば、「存在はいかに本質的に活動するか(wie west das Seyn?)」(78)、「存在の真理とは何か(was ist die Wahrheit des Seyns?)」(171)となる。そしてここでは、存在は「答え」ではなく、「最も問うに値するもの(das Frag-würdigste)」(76)だとされる。

このように、存在の歴史を考える場合、「存在の問い」が問題とされ、「存在の問い」を軸にすることによって歴史が洞察されるわけである。それだから「投げ渡し」は、「存在の問いかけの投げ渡し(das Zuspiel des Fragens nach dem Seyn)」(9)と言われるのである。ハイデガーの言う歴史においては、「存在の問い」が最も原理的なものであり、まさにその意味でAnfangなのである。

4 「投げ渡し」の構造

『寄与』は、「主導の問い」の歴史に「根本の問い」の歴史を対置させて、「最初の原初」から「別の原初」への「移行」を目指す。「最初の原初」との「対決」が「投げ渡し」の思索である。だが「対決」といっても、「形而上学」

に反動的に敵対し、それを否定して捨て去ることではない。ハイデガーはこの点を再三強調している。

「決して反動（Gegenbewegung）ではない。なぜなら、あらゆる反動や抵抗 - 力はその本質的な部分において、それらが抵抗する当のもの（Wo-gegen）によって、ともに規定されているからである。たとえそのものの転倒という形態であってもである。それだから、反 - 動は歴史の本質的な変化にとっては十分なものではないのである。反 - 動は、それ自らの勝利に絡まっている。つまり、打ち負かされたものにしっかり絡み合っている」（186）。

これはハイデガーが非合理主義について批判する場合、あるいはサルトルの実存主義について批判する場合などにも見られる考え方である。単純な敵対はそれが敵対する当のものによって絡み取られてしまうというわけである。ここでの「対決」も、「粗野な拒否という意味」（187）で考えられてはならず、かと言って、弁証法的な「別のものにおける最初のものの止揚という意味」（187）で言われているわけでもない。むしろ、「移行的思索にとって問題なのは、それによって《形而上学》が新たに動員されるような、《形而上学》に対する《敵》なのではなく、形而上学の、その根底からの克服である」（172f.）とハイデガーは言う。そうであるから、「最初の原初と別の原初の対決は、主導の問いのこれまでの歴史を、したがって《形而上学》を、一つの《誤り》として証示するような意味を持つのでは断じてありえない」（188）のである。

さてそうなると、形而上学に対するかかわり方はいかなるものになるのであろうか。ハイデガーによれば、「最初の原初（すなわちその歴史）を根源的に我がものとすることは、別の原初のうちにしっかりと立脚することを意味する」(9)（171）。別の原初へと移行することは、最初の原初を役に立たないものとして、「後にする」ようなことではなく、最初の原初を根源的に捉え返し、我がものとすることなのである。そして、形而上学の歴史をその本質において把握するためには、別の原初を必要とするのであって、その意味で、歴史的省察は「別の原初から発現する」(169) ことになる。「別の原初は、新たな根源性から、最初の原初にその歴史の真理を得させるのであり、最初の原初の譲渡できない最も固有な別種性を得させる。この別種性だけが、思索する者たちの歴史的対話において、実のあるものなのである」(187)。形而上学の歴史は一方で「克服」されるべきものでありながら、他方で根源的に我がものとされるものであるという、この両義的な事態こそ、「投げ渡し」の開示すべき事柄と言ってもよいであろう。それゆえ、「移行的思索において《形而上学》についてのあらゆる語りが両義的になるのである」(171)。こうした形而上学についての両義的な語りが出てくることの理由は、『寄与』の次の言葉に最も端的に表われている。「移行的思索は、〔中略〕力ずくで形而上学の習慣を振り払うことはできない。実のところ、この思索は、伝達するためにしばしば形而上学的思考の軌道を行かねばならず、それでいてつねに別のものを知らねばならないのである」(430)。

してみれば、これまでの個々の哲学も、それがすべて「形而上学」であり「存在忘却」であるとして捨て去られるのではなく、むしろ逆に「偉大なる哲学」として再評価されることになる。ハイデガーは次のように言う。「最初の原初の歴史は、無益さの仮象や単なる誤りから完全に取り出されて、今やはじめて偉大な輝きがこれまでのすべての思索的作品に襲ってくる」(175)、と。もっともその偉大さは、これまでなされてきた評価とは全く別の尺度でなされる、全く別の偉大さとなる。ハイデガーは「III　投げ渡し」において、移行的思索の課題の圏域には「《歴史的な》講義」(176) が属していると言い、次のような哲学者とその哲学の読み方を提示している。

「ライプニッツの問題設定の見極め難い多様性を看取すること、にもかかわらず (und doch)、モナス〔単子〕の代わりに現-存在を思索すること。

カントの主要な歩みを追遂行すること、にもかかわらず、「超越論的」発端を現-存在によって克服すること。

シェリングの自由の問いを問いぬくこと、にもかかわらず、「様相」の問いを別の根拠にもたらすこと。
ヘーゲルの体系を支配的な視線にもたらすこと、しかも全く反対に思索すること。
最も近い者としてニーチェとの対決を敢行すること、にもかかわらず、ニーチェが存在の問いの最も遠くにいることを認識すること[10]」(176)。

ここから「投げ渡し」が、具体的な作業としては、このような哲学者の思想を受けとめながら、しかしそこに別のものを読み取るという、読み換えの営みであることが分かる。そして、この引用文の「にもかかわらず」以下の読み換えを方向づけるのが、「別の原初」であり、別の原初を探究する「根本の問い」であろう。偉大な哲学は「主導の問い」の中にありながら、「根本の問い」へ転じることのできる可能性にほかならない。ハイデガーは、これらの偉大な哲学を「そそりたつ山々」(187)という比喩で語るが、それは最初から我々の前に偉大な山々としてあるのではなく、我々の「真正の思索的対決」(187)によって山々が存立するようになるのである。「偉大な哲学との対決は――主導の問いの歴史の内部における形而上学的根本態度として――次のような仕方で目論みられねばならない。すなわち、あらゆる哲学が本質的になって、山の間の山として存立するようになり、それら哲学の最も本質的なものを存立にもたらす、という仕方である」(187)。つまり「対決」は、「主導の問い」の歴史の内部にあって、「主導の問い」を「根本の問い」の方から展開することであり、したがって、哲学の「偉大さ」は後世に与えた影響によって測られるのではなく、その哲学にある「問い」の大きさであり、「問い」の展開可能性の大きさである、と言えよう。

さて、以上のような形而上学の歴史に対する両義的なかかわりから分かるように、「最初の原初」と「別の原初」は独立した二つの歴史の始まりというものではない。また、二つの原初の関係は、根拠と帰結の関係でもない。ハイデガーは次のように言っている。「最初の原初への立ち返り(《反-復》)は、あたかも過去のものが通常の意味で再び《現実的》にされうるかのごとく、過去のものへと移動することでは断じてない。最初の原初への立ち返りは、むしろまさしく、最初の原初からの遠ざかりであり、遠ざけておくこと（Fernstellung）を受け取ることである。この遠ざけておくことは、かの原初においてかの原初として始まるものを経験するために必至となる。というのも、この遠ざけておくことがなければ、〔中略〕我々は原初にあまりにも近く居続けるからである」（185）。ここには、まさに存在の歴史を探究することにおける「近さ」と「遠さ」の妙味が語られている。存在の歴史の探究は、伝統につかず離れずになされる思索である。

O・ペゲラーは、技術と芸術の相互的かつ対立的関係を、何の説明もなく「アンタゴニスムス（Antagonismus）」と言い換えている(11)。この概念を哲学的な重要概念として取り上げたものとしてはカントが想起される。カントの歴史哲学において、これは「非社交的社交性」という人間の性癖と定義され、歴史の原動力と考えられている。ハイデガーにおいては、原初相互の「投げ渡し」が人間の性癖とは必ずしも言えないし、また通常の概念での歴史の原動力とは考えられない。けれども、「別の原初」への「移行」が「最初の原初」と「別の原初」との相互の「投げ渡し」＝「対決」によってなされるとする、このプロセスを、ある種の「アンタゴニスムス」と呼んでも不当ではないであろう。それればかりか、「投げ渡し」の理解に積極的なヒントを与える。

カントの「アンタゴニスムス」は、ヘーゲルの「理性の狡知」に繋がる思想と考えられたりもするが、文脈によっては、最終目標の永久平和においてもこれが保存・維持され、決して根絶されるものではないとも考えられる(12)。この考え方は、『寄与』の思想においても成り立つのではないだろうか。つまり、存在の歴史の「アンタゴニスムス」と言っても、対立抗争を通じて、将来別の原初において形而上学の歴史が終わりを告げ、存在の思索に戯れる喜ばしい世界が開かれるわけではないのであって、ヘーゲルのごとく弁証法的に止揚されるのではない。逆に言えば、別の原初からする歴史はどこまでも最初の原初をネガとして必要としているのであり、「投げ渡し」的関係を維持し続けると見るべきではないだろうか（もっともハイデガーは、このようには言っていないが）[13]。この点は「最初の原初」と「別の原初」との関係から示すことができる[14]。ハイデガーによれば、「最初の原初はどこまでも唯一反復されるもの」（GA 45, 199）なのであり、「別の原初は――まるで既在的なものを振り捨てることができるかのように――最初の原初とその歴史からの断絶ではない。それは別の原初として、一つのしかも最初の原初に本質的に連繫しているのである」（GA 45, 199）。したがって、最初の原初から別の原初への移行は、断絶でもなければ、連続でもない。あえて言えば、それは〈転調〉とでも言うべき事態なのである[15]。

もちろんたしかに、ハイデガーはニヒリズムの克服や形而上学の終わりを語り、「西洋形而上学」という名のもとに歴史を一括し、さらに後年にいたっては「存在の終末論」（GA 5, 327）という言い方までする。しかしハイデガーは、未来の歴史を予測することはできないと言っているし（177）、かの歴史の両義性の思索は、どこまでも統一を許さず、それを拒む性格のものであり、言い換えれば、歴史を終末論的に大きな物語として捉えることをぎりぎりのところで禁止するものだと言えよう。

5　歴史の土壌

以上のように、「投げ渡し」の思索は、存在棄却の鳴り響きに促されて、エアアイグニスとしての存在への跳躍を準備するためになされる、最初の原初との対決の試みである。この対決は、形而上学を否認して捨て去ることではなく、形而上学の歴史を根源的に我がものとすることである。換言すれば、形而上学の偉大な哲学に肉薄し、思索を反復することによって、それを積極的に読み換え、別の原初の思索に転じることである。ここにいたって形而上学の歴史は両義的な意味を持つ。この読み換えあるいは両義性を成立させているものは何か。

それはまさに別の原初にほかならない。別の原初によって形而上学の歴史が、その根底において、問われうるようになるのである。その意味で別の原初は、読み換えの方向性を与えるものである。したがって別の原初は、実のところ、先取りされた解釈の「理念」である。もっとも「理念」と言っても、その内実は、存在者性ではない「存在の真理」を問うという問題設定であり、問うことの軌道である。(16)

さらにここで注意すべきは、「投げ渡し」が最初の原初と別の原初との相互の活動である、という点である。これは伝承の中に遊び (Spiel) を持たせることである。原初どうしの活動によってなされる投げ渡しは、それゆえ本来的には、解釈者の「意図」とは異なった読み、「意図」以上の、あるいは「意図」に反した読みが生じること、これが Zuspiel の活動と言うべきものであろう。(17) ここでは、解釈者である人間の関与は限りなく後景に退くかのようであるが、しかしこの関与こそが重要なのである。ハイデガーは言う。「人間の番人性が別の歴史の根拠である」(240)、と。一体これはどういうことなのであろうか。

ハイデガーによれば、「エア‐アイグニスは根源的歴史それ自身である」(32)。エアアイグニスはいわゆる出来事ではない。より正確に言えば、オンティッシュな次元の出来事ではない。しかしエアアイグニスは、何かが「起こる」ということとの、その根底に働く存在の真相であって、いわゆる出来事と全く関係がないとは言えないであろう。何かが「起こる」という仕方で存在すること、このことに秘められた名状し難き事実性、これがエアアイグニスとしての歴史である。それは歴史の別の可能性を秘めた「歴史の土壌」と言うべきものである。これを歴史学的説明の持つ一面性から守らねばならない。ハイデガーは次のように言う。「何よりもまず、原初的なものの秘匿性が守られねばならない。説明するものはすべて、必然的に原初には到達することはなく、ただ原初をおのれの方へ引きずり降ろすだけであるから、説明によって外見が損なわれないようにすべきである」(188)。要するに、ハイデガーが「存在の番人」ということで言わんとするのは、歴史学的説明に回収できないこの歴史の土壌を保護することであると言ってよいのではなかろうか。そしてそのような番人として、人間が歴史的になることによって、ということは「存在と人間との連関において」、「歴史は根拠づけられうる」（GA 65, 492）わけである。これが「番人性が別の歴史の根拠」ということの意味である。してみれば、投げ渡しは最初の原初と別の原初との相互の働き合いではあるけれども、そこには、歴史の土壌を守りながら、秘められた可能性を見取るべく、思索者としての人間の在り方が深く関与しており、原初の投げ渡しは、そうした人間の関与をまってはじめて成り立つ営みなのである。

（1）ただし周知のように、ハイデガーは『存在と時間』以降、おそらく「言葉についての対話」まで、「解釈学」という言葉を使用しなくなる。それはこの語の持つ超越論的・主観主義的な響きを憂慮するという理由が考えられる。だが筆者は、W・マルクスの言うように、後期の存在史的思索の営みを「解釈学的」と特徴づけてよいと考える。それを本章の考察全体で示したい。Vgl. Werner Marx, *Gibt es auf Erden ein Maß? Grundbestimmungen einer nichtmetaphysischen Ethik*, Hamburg: Felix Meiner 1983, S. 138.（上妻精・米田美智子訳『地上に尺度はあるか』未來社、二五三頁）

（2）『寄与』の歴史論に関する数少ない研究として、次の論文が挙げられる。村井則夫「歴史が歴史となるところ――ハイデガー『哲学への寄与』の歴史論」（実存思想協会編『死生　実存思想論集Ⅷ』理想社、一九九八年）。

（3）詳しくは第3章を参照。

（4）Friedrich-Wilhelm von Herrmann, *Wege ins Ereignis. Zu Heideggers »Beiträgen zur Philosophie«*, Frankfurt: Vitorio Klostermann 1994, S. 60.

（5）詳しくは第7章を参照。

（6）「Ⅲ　投げ渡し」は、その内容を大きく分ければ、「96. ピュシスとしての存在者の原初的解釈」あたりを境に、「投げ渡し」や「移行」についての思索と、形而上学の歴史に関する洞察（言うならば歴史叙述）の二つに分けられるように思われる。本章はその前半を中心に「投げ渡し」という思索の哲学的性格を明らかにする。

（7）Duden, *Das große Wörterbuch der deutschen Sprache*, Mannheim, 1977, Zuspiel, zuspielen の項目を参照。

（8）Zuspiel という概念自体は、その後のハイデガー哲学においてはほとんど現れておらず、中心概念とは言い難い。最晩年の『思索の事柄へ』では出てくるが、そこでは「時間の第四の次元」と呼ばれ、明らかに『寄与』の概念とは異なっている。Vgl. Heidegger, *Zur Sache Denkens*, Tübingen: Max Niemeyer, 1969, S. 16.

（9）ただし「我がものとする」と訳した Zueignung は「捧げる」とも読める。

(10) ここでの哲学はすべてドイツの哲学である。西洋の形而上学の歴史にはフランスやイギリスをはじめとする、他の言語圏の哲学は問題とされていない。

(11) Otto Pöggeler, *Heidegger und die hermeneutische Philosophie*, Freiburg/München: Karl Alber 1983, S. 170.

(12) Kant, *Metaphysik der Sitten*, VI, S. 347.

(13) G・フィガールは「別の原初」を「我々が決して到達できない原初」と捉えている。Vgl. Günter Figal, *Heidegger zur Einführung*, 2. Aufl., Hamburg: Junius 1996, S. 162. 彼は次のように言う。「歴史の時間‐空間が未決定のまま保持されることになるとすれば、別の原初は来てはならない」(ibid.) と。稲田知己氏は、「別の原初は来てはならない」というフィガールの解釈に異を唱え、第二次世界大戦終結のころになると「別の原初という将来的なヴィジョンを〈四方域（Geviert）〉として明瞭に表明する」のだと主張する。稲田知己『存在の問いと有限性――ハイデッガー哲学のトポロギー的究明』晃洋書房、二〇〇六年、二五七頁。たしかに「別の原初は来てはならない」という表現はやや強いものであるが、フィガールは「歴史の時間‐空間が未決定のまま保持されることになるとすれば」という仮定で言っており、移行に力点を置いて考えるならばフィガールの主張は理解可能であり、本文で展開している筆者の解釈もそれに近い。「別の原初」に到達していないという未完結性こそが、思索の原動力になるのであり、それは、思索がどこまでもわきまえておくべき事柄なのではなかろうか。

(14) 『寄与』の次の言説もこのことを裏づける。「形而上学の歴史は、存在の根源的な企投において歴史の本質がはじめて活動し始めるときでさえ、突き放すことはできない」(480)。

(15) この転調の性格が最もみごとに出てくるのは、講義『根拠の命題』（一九五五年）であろう。

(16) だがそれにしても、この〈理念〉の持つ磁力はあまりにも強いものではないだろうか。しばしば、ハイデガーのテクスト解釈は、通常の解釈からすると強引すぎるという批判がなされる。しかしその批判よりもまして問題なのは、この強い磁力によって、投げ渡しの相互性が十分に出てきていないのではないかということである。また、「投げ渡し」において伝承のテクストが別様に読まれるわけだが、ここではあくまで Zweideutigkeit であって Vieldeutigkeit ではない。はたして、「別の原初」の ander ということに、同一の意味に回収されないような、複数的な意味を読み取る可能性は開かれているのだろうか。ハイデガーのテクスト解釈の実践が目指す「同じもの」(GA 5, 214) は、「同一の意味」と言えるのか、それとも本質的な他性を保証するものであろうか。このことについては別稿の課題としたい。

(17) もちろん、これは思索の営みである以上、ガダマーの強調する「思弁」の働きに近いのかもしれない。Vgl. Hans-Georg Gadamer, *Wahrheit und Methode. Grundzüge einer Philosophischen Hermeneutik*, Gesammelte Werke, Bd. 1, 6. Aufl., Tübingen: J. C. B. Mohr 1990, S. 441ff. ただし、この「投げ渡し」には言葉の次元に関する思索が出てこない。この点が、解釈学の問題群の中で「投げ渡

し」を考えることの限界である。

第6章　「最初の原初」の歴史

1　哲学の歴史

ハイデガー哲学の意義や影響を考える場合、「存在の歴史」と呼ばれる哲学史観が、反発するにせよ共感するにせよ、大きなトピックになることは間違いない。『存在と時間』では、第二部として存在論の歴史の破壊という、いわば「哲学史」の部門が構想され、その作業が大幅に拡大・変容されて後期の「存在の歴史」の思索に繫がっていったことは、今さら絮説するまでもないことであろう。

だがハイデガーには、前期後期を通しても『哲学史』と題される著作のような整然とした叙述は極めて少ない。比較的叙述の纏まったテクストとしては、一九二六／二七年冬学期講義『トマス・アクィナスからカントまでの哲学の歴史』、一九二七年夏学期講義『現象学の根本問題』第一部、『講演論文集』所収の「形而上学の超克」、『ニーチェ講義』の「Ⅷ　存在の歴史としての形而上学」「Ⅸ　形而上学としての存在の歴史――草案」などが挙げられる程度である。このことが何を意味するかは考えてみなければならない。今日ではハイデガー全集の公刊により、講義等でハイデガーが過去の哲学者の思想をどのように解釈し批判したのかが、より詳細に分かるようになってきている。そこでそのような諸々のテクストを仔細に検討しながらハイデガーによる哲学史理解をトータルにどう評価すべきかを考えねばならないだろう。しかし本章では、本書全体の趣旨に基づきつつ、『寄与』の哲学史に限定した考察を行おうと思う[1]。よって、本章の主眼は、『寄与』の「III　投げ渡し」の記述から、〈最初の原初〉の歴史がどのように概観されうるか、ということである。そしてこのことを明らかにしながら、ハイデガーによる哲学史観の問題点をあらためて浮き彫りにしたい。

本論に入る前に、『寄与』の哲学史の特徴についてあらかじめ述べておこう。『存在と時間』では、硬化した伝統の隠蔽を解きほぐすという意図で「破壊」が計画されたのだが、その伝統において存在が「現前性（Anwesenheit）」として理解され、そこに「現在」という時間の了解がかかわっているという予見がなされていた。それゆえ『存在と時間』での「破壊」は「テンポラリテートの問題性を手引きとする」という方法上の限定が付いていた。この「III　投げ渡し」においても、存在が「恒常的現前性」として理解され、それが時間と関係していることが問われる箇所がある（「98．恒常的現前性に向けての存在者性の企投」）。しかし『存在と時間』の構想のように、テンポラリテートという時間性を手引きとした探究がなされるのではない。ここでの哲学史探究の特徴は、①基本的に「存在の問い」に着眼して歴史を観るということである。ハイデガーによれば、これまでの西洋の形而上学は、「存在者とは何か」という「主導の問い」にのみかかわってきた。その問いとのかかわり方が「存在と思考（Sein und Denken）」という標題で表わされると言う。②さらに、内容的にはイデア論を軸にして、哲学史が扱われている。換言すれば、この歴史は明確にプラトニズムの支配の歴史と捉えられるのである。③そうであるから、近代においては、ヘーゲルを頂点とするドイツ観念論がとくに重要視される[2]。④とはいえ、ここでの論述はあくまで構想メモという性格のものである。ハイデガーの努力は、哲学史の叙述にではなく、あくまで〈最初の原初〉の歴史の本質を摑むことに傾注しているのである。

2 存在と思考

ハイデガーによる「最初の原初」の歴史の捉え方は、次の言葉に端的に示されている。「この歴史はプラトニズムの支配下にある。そしてそのようにして規定された、主導の問いの取り扱い方は、存在と思考という標題によって告示されうる（一九三五年夏学期講義を参照）」（196）。この引用文で『形而上学入門』への参照指示がなされているように、「存在と思考」は、すでにこの講義において「西洋の精神の根本態度」（GA 40, 153f.）を言い表わす標題として掲げられていた。存在と思考という区別は、「今日なお存在の規定を支えている根拠であり」（GA 40, 213）、ここでは、「存在が思考と理性との視野から規定される」（GA 40, 154）。『寄与』での「最初の原初」の歴史の捉え方は、基本的に『形而上学入門』のこの考えに沿っており、また存在史の個々の解釈も重なる点が多い。本章では折に触れてこの講義を参照することにする。

では、「存在と思考」という標題にある「存在」ならびに「思考」とは、それぞれどのような意味であるのか。

「1．存在とはここでは存在者性を意味するのであって、『存在と時間』のように、根源的にその真理へと問いかけられた存在それ自身ではない。存在者にとっての《一般者》としての存在者性。
2．思考は、或るものを一般的なものにおいて表‐象するという意味であり、このことは現在化であり、したがって次のような圏域を前もって与えることである。そこで存在者が恒常的現前性に向けて把握され、その際、この解釈の時間的性格がその都度認識されることがない、そうした領域である……」（196）。

要するに、この標題の存在とは、存在者性という意味での存在であり、思考は表象することである。そしてこの二つは、同等の関係で並列されているわけではない。思考の方が存在の根拠となって、存在を支配すると考えられる。それゆえハイデガーの注意も「思考」の方に向けられる。思考については、さらに次のように言われる。「思考は、ここではノエイン、ロゴス、イデインとして、振る舞いとしての理性であり、この理性から、そしてこの理性の圏域において、十分に基礎づけられないまま、存在者性が規定される。このような思考と、哲学することの遂行という、もっと広い、かつまずもって規定されるべき意味での《思考》とは区別されなければならない」(197)。したがって、この標題での「思考」とは、限定された性格のものであり、ハイデガーが考えるところの「哲学」(=存在の思索)とは区別される。さらに、この形而上学の歴史における「思考」も、〈原初的なもの〉と〈そこからの歴史的な変様〉が考えられている。

「思考は、原初的には、発現するものと恒常的に現前するものそのものとの非秘匿性を先取りしつつ、その非秘匿性を会-得し集約することである」(198)。これは思考の原初的在り方のことである。ハイデガーがギリシア語のノエインを、例えばErkennenとは訳さずVernehemenと訳し、受容的な機能のニュアンスを出そうとしていることも今では周知である。「III　投げ渡し」では、この原初的な思考の在り方(ノエイン)が、近代的な表象作用や絶対知へと変貌することが問題とされる。それは、簡潔には次のように表現される。

「プラトンは、すでにプシュケーとアレーテイア(オン)との関係をジュゴン〔くびき〕として準備したのだが、この関係は、デカルト以来ますます鋭く、主観-客観-関係になる。思考は、我-思考する(ich-denke)になる……」(198)。

こうした思考の変貌が、存在に対する支配を一層強めてくると捉えられるのである。ハイデガーによれば、形而上学の歴史においては、現前性に由来するところの「同一性」が存在者そのものの本質規定になっているのだが、この同一性は、近代になって自我（Ich）においてその卓越性を獲得する。「……自我は、直ちに、際立った同一性、つまりことさらおのれに帰属している同一性として把捉される。その同一性は、おのれを知りつつ、まさにこの知において存在している」（199）。「おのれを知るものとしての知」こそは、「最高の同一性」、「本来的に存在するもの」（199）である。

このような思考が存在者の解釈の手がかりになり、それとともに、思考において保証される同一性に基づく「現在」が、いよいよ決定的に存在者性の尺度になる。こうして「絶対的知、無条件的思考は、今や、尺度を与えると同時に一切を基礎づける存在者そのものである」（200）と言うのである。

ハイデガーは、この形而上学の歴史を表示する「存在と思考」に、「存在と時間」という標題を対置し、この「存在と時間」という標題のもとで、存在そのものを捉えることを哲学の課題とする（432ff., GA 40, 214f.）。「存在と思考」は、以上のように最初の原初の歴史を表示するタイトルとされるのであるけれども、しかしよく考えてみれば、このタイトルは、別の意味でハイデガー自身の哲学の課題にもなっていると言える。それは、エアアイグニスとしての「存在（Seyn）」を「思索する（Denken）」という課題である。[3] その点からしても、「存在と思考」は、最初の歴史を探究する際に徹底して吟味されるべき重大な問題になっていると解してよいのではなかろうか。

3　ピュシスとテクネー

『寄与』の「III　投げ渡し」においてはもっぱらプラトンのイデア論以降の動向に焦点が当てられるのだが、プラトン以前の、まさに「最初の原初」の開始に相当する事柄が洞察されている箇所がある。それは「97. ピュシス（テクネー）」という節である。短いながら極めて重要な節であるので、引用を長くして取り上げて見よう。

「ピュシスが強力である以上、ノエインとロゴスは、ピュシスに帰属するものとして経験され、それ自身、存在者の（まだ「一般的」、イデア的に把握されていない）存在者性における存在者に帰属しているものとして経験される。だが、存在者自身の根源的知としての経験が、存在者への問いかけへと展開されると、問いかけ自身は、存在者の手前で後退しつつ、存在者とは区別されたものとして、何らかの意味で独自なものとしておのれを把握し、存在者そのものの前におのれを立てつつ、存在者を制‐作（her-stellen）せざるをえない」（190 傍点引用者）。

ピュシスが圧倒的なものであるところでは、ノエインとロゴスがピュシスに帰属するものとして経験される。この経験は、「存在者自身の根源知としての経験」と言い表わされている。これは原初的なピュシス経験とでも言ってよい。この経験が存在者への問いかけへと展開されると、その問いかけが存在者から後退し、距離をとり、存在者とは区別された独自のものと自己理解する。この問いかけとは、哲学的な問いであり、哲学的な思考のことであろう。この問いかけは、存在者の前におのれを立てつつ、存在者を制作するという態度をとらざるをえない。表象と制作という態度の根源がここにあると考えているのである。

しかし、もうワンステップある。それはこうである。

「ピュシスはテクネーではなく、それどころかテクネーをはじめてテクネーとして経験し看取できるようにさせるがゆえに、問いが一層問うようになり、問いが一層存在者そのものの前におのれをもたらし、存在者性を問い確かめ、それとともにティ・ト・オン（存在者とは何か）という形式に硬化すればするほど、やはりまさしく、テクネーは、観点を規定するものとして通用するようにならざるをえない」（190f.）。

存在者への問いが展開して、「存在者とは何か」という形になれば、テクネーが観点を規定するものとしてのさばってくる、という主旨のことが述べられている。ハイデガーのテクネー理解は、周知のように、この語が元来「芸術」や「技術」の意味ではなく、「知（知ること）」を意味するというものである。「テクネーが意味しているのは認識すること――存在者に対して（そして存在者との出会いにおける）、ピュシスに対して前進しながら勝手が分かること（Sichauskennen）――である」（GA 45, 179）。「テクネーはピュシスをただ迎え入れることができるだけ」（GA 9, 257）であって、決して自然を技術的に支配することではない。しかし問いの展開によってこの事態に変化が起こる。[4]この問いの展開の決定的なところに、プラトンのイデア論があるとハイデガーは見るのである。ただし、プラトンのイデア論にその後の歴史の展開の原因を帰しているのではなく、ピュシスへの問いという営み（＝哲学）に最初の始まりがあるのであり、テクネーそれ自体がアレーテイアから正当性へと改変されるようになる「地盤」（GA 45, 180）なのである。そのこともあって、最初の原初の歴史は、「プラトンからニーチェまで」ではなく、「アナクシマンドロスからニーチェまで」とされるのではなかろうか。いずれにしても、フォアゾクラティカーの時代が「別の原初」であるのではない。むしろ、ソクラテス以前に、「在るもの（存在者、ピュシス）とは何か」と問い始めた哲学の開始に、存在棄却の淵源を見ようとしているのである。

4　プラトンとアリストテレス

　では次に、プラトンのイデア論とそれ以後の展開がどのように捉えられているかを見てみることにする。これについては、「110．イデア、プラトニズムと観念論」という節が最も長く、最も纏まって叙述されているので、その節を中心にその内容を追っていこう。

　イデアとは「アレーテイアの解釈」（208）として考えられるものだが、この概念は、もともと「或るものの外見」、「外見自身が輝き出すこと（Aufscheinen des Aussehens）」（208）を意味しており、「ありありと現前するさま・現前化（Anwesung）、展望が外見において輝き出すこと、しかも現前しつつ同時に存立を与えるものとして輝き出すことを告示する」（208f.）と言う[5]。

　しかしイデアは、〈プラトンのイデア論によって〉ということであろうが）「なおも交代するものや多なるものがそこへと置き戻されるもの、合一させる一者」（209）となり、その結果「イデアはその多（ヘカスタ）への関連によって、コイノン〔共通のもの〕であり、奇妙なことに、イデアをこのように、存在者性、コイノンとして事後的に帰結させて規定することが、存在者性（存在）の最初にして最後の規定となり、これ〔存在〕が《最も一般的なもの》となってしまう！」（209）と言う。引用の最後の文に感嘆符が付けられているように、事後的な帰結としてのコイノンという規定が最初の規定となることに、ハイデガーは重大な思考の出来事を見ている。それは『形而上学入門』の次の発言と一致している。「だが、一つの本質の結果であるものが本質自身に高められて、本質の占めていた地位へずれ移った場合、一体どういうことになるだろうか。そのときそこには下落があり、その下落は、それはそれでまた奇妙な結果を実らせるに違いない。そして、実際そうなったのである。この場合、決定的なことは、一般にピュシスがイデアとして特徴づけられたということではなく、イデアが存在の唯一の、尺度を与える解釈になり上がるということなのである」（GA 40, 191）。

イデアがひとたび存在者の存在者性として措定され、イデアがコイノンと把握されるなら、イデアは、再びいわゆる存在者（個物）から思考され、存在者のうちで最も存在者的なもの、オントス・オン（本来的な存在者）となる。これに対して、個物的なもの、変化的なものは、メー・オン（非存在）となる。

このように存在がコイノンとして把握され、最も存在者的なものにして一者とされるとき、そして諸々のイデア自身が多であるとき、この多なるものは、互いの間のコイノイア（共通性）においてのみ、存在することができる。現前化と恒常性は、この一般性において、統一性という形で集約される。そうするとイデアは、ゲネー（諸々の類）となる。《諸々の類（Gattungen）》という理解がここで出てくると彼は考える。

だが「存在者性（ウーシア）においては、エイナイ、存在は、ウーシアにおいて十分に満たされないような、何らかの他のものとして、予感されている」（209f.）、とハイデガーは言う。つまり存在は、個々の存在者（個物）の存在ではなく、ありとしあらゆるものを可能にするものだ、ということであろう。「それゆえ現前化を捉える道をさらに歩みながら、存在者性を超えること、つまりエペケイナ・テース・ウーシアース〔実体の彼方〕が試みられる」（210）。このエペケイナ（彼方）は、以後「アガトン〔善〕」、「有用なもの」として規定される。こうして《価値》《意味》《理想》への歩みがなされる（210）。

さらにエペケイナ・テース・ウーシアース（実体の彼方）は、アルケー・トゥー・オントス（存在の原初）として、エウダイモニア（幸福）のための尺度にふさわしく、テイオン（神的なもの）とテオス（神）の性格を持つ。それゆえ、存在者そのものへの問い（＝存在論）は、必然的に神‐学（Theo-logie）となる（211）。

中世のことを推測させる記述は実に僅かである。「プラトニズムについての後代の最初の把握と、より適切な把握」

は、「《観念論》ではなく、《実在論》である」(211)と言う。というのも、レアリタス(realitas)は、事柄性、エッセンチアを意味するものであるからである(211f.)。だが唯名論によって、本来的なレアリタスとして、個物の事柄性が、語り求められ、それに応じてレアリタスが、個物を特徴づけるもの、エクシステンティア(exisitentia)として要求されるようになる。そうなると《実在性》は、《実存》《現実性》《現存在》を表わす標題となる[6](212)。これに呼応して、個物、個々人の魂、個々人、《自我》が、最も存在者的なもの、最も実在的なものとして経験され、そのようにしてはじめてego cogito-ergo-sum(我思考する-ゆえに我在り)が可能になる。ここで《存在》は個人に帰せられることになる(212)。まさに近代主体主義の由来を、一気にイデア解釈の変遷に読み込もうとするのである。

5　近代とドイツ観念論

『形而上学入門』では、存在と思考という区別が「本来の形を得たのは、やっと近代の初期になって」(GA 40, 102)であると語られていた。デカルトの「我思考す」と言う場合の思考が、揺るぎない優位を得て、存在を知覚として捉えかつ支配するということである。『寄与』の「III　投げ渡し」では、近代哲学の中でも「ドイツ観念論」に焦点が当てられる。「イデアを知覚(perceptio)として解釈することにおいてはじめて、プラトニズムは《観念論》になる」(212)。イデア論に注目する以上、そこから近代のIdealismusを考えることは当然であると言えよう。では彼はその観念論をどのように理解するのか。

まずハイデガーによれば、観念論とは、オン〔存在〕をイデアとして、すなわち前に-立てられてあること・被表象性(Vor-gestelltheit)として解釈することであると規定される(202)。ここでの表象は、「我思考すということのための被表象性(Vorgestelltheit)」(202)である。この我思考すは、「私が私を思考すること」であり、「私が私を表象すること」であり、このようにして「私を確信すること」であると言う（202）。それゆえ、「エゴの優位の根源」は、おのれ自身を確信するという「確実性への意志」にあるとされる（202）。

ただし、このような自己表象は、「その都度の自我の毎度性（Jedesmaligkeit）」においてあり続けているので、「表象されたもの」は、「コイノンやアエイ〔常なるもの〕ではまだない」（202）。要するに、イデアのような恒常性をまだ持たないということであろう。それだから、この自己表象は、「絶対的な意味において自己知（Sichwissen）にならなければならない。つまり、対象が自我へと連関する必然性と、自我が対象への連関する必然性とを一緒に知るような、知にならなければならない」（202）。そしてこの必然性を知る自己知が、「一面性から解‐放され（ab-gelöst）、絶対的となる」(7)（202）。エゴ・コギトの知から絶対知への展開を、以上のような事態としてハイデガーは理解しようとするのであるが、それはもっと簡潔に次のようにも纏められる。

「ドイツ観念論は、ライプニッツに下図を描かれ、カントの超越論的な歩みに基づいて、デカルトを越えて、超越論的統覚のエゴ・コギトを絶対的に思考しようと試み、同時に絶対的なものをキリスト教の教義学の方向で捉えるものである」（202）。

ドイツ観念論において「真理」は、精神に無条件的な信頼を置きながら、その絶対性においておのれを展開する「確実性（Gewißheit）」となり、「存在者」は、完全に「対象性」へと置き移される、と言う（203）。しかもこの対象性は、それが「止揚される」ことによって決して克服されるどころか、「むしろ逆に、対象性は、表象する自我へ広がり、対象の表象と表象の表象との連関へと広がる」（203）と言って、ヘーゲルを批判する。

かくしてハイデガーはドイツ観念論の帰趨を次のように見ている。すなわち、「この思考〔ドイツ観念論の思考〕は、存在者性の作為的な力を極端に無条件に展開し（エゴ・コギトの条件性を無条件性へと高め）、終わりを準備しているのである」（203）、と。

以上のように近代において、存在（存在者性）は被表象性・対象になり、思考は我思考すから絶対知へと展開する。近代において思考が優位に立って、対象としての存在を支配するわけであるが、しかし絶対知の思考は、この対象性を自我（思考の主体）も含めたあらゆる存在者へと拡大してゆく事態を招いた。このようにハイデガーの近代哲学理解を要約することができるだろう。

6　現代哲学とニーチェ

さてハイデガーは、ドイツ観念論以降の動向についても言及している。そこでは「現代におけるプラトニズムの最後の末裔と帰結」（218）として、(a)から(f)まで計五つのものが挙げられている。「(a)《存在論》を名乗り、それであろうとするもの、ないしそれであろうとしないものすべて」、「(b)すべてのキリスト教的ないし、非‐キリスト教的形而上学」、「(c)《価値》《意味》《理念》そして理想を目指すすべての教説」、「(d)あらゆる種類の《生の》哲学」、「(e)上で挙げられたものすべてを混ぜ合わせ、理念や価値を教え、同時に《生の》哲学的に《実存》を強調するかの諸方向」、そして「(f)最後にニーチェの哲学」（218）。以上の五つである。これらでは、例えばニコライ・ハルトマンの存在論、新スコラ学派、新カント派、実証主義、ディルタイなどの生の哲学、ヤスパースの実存哲学といったものなどが具体的な思想として推測されるのだが、いずれにしても一九世紀から二〇世紀におけるおよそすべての哲学が一絡げにプラトニズムの末裔として――ということは存在の問いかけを欠いたものとして――扱われる。そうした中にあって、ニーチェだけが特別視される。

『寄与』においてニーチェは、「移行的な思索者」（219）として、両義的な評価がなされる。まず肯定的な評価として、ニーチェは「西洋の歴史にとってのプラトンの重要な位置とプラトニズムの射程（ニヒリズムの由来）をはじめて認識した人物」（219）であり、「プラトンの重要な位置を予感し」（219）、「プラトニズムをその最も隠れた諸形態において探り出した」（219）と言う。その意味で、ニーチェ哲学は「最後の偉大な哲学」（38）となる。しかしその反面、次のような否定的な評価も下される。ニーチェの哲学は「プラトニズムの転倒としておのれを把握するがゆえに、いわば裏口を通って、プラトニズムの内に後退する」（218）。「ニーチェはこの解釈〔プラトン的解釈〕に引っ掛かったままである。なぜなら彼は、主導の問いそのものを認識しなかったからであり、根本の問いへの移行を遂行しなかったからである」（219）、と。

ニーチェの哲学がプラトニズムであるとする見解については、一般的には直ちに首肯し難い言説であろう。単なる逆転が逆転すべきものに囚われたものであるというのは、しばしばハイデガーが行う洞察であり、また論法であるのだが、ここでの「プラトニズム」が、ハイデガーなりにその意味を変えて、あるいは意味を拡大して捉えられている点を注意しておきたい。彼が最初の原初の歴史をプラトニズムとして特徴づけるのは、次のような意味合いにおいてである。すなわち、「これらの熟考において問題になっているのは、プラトンの教説の変遷としての教説の継起という意味でのプラトニズムの歴史ではなく、ひとえに、最初の原初から別の原初への投げ渡しという課題を伴った、プラトニズムの本質的支配のもとでの主導の問いの取り扱いの歴史である」（216）。そしてその場合の「プラトニズム」とは、「存在への問いの概念」であって、その問いは、「存在者の存在者性を問い、そのように把握された存在を表－象（思考）との連関へと立てる」（216）というものである。それだからハイデガーは、「超感性界」と「感性界」との二世界論をプラトニズムの本質と見るのではない。存在を存在者性と捉えそれをさらに表象としての思考に関連づけ、それゆえ存在そのものを問うことをしない、そうした根本的な枠組みのことを「プラトニズム」とするのである。

したがって、ニーチェが存在者を生成として経験してプラトニズムに敵対するにしても、そのような敵対において存在者がただ別の仕方で解釈されるだけで、存在そのものは問われない（215）、というわけである。生前に公刊されたニーチェ論等で補えば、ニーチェの価値思想そのものが、プラトンの「善のイデア」（これもあくまで存在者性と見なされる）に由来すると考えられるのである。

7　ハイデガーの哲学史観の問題点

以上見てきたように、『寄与』の「III　投げ渡し」では、後期ハイデガーがとる哲学史に対する視座は、その大枠において確立していると言える。通常の哲学史からすれば極めて特異な見方であるが、このような見方を動機づけているものは何か。それは「II　鳴り響き」で洞察された存在棄却の高まった時代の到来である。より単純化して言えば、現代の技術文明がなぜ出てきたのか、その理由を近代思想へ遡り、さらに古代ギリシア思想に遡って探ろうとすることが、ハイデガーの哲学史探究の動機である[8]。ハイデガーは、西洋の形而上学が存在者の存在者性という形で存在を捉え、決して存在そのものを問うてこなかった事情を、プラトニズムとして一括し特徴づける。それはひとえに存在そのものを問うためであり、この問いを妨げてきた伝統を打破するためである。彼は「投げ渡し」の課題について、それが「プラトニズムの本質についての一層根源的な知によって、プラトニズムの克服を導くことである」（219 f.）と明言する。また「この方向と種類におけるプラトニズムの克服は、最も広範な規模の歴史的決断であり、同時にヘーゲルとは別の種類の哲学的な哲学史の基礎づけである」（221 傍点引用者）とも語る。この引用にあるように、「投げ渡し」の作業がヘーゲルの哲学史を意識したものであることは大変興味深い。

言うまでもなく、ヘーゲルこそは、哲学の歴史を、哲学者の私見がただ時間軸に沿って陳列されているだけの「愚者の画廊」[9]ではなく、精神が自己発展する「思惟的理性の英雄たちの画廊」[10]と見、哲学史の探究の営みを哲学的なものにした最初の哲学者であった。存在の歴史を探究することによって存在そのものを問うてゆこうとするハイデガーの立場は、「哲学史の研究こそすなわち哲学そのものの研究」[11]とするヘーゲルの哲学史と一脈通じるものがある。もっとも、「別の種類の」というわけであるから、ハイデガーの哲学史の探究は当然ヘーゲルとの違いを自覚しつつなされる。『寄与』ではその違いが次のように指摘される。「対決は、最初の原初を止揚するのではなく、別の原初に対するこの原初の必然性を、はじめて根拠づけるのである」[12](221)。

ハイデガーはヘーゲルとの差異を自覚しながら哲学史の探究を行うのであるが、その叙述に関しては、通常の哲学史研究からすれば、ヘーゲルに対するのと同様の批判が考えられる。それは何と言っても、自らの哲学的立場に引きつけた強引な解釈であるということである。例えばハイデガーにおいては、ローマ・ラテン的な思想・文化に対する蔑視、さらに中世哲学の取り扱いが極めて少ない点(これはヘーゲルも同様である)、またイギリス哲学やスピノザの軽視等々、その考察があまりにバランスを欠いていると言えよう。

ここには哲学史研究の根本問題が露呈していると言える。それは、哲学史の叙述・探究が客観主義に傾けば、学説の陳列に近づき、哲学的問いの独創性を失う。逆に哲学的問いに基づきつつ何らかの原理や概念から一貫した道筋をつけようとすれば、強引でバランスを欠いてしまう。こうした問題である[13]。

だがしかし見失われてはならないのは、ハイデガーの哲学史探究において求められているのは叙述の完全性ではないということである。ここで賭けられているのは、問いの発動である。歴史をたどりながら存在の問いを喚起することが、ここでは問題なのである。したがって、存在の問いを発動すべく、歴史の解釈がその都度試み直されると言える。だから叙述に関しては、近代の主体主義の成立が焦点となったり(「世界像の時代」)、意志への意志にアクセントが置かれたり(「形而上学の克服」)、本質存在と事実存在の区別から現実性概念の成立に主眼が置かれたり(「存在の歴史としての形而上学」)、その性格を微妙に違える。その意味で、ハイデガーによる存在の歴史の探究とは、不断の吟味と叙述の試みであるとも言えよう[14]。

ただし、そのようにハイデガーの存在史的思索の要諦を押さえた上でも、次のことは——本章で試みたように再構成をすればとくに——問題として残る。

ハイデガーの歴史探究は、たしかに最初の原初から現代にいたるまでの歴史を単線的に物語るという性格を持つ。しかし「投げ渡し」の営みは、前章で論究したように、これを閉じた完結した歴史と捉えるのではなく、「別の原初」を問うことによって歴史に風穴を空け、歴史の物語を両義化するという可能性を持つはずのものであった。始まりが別にあるという原初の複数性を思索しようとするところに彼の歴史探究の持つ重要性がある。だが『寄与』の記述においてその面は出てきていないと言わざるをえない。別言すれば、『寄与』では「最初の原初」の歴史における思想を十分に活かすことに成功していないのである。

さらに言えば、ハイデガーはかつて「善のイデア」をはじめとするプラトンのイデア論を積極的に自らの哲学に取り込もうとしていたわけだが[15]、そのようなかつての営みが、この存在の歴史でのイデア論解釈(まさに対立する解釈)とどのように折り合いをつけるかは、語られないままである。そうした以前の解釈とここでの解釈の間での「投げ渡し」が展開されるべきではないだろうか。それこそが真の意味での「自己批判」にもなりえたはずである。

(1) ハイデガーの「存在史」を「哲学史」と直ちに言い換えることは、やや問題があると思われるかもしれない。『ニーチェ講義』の「VIII 存在の歴史としての形而上学」の冒頭で「存在概念の歴史についての歴史学的報告」(N II, 399)と受け取られることに懸念を示しているし、『根拠の命題』では「存在の歴史とは決して対象的に表象可能なプロセスではない。このプロセスに関して《存在史》が物語れうるなどということはない」(SG, 157)と語っている。ハイデガーは歴史学的な哲学史研究(哲学研究の一分野)とは一線を画し、歴史の転換を準備するために、西洋の歴史を根底で支配している「原初」を摑もうとし、さらに言えば、通常の哲学史で前提にされている時間（歴史）理解を崩してゆくことをそれは根本的にねらっているのである。しかしハイデガー自身、『寄与』の「III 投げ渡し」で、「哲学史」（221）という表現を用いているし、本章の主題において、この表現をあえて用いることで、通常の哲学史との差異を明らかにすると同時に、ハイデガー自身の試みを相対化して見ることがまずはできると考える。

（2）『存在の歴史』では、「投げ渡し」の思索に関して、三つの歴史の区分を示している。「開始（プラトン―アリストテレス）、転換（デカルト―ライプニッツ）、そして完成（ヘーゲル―ニーチェ）」（GA 69, 131f.）。これはハイデガーの哲学史における基本的区分と見なすことができるであろう。だが『寄与』の「III 投げ渡し」では、「転換（デカルト―ライプニッツ）」の考察がほとんどなく、「完成（ヘーゲル―ニーチェ）」の時期に焦点が当てられている。

（3）この思索の在り方は、Er-denken と表わされ、「VIII 存在」で集中的に取り上げられている。Er-denken については、本書「第13章 哲学の可能性」で詳述する。

（4）『形而上学入門』では、「ピュシスという語の意味が狭められるのはテクネーと対立することによって生じる」（GA 40, 19）と言われている。

（5）ハイデガーは、ここには、ティ・エスティン（essentia, quidditas）とホティ［・エスティン］（existentia）との区別の根源があると言うのだが（209）、それ以上のことはここでは述べていない。

（6）カントにおいても「レアリテート」は事象性、本質という意味であり、その直接的源泉はバウムガルテンであり、さらにライプニッツ、デカルト、スコラ哲学に由来する（GA 24, 45ff.）。「III 投げ渡し」のように「実在性」が「現実性」の意味として理解されるようになることの転換点を唯名論に求めるのは、ハイデガーにおいてもかなりユニークではないか。

（7）同主旨のことは「ヘーゲルの経験概念」でも述べられている。表象の自己確実性は「対象への一方的な拘束と対象を単に表象することから、自己を解放する」（GA 5, 136）。

（8）ハイデガー哲学を徹底的に批判するJ・ハーバーマスでさえ、次の点までは評価する。「ハイデガーの独創性は、近代における主体の支配を形而上学の歴史に即して位置づけたところにある」。Jürgen Habermas, *Der philosophische Diskurs der Moderne*, Frankfurt: Suhrkamp 1985, 160.（三島憲一・轡田収・木前利秋・大貫敦子訳『近代の哲学的ディスクルスI』岩波書店、二三五頁）

（9）G. W. F. Hegel, *Vorlesungen über die Geschichte der Philosophie*, I, in: Werke 18, Frankfurt: Suhrkamp 1971, S. 29.

（10）Hegel, a. a. O., S. 20.

（11）Hegel, a. a. O., S. 49.

（12）後年の『同一性と差異性』では、「思想家のその都度の力を、ヘーゲルは、思想家によって思索されたものの内に見出す」のに対して、ハイデガー自身は「その力をすでに思索されたものの内ではなく、思索されていないものの内に〔中略〕求める」(ID, 38) と語られ、またヘーゲルの「止揚」に対して、自らの「歩み戻り (Schritt zurück)」(ID, 39) が対置される。さらに付け加えれば、ヘーゲルは「最も新しい哲学」が「最も発展した、最も豊富な、最も深い哲学」(Hegel, ibid. S. 61) であるという進歩史観に立つのに対して、ハイデガーは、歴史の始まりを、原始的なもの、未熟なものとは捉えず、最も不気味で、最も強力なものと捉える (GA 40, 164)。言わば、没落史観をとるのである (形而上学の歴史の叙述のみに目を向けるかぎりでは、そうである)。

(13) 加来彰俊氏は、一九世紀後半以降、文献学的・純歴史的研究が哲学史研究の主流となった事態を考察し、今日 (一九六三年)、哲学への要求を満たすような哲学史の叙述が求められていると、反省を促している。加来彰俊「一九世紀の哲学史家」(田中美知太郎編『講座　哲学大系　第二巻　哲学の歴史』人文書院、一九六三年所収)。この状況は今 (二〇〇六年) もって変わっていない。

(14) とはいえそうは言っても、存在そのものを問い、別の原初に方向づけられる哲学史叙述は、それに対する「外部」からの批判を取り込んで修正するというようなものとはならない (また単純にハイデガーの哲学史の偏りを補えばよいという問題でもない)。客観主義的文献学的哲学史とハイデガーの哲学史との対話のすれ違い、もしくは不成立という事態を招くことになる。ハイデガーの哲学史が与えたポストモダンの思想への影響、今なお影響を与え続けていると言ってよい新カント派の哲学史の相対化という意義は認めるにしても、こうした対話の不成立をどのように捉えるべきか。それはハイデガーの思想を教条化しないためにも考えられねばならない問題である。

(15) 例えば『古代哲学の根本諸概念』(一九二六年夏学期講義) では、「イデア論は存在論である」(GA 22, 98) として、プラトン哲学が積極的に受容されている。このあたりの事情は細川亮一氏が丹念に跡づけている。細川亮一『ハイデガー哲学の射程』創文社、二〇〇〇年を参照。

第三部　存在の真理

第7章　跳躍の思想

1　「跳躍」概念をめぐって

　一体我々は、何事かを考える際、考えられたことを連続的に積み重ねる仕方で思考を進めるものだろうか。時に、突如として何かそれまで考えつかなかった事柄が閃くことがある。あるいはまた、人生の難局に立ちいたったときに、勇気をもって跳躍することで新局面が開かれ、そこに同時にある種の解放感を覚えることがある。これらの経験は驚嘆すべき思考の出来事である。そして、もし思考が創造性（必ずしも独創性ではない）を持つならば、そこには跳躍があるのではなかろうか。

　ところで、跳躍（Sprung）という概念が哲学の主要テーマになったのは近代以降であるが、デカルトをはじめとする合理主義的哲学のメインストリームでは、思考の跳躍は禁止されるべき事態とされていた。とりわけ論理的推論では、跳躍（飛躍）は「誤り」を表わす。また思考だけでなく、対象においても跳躍は退けられる（「自然は飛躍せず」）。ここで、哲学史における跳躍の概念史的な叙述を行うことは差し控えるが、概して言えば、この概念が積極的なものとして使用されるようになったのはキルケゴールからであり、二〇世紀のこの概念の使用は、彼の思想の受容が大きく影響していると見られている。(1) その二〇世紀において跳躍を重視するものとしては、K・バルトやティリッヒ、あるいはヤスパースなどが挙げられる。そしてもちろん本書が扱うハイデガーがいる。また、キルケゴールからの流れとは別に、「生の跳躍」を語るベルクソンや「過ぎ去ったものへの虎の跳躍」を語るベンヤミン、さらには「科学革命」を語るT・クーンなども想起される。いずれにしても、跳躍というテーマは、近代哲学――とりわけ合理主義的、体系的哲学――を批判し、そこから離反しようとする二〇世紀哲学の問題状況の中にある点を確認しておく。

本章は、『寄与』の跳躍の思想について考察する。『寄与』の六つの接合肢（「鳴り響き」「投げ渡し」「跳躍」「根拠づけ」「将来的な者たち」「最後の神」）の名称は、それ以降の思索において保持されているわけでなく、むしろ消え去ってしまうものがほとんどである。その中で「跳躍」だけは、一貫して思索の重要なタームとして使われ続けられ、後期ハイデガーでは馴染みの用語であると言ってよい。

例えば『根拠の命題』では、「何ものも根拠なしではない（Nichts ist ohne Grund）」ことを意味する根拠の命題について、ライプニッツに代表される「存在者についての根本命題」という通常の見方から離れ、深淵としての存在を語る「存在の発語」が聞き取られることを主張する。「何ものも（Nichts）」と「なしでは（ohne）」に力点を置く読み方から、「根拠（Grund）」と「である（存在）（ist）」に力点を置く読み方へ音調を転換すること、ここに思考の跳躍が控えていると言うのである。「跳躍とは、存在者についての命題としての根拠の根本命題から、存在としての存在の発語の内への跳び込み（Satz）である」（SG, 108）。

また「同一性の命題」でも、人間と存在の共属（Zusammengehören）を経験するためには、表象する思考の態度から離れ、存在への帰属の内へ跳躍しなければならないことが主張されている。曰く、「跳躍とは、そこから人間と存在とが相互につねにすでにそれらの本質を達成している領域の内へ急に入り込むこと（die jähe Einfahrt）である」（ID, 20f.）、と。(2)

だが今や『寄与』の出版によって、我々には、この跳躍の思想の成立現場、この思想の射程や存在の問い全体に占める位置など、一層立ち入った考察が可能になり、また必要とされている。『寄与』において「跳躍」は、通常の著作で言う「章」の一つになっているのだが、しかしこの言葉自体は、様々に語られ、また「跳躍」に類縁の語も様々ある。(3)こうした多義性を考慮しながら、跳躍とはどのような思考の在り方なのか、ということを明らかにしようと思う。かつてカントは、『哲学における最近の尊大な語調』(一七九六年)において、「超感性的なものへの予感」には「死への跳躍(salto mortale)」があり、それは畢竟「哲学の死」にいたる、と述べた。(4)ハイデガーは『現象学の根本問題』(一九二七年夏学期講義)ではカントのこの著作からの長い引用で自らの講義を締めくくっていた。ではハイデガーの語る跳躍は、哲学の死にいたるのか、それとも哲学への寄与なのか。

2　思考の跳躍

跳躍とは、『寄与』においても、まず第一義的には思考の跳躍を意味する。「最も本来的で最も広範の跳躍は、思考の跳躍である」(237)。ではその思考の跳躍は、いかなる仕方でなされるのか。『寄与』では、それは「問い」の展開、あるいは転換によってである、と言える。

通常我々が何かを思考しようとするとき、それは問いとともに始まる。考えることと問うことは不可分である。それと同様に存在の思索においても問いから出発する。ただし、その問い自身を徹底的に批判・吟味することが問題となる。アナクシマンドロスからニーチェまで西洋の思考を規定してきた、「存在者とは何か」という「主導の問い」を批判し、この問いと「根本の問い」とを区別することが肝腎となるのである。「主導の問いとは区別されて、しっかりと把握された問いとして根本の問いが始まる。それは、問いの把握自身とともにであり、問いの把握から存在の真理の思索の根源的な根本経験へと跳び込む(einspringen)ためにである」(233)。「根本の問い」とは「存在はいかにして本質活動するか」というものであるが、この問いは、「存在棄却の困窮の必然性から発現する」ものであって、そうである以上「主導の問い」をそのまま問い進めることでは決してない（233）。しかしかといって、「主導の問い」と全く無関係に出てくるわけでもない。ハイデガーは根本の問いの展開において、次の試みが重要であると言う。

「主導の問いの方から、それを完全に展開することによって、根本の問いへと跳躍することへの移行を創造すること〔中略〕それは決して根本の問いへの直接的な移行ではない。主導の問いにおいては、存在の真理（意味）への問いが問われていないままであることと、その理由が看破されねばならない。この問われていない問いが根本の問いである」（233）。

ここから分かるように、根本の問いは、主導の問いを展開しながら存在の真理が問われていないこととその理由を見抜くことから開始されるのである。しかしそれでいて、主導の問いを洞察しながら、そこから根本の問いへと跳躍することが目指される。これと同様の次の文言も注目すべきである。「主導の問いから根本の問いへ移る際には、主導の問いをもう一度（存在へと）適用するような、直接的な同じ意味の連続はなく、あるのはただ一つの跳躍、すなわち、別の原初の必然性である」（76）。跳躍は、やはりここでも、思考の「連続（Forgang）」との対照で性格づけられるのである。形而上学とその問いに付き合い、問いながらそこから跳び離れること、ここには解放がある。

さて跳躍は思考の跳躍であり、根本の問いへの跳躍であるのだが、それは単に「発想の転換」ということにすぎないのではない。「跳躍とは存在の歴史の領域へ最初に押し進むことを敢行することである」（227）と言われるように、「存在の歴史」という領域に立ち入ることであり、ということは、「存在の歴史」という領域がここにおいて我々に立ち現れてくるのである。跳躍は、単に「主観的な」思考の内部での作用とか働きということではない。「……跳躍によってのみ、一つの原初、とりわけ別の原初が、最初の原初によって不断に追い越されたものとして、始まることができる」(228f.)。これは、人間があたかも神のごとく歴史を開始させるかのような印象を与えるかもしれないが、しかしそもそも歴史が人間による歴史の探究(ヒストーリエ)とともに出現すること、そして存在の歴史においてもそうした事態が成り立っていることを考えると、[5]決して神の創造のようなことを意味するのではないのである。いずれにしても、「原初は跳躍において生起する」(229)と言われることに示されるように、跳躍は、歴史の生起、とりわけ別の原初の開始にかかわるものであり、その意味では、歴史の連続性を断ち切ることになる。したがって、誤解をおそれずに言えば、跳躍は思考のみならず〈対象〉の跳躍でもあるのである。ただしその〈対象〉、すなわち跳躍によって見えてくる場面は、『寄与』の記述を見れば、通常の通時的な歴史ということよりも、むしろ存在そのものの「裂け目(Zerklüftung)」ということになる。[6]

3　超越と跳躍

跳躍は、『寄与』ではしばしば「存在への跳躍」(7, 9, 11)と端的に表現される。ここから、跳躍が存在者の次元から存在へと超越することのようにも一見思われる。だがしかしハイデガーは、かつて存在者を乗り越えることとして考えていた超越を、『寄与』では厳しく退ける。この「超越」批判こそは、跳躍の理解のためのポイントとなる。

「それゆえ、存在者を乗り越えること(超越)が必要なのではなく、この区別を、したがって超越を跳び越え(überspringen)、原初的に存在から、また真理から問うことが必要である」(250f.)。

では彼がここで超越を退けるのは何ゆえであろうか。それは、歴史的省察に基づいた「超越」概念の反省によると言ってよいであろう。すなわち、この概念がプラトニズムとして性格づけられる形而上学に由来する点が洞察されるのである。この歴史的省察は「III　投げ渡し」でなされている（216ff.）。それによれば、イデアを共通のもの（コイノン）とすることから、分離（コリスモス）が生じ、そこに「超越」の根源があると言うのである。そして、「超越」概念は多義的な意味をはらむとされ、次のように整理される。まず第一に、「存在者的」超越であり、それは、存在者を超える別の存在者、つまり創造主のことである。第二に、「存在論的」超越があり、それは一般的なものとしての存在者性であって、カテゴリーを考えればよい。さらに第三に、『存在と時間』における「基礎存在論的」超越があると言う（おのれの思索をこの歴史に位置づけるのである！）。これは、現存在の特徴である「超出そのもの」であり、また「存在了解」として把握されるものである。けれども現存在を、現‐存在として、より根源的に捉えようとする『寄与』の圏域では、「《超越》についての表象は、いかなる意味でも消失せざるをえない」（217）と言う。要するに、「基礎存在論的」超越も有効でなくなると言うのである。この点はおそらく「存在論的差異」の問題と直接繋がっていると考えられる。

言うまでもなく、存在論的差異とは存在と存在者の区別のことである。ハイデガーによれば、これは存在の真理への問いを確保するという意図で思索されたものである。しかし「この区別は、まずもって、存在者性への主導の問いに由来し、そこに嵌まったままである」（273）。そして、存在と存在者とを単に表象のレベルで区別することにより、存在が単なる存在者の「可能性の条件」として理解される危険性がつねにある。その場合には、この区別は「文字どおりの障壁」（250）となる。この危険性を『寄与』は自覚するにいたったわけである。したがって、「《存在論的差異》の概念は、主導の問いから根本の問いへの移行として、準備的なものにすぎ」（258）ず、形而上学的な存在者性を問わないという場面でのみ、積極的に「エアアイグニスの領域を名指す」（273）ことができるのである。この地点から見れば、超越は、まさに、存在論的差異に関して、単なる抽象的な存在者性（存在者の可能性の条件）を問う思考に手を貸し、また超越自身も「《自我》と主観の行為」(322) として誤解される危険性を免れることができないのである。

以上纏めれば、超越は形而上学の原初に由来し刻印づけられており、そこから主観が存在者を超越するという表象を色濃く持ち続けるがゆえに、存在論的差異そのものを、そして超越そのものを跳び越えることこそが必要であり、このことを跳躍の思索が遂行するのである。してみれば、跳躍とは、単純にメタレベルに立つというわけでは決してないし、超感性的なものあるいは彼岸的なものへと跳び移ることでもないのである。「存在への跳躍」とは、より正確に訳せば、「存在の内への跳躍 (Sprung in das Seyn)」である。それゆえ、この内 (in) へと入り込むことの意味が捉えられねばならないだろう。

4 企投としての跳躍

この課題に答えるため、跳躍に関する立ち入った規定を吟味してみることにしよう。

ハイデガーは、跳躍は企投であると言う。「跳躍は存在の本質の究極の企投である。その企投は、我々が我々(自身)をそのように〔企投によって〕切り開かれたものへと置き、切実になり、エアアイグヌングによってはじめて我々自身になるという仕方での企投である」(230)。「跳躍とは、現 - 存在の《内へ》と開示しつつおのれを企投することである」(303)。この跳躍としての企投は、『存在と時間』の企投概念から見れば、極めて大きな変更を被っていると言わざるをえない。ここでは、企投ならびに被投性の捉え直しがなされているのである。

やや引用が長くなるが、次の箇所に注目しよう。

「〔跳躍は〕存在の真理の企投を遂行することである。その遂行は開けた場への進入という意味であり、しかも企投を投げる者が投げられた者としておのれを経験する仕方、すなわち、存在によって呼び求められる（er-eignet）という仕方でである。企投による開示（Eröffnung）がそうしたものであるのは、それが被投性の経験として、したがって存在への帰属性の経験として生起する時にのみである。これが、可能性の条件に関するすべての単に超越論的な認識様式から本質的に区別される点である」（239）。

企投の遂行が「開けた場への進入（die Einrückung in das Offene）」という意味であるということ、これは、『存在と時間』では企投に関して一応本来的企投と非本来的企投の二つのものが考えられていたのに対して、ここではもっぱら際立った意味での企投、言うならば、ただならぬ本来的企投のことが指されていることを意味する。この点は、先に「存在の本質の究極の企投」という表現がされてあったことを合わせれば、なお確証できる。(7)

だがそれにもまして重要なのは、「被投性の経験」が「存在への帰属性の経験」と言い換えられている点である。「〔現‐存在と存在との連関は〕最初『存在と時間』では《存在了解》と把握された。その際、了解は企投として捉えられ、企投することは被投的なものとして捉えられた。このことは存在自身によるエアアイグヌングに帰属しているということを言わんとしている」（252）。かつて『存在と時間』では、被投性に関して、「現存在はおのれがどこから由来しどこへと帰属するのかという点において遮蔽されている」（SZ, 135）とされていたのだが、今やはっきりと「存在への帰属性」と言われ、またそれが被投性の経験となっているのである。(8) 後期ハイデガーにおいてこれまで幾度も指摘されていた被投性の深化は、まさにこの「跳躍」の思索の現場において感得されるのである。

さらに『存在と時間』との違いで言えば、被投性の開示においてはあくまで情態性に力点があったのに対して、ここでは、企投と被投性の新たな連動性が考えられている。「投げる者が企投し、《エアアイグニスについて》思索的に語ることによって次のことが露呈する。すなわち、彼自身企投をすればするほど、すでにそのようにますます被投的に、すでに投げられた者である、ということである」(239)。つまり、存在の帰属としての被投性経験は、跳躍としての企投によって開示されるというのである。この企投は、より具体的には、根本の問いの展開であり、しかも存在の歴史の省察という形での展開であろう。「I　予見」においてすでに、企投によって開示されたものが、企投(者)を圧倒し捕らえることが語られているが(56)、このような反転的局面がまさにこの跳躍の遂行において洞察されるべき事柄なのである。たしかに、『存在と時間』でも先駆的決意性を見れば、死へと先駆する企投があってはじめて、被投性へと立ち返るという連動性が成り立っていた。しかし『寄与』ではもっと積極的に、この企投が、被投性を露呈させる使命を持ち、被投性との分かち難い連動の中にある。だからこそ、逆に了解は、受動的性格を色濃く帯びるものとして語られるのである。「了解とは、耐えつつ切実であること、つまり現-存在を遂行し引き受けることであり、被ることとしての引き受けであり、そこにおいて、担いつつ拘束するものとしてのおのれを閉ざすものが開示される」(260)。

5　存在と人間との連関

さて、跳躍としての企投においては、存在によって呼び求められ存在に帰属するという経験が生起するのであれば、そこに、人間と存在との独特の連関が成り立っていることは容易に察知できる。そして実際ハイデガーは、「IV　跳躍」の中でこの点について思索を進めている。

エアアイグニスという後期ハイデガーの思索の根本語が、存在と人間との呼応関係を意味することは、すでに広く知られている。しかし、この存在と人間との連関という事態は、極めて重要であると同時に頗る難解な事柄である。

通常の思考に慣れきっている我々にとっては、どこまでこの事態をうまく把握できるかが試されていると言えよう。ハイデガー自身もこの事態の難解さを承知している。彼はこの表現が与える誤解について何度も言及する。「存在に対する現 - 存在の連関という言い方は、あたかも存在が《独立に》本質活動し、そして現 - 存在が存在への関係を受け入れるというような考えが容易に浮かぶ以上、誤解を与える」(254)。「我々が、存在に対する人間の連関、そして逆に人間に対する存在の連関ということを言うなら、あたかも存在が人間にとって、対立するものや対象のように本質活動するかのごとく、安易に思われる」(256)。しかしながら、ハイデガーに言わせれば、人間の規定たる現 - 存在は、主観性を克服するはずのものであるし、また存在(Seyn)は存在者ではないかぎり、決して客観でも対象でも表象可能なものでもないのである(252)。ハイデガーはこの連関について次のように規定する。

「だが人間は現 - 存在として、エアアイグニスとしての存在に呼び求められ、そのようにしてエアアイグニス自身に帰属している。

存在は人間につきまとって《存在》しているのでもなければ、一つの存在するものとしての人間を貫いて振動しているのでもない。むしろ存在は現存在を呼び求め、そのようにしてはじめてエアアイグニスとして本質活動する」(256)。

存在は人間を呼び求め、人間は存在に帰属する。ここにおいて、両者は対称的な関係にはない。「エアアイグヌングは人間を存在の固有領域(Eigentum)へと規定する」(263)という言説、さらに「存在に対する現 - 存在の連関は存在それ自身の本質活動に属する」(254)といった言説を考えれば、この連関は対等な関係というものではなく、むしろ存在に優位がある。存在は人間を凌駕し圧倒するものと考えられる。逆に人間の側からすれば、存在とは決して存在者のように対象化し、認識し、我有化することのできるものではない。それだからハイデガーは、認識と言う代わりに「予感（Ahnung）」と言うのである。「人間は存在を予感する。人間は存在を予感する者である。なぜなら、存在は人間をおのれに呼び求めるからである……」（245）。だが予感とは、あまりにか細い、覚束ないリアリティーではないだろうか。予感という語を用いるのは、存在が「最も空虚」で、「最も抽象的」で、何か「宙に浮いたもの」であるからだろうか。しかし予感という語は、まだ到来しないものを「予見する」「推測する」という意味ではあるけれども、原意としては ankommen あるいは überkommen（到着する・襲う）という意味を持つ。[9] それだからむしろ、存在は存在者の実在性とは別種の〈実在性〉——通常のリアリティーとは別の、逼迫する〈リアリティー〉——を持っている、とハイデガーは言いたいのではないだろうか。ハイデガーがそもそも根源的な存在の実相を、エアアイグニスという、普通「出来事」を意味する言葉でわざわざ言い当てようとする点もそこにあると筆者は考える。なぜなら、存在とは、人間にとって「襲撃（Anfall）」（236, 407）であり、そのような襲撃的な存在との連関の中に立つことは、「お前は誰だ」という問い（誰の問い（Wer-frage））[10] に襲われる自己を、「切実さ（Inständigkeit）」の中で耐え忍ぶことにほかならないからである（245）。存在への問いを発している当の者の存在が、逆転的に問いかけられる異様な事態と言ってもよかろうか。そのような自己の「内」とも「外」とも言えないような領域が、存在と人間との連関の成り立つ場なのである。

　このような存在と人間との、非対称的ではあるが相互的な向き合いを、ハイデガーは「転回（Kehre）」と呼ぶ。この連関は、「現存在と存在との転回的な連関」（315）であり、「転回における存在と現存在との最も親密な連関」（361）である。転回とは、存在の呼びかけとそれに聞き従う者との間で起こる、「対向‐転回（Wider-Kehre）」（407）のことであり、「呼びかけと帰属性の間で振動する転回」（380）である。転回の主体はエアアイグニスであるが、転回の起こる現場・転換点は現‐存在である。つまり現‐存在という場で生起する。この現場では、投げること（企投）と投げられること（被投性）が反転し（259）、根拠づけることと根拠づけられることとが反転する[11]（261）。存在の内に入り込む跳躍は、「内面性」の外に出ることと言えようが、しかし単に「外界」「対象」にかかわることを意味するのでもない。跳躍とは、まさに存在と人間との転回的な連関への跳躍であり、「エアアイグニスの転回の引き裂ける中心への跳躍」（231）なのである。

6　思考の自由

最後に、これまでの考察をふまえて、跳躍の性格を集約して述べてみたい。

まず容易に指摘できることだが、跳躍とは形而上学的思考からの解放の試みである。それは「すべての馴染みのものを追い越し背後に追いやる」（227）ことであり、跳び離れることである。

さらに、跳躍は「存在の本質の究極の企投」という規定で分かるように、「原初的思索を進める際の最も大胆なこと」（227）であり、それは比類のない時間においてなされる。「跳躍は、襲撃の場の瞬間へと知的に跳び込むこと（wissender Ein-sprung in die Augenblicklichkeit der Stätte des Anfalls）である……」（237）。したがって、キルケゴール以来の伝統というべきコンヴァージョン（回心）というニュアンスがやはり認められるとともに、体系構築型の哲学との違いがここに色濃く出てくる[12]。

けれども、注意しなければならないのは、跳躍とはただ単に別の領域へ「跳んで移る」ことではない点である。重要なのは、根源、存在の真相、現を発現させること（entspringen lassen）（236）であり、存在への帰属を跳び出させる（erspringen）（227）ことである[13]。言うならば発見・開示の作用が跳躍の要諦なのである。「エアアイグニスとしての存在への跳躍。そしてここからはじめて、裂け目が開かれる」（278）。この跳躍によって発現してくる現‐存在、および存在の真理をさらに問い進め究明することが、「IV 跳躍」の次に置かれている「V 根拠づけ」の課題となる。それゆえ、跳躍に関して直線的なイメージを抱いてはならない。「超越」に対する批判で洞察したように、跳躍は、むしろ屈折し、折れ曲がり、回転するような事態とでも表現した方がよい。跳躍は自己省察を惹起させるのである。その点でそれは非合理的な「死への跳躍」では断じてなく、あくまで知(Wissen)の営みである。だがそれは普遍的観点からの認識主観の反省ではなく、反省を遂行する者がその者の拠って立つ歴史的現存在に直に曲げ返される仕方での自己省察である。跳躍は、際立った企投によってその被投性(存在への帰属性)が露呈してしまうという、足をすくわれるような経験であり、この点で「超越論的認識」と本質的に異なるのである。

さてこうして見ると、『同一性と差異性』で、パルメニデスの「なぜなら思考と存在は同じものであるから」という言葉をめぐって跳躍が語られるのもうなずける。存在は思考を震撼させると同時に存在の真相は思考とともに開かれ、両者は区別されながらも共属し合っているのであり、これを認識主観の働きの内で説明するのではなく、両者の帰属性を問いかつ経験することが求められているのである。跳躍は思考と存在の不可分な事態を直に経験することであり、またそのことへのチャレンジだと言えよう。

このような跳躍を思考の側からさらに突き詰めて考えるならば、思考の自由という事態・問題が見えてくるであろう。ハイデガーはこのことについて、とくに『寄与』では一言も語らないのだが、後年の『根拠の命題』(一九五五年)では「跳躍は思考の自由な可能性」(SG, 157)であると言う。この自由は、思考の制約を超える放縦さや恣意ではなく、W・マルクスの指摘する「遊動空間(Spielraum)[14]」としての自由と考えたい。思考自体の根底に遊びあるいは空隙がある。この空隙において生起する出来事、これがハイデガーの語る跳躍なのである。そして別様の思考がありうることを主張することは、翻せば、この思考の自由に賭けることだと言えるのではないだろうか。

（1）Vgl. *Historisches Wörterbuch der Philosophie*, hrsg. von Joachim Ritter und Karlfried Gründer, Bd. 9, Basel: Schwabe & Co. AG 1995.

（2）W・マルクスは、後期思想の「跳躍」の意味に潜む構造を次の五点に纏めている。まず第一に、ヘーゲルやシェリングなどの伝統的思考と違って、ここでは哲学的予備学を必要としないということ。第二に、跳躍とは、あらゆる形態の「根拠づける」思考から「跳び離れること（Abspringen）」を意味すること。第三に、跳び離れようとする者は、跳び離れるために準備しなければならないということ。第四に、ここでは、思考のために別の気分を必要とすること。そして第五に、跳躍とは先行的に思考することである。以上の洞察は、後期思想における「跳躍」の本質特徴をほぼ正確に言い当てているように思われる。だがマルクスのこの論考は『寄与』の出版以前のものである。本書は『寄与』の読解を通じて、マルクスの指摘する性格とは異なる側面を浮き彫りにしたい。Werner Marx, *Gibt es auf Erden ein Maß? Grundbestimmungen einer nichtmetaphysischen Ethik*, Hamburg: Felix Meiner 1983, S. 125–128.（上妻精・米田美智子訳『地上に尺度はあるか』未來社、二三〇—二三六頁）

（3）例えば、abspringen, Ansprung, einspringen（Einsprung）, entspringen, erspringen（Ersprung）, überspringen, Vorsprung, Zu-sprung などが挙げられる。

（4）Kant, *Von einem neuerdings erhobenen vornehmen Ton in der Philosophie*, VIII, S. 398.

（5）本書第4章参照。

（6）この「裂け目」がいかなるものかは、次の第8章で考察する。

（7）『哲学の根本的問い』（一九三七／三八年冬学期講義）では、ハイデガーは跳躍の企投にある種の段階を考えている。「本来的な跳躍」の前に「先行跳躍（Vorsprung）」があるというのである。この先行跳躍は、跳躍の助走と方向を企投し、予行演習（Vorübung）を演じるもので、存在の《本質》の「告示する（anzeigend）企投」（GA 45, 208）とされている。

（8）フォン・ヘルマンは、この被投性の経験が、超越論的に設定された存在の問いの内在的変化を牽引する「第一の経験（Primärerfahrung）」であり、ケーレへの洞察もこの被投性の由来への洞察であると見ている。Vgl. Friedrich-Wilhelm von Herrmann, *Wege ins Ereignis. Zu Heideggers »Beiträgen zur Philosophie«*, Frankfurt: Vittorio Klostermann 1994, S. 18, 31.

（9）Duden, *Der Große Duden* Bd. 7, Erymologie, Mannheim, 1963.

（10）Wer-frage は、テクストにおいては「人間とは誰か（Wer ist Mensch?）」と言われるものであるが、これは外側から客観的に、あるいは対象を陳述する仕方で問われるものではない。「問いの反転的態度」（49）を鑑みて表わし直すなら、このような表現にしてもよいのではないだろうか。

（11）さらにまた、『真理の本質について』で示唆された、真理（真理の本質）と本質（本質の真理）との転回も「跳躍」の章では問題とされる（258, 288）。

(12) しかしだからといって、跳躍によって存在の真理が一挙にして解明されると考えてはならない。ハイデガーは跳躍に「幾重もの跳躍」(451) があることをいう。さらに先の注(7)の事態と合わせて解すれば、跳躍の複数性(「別様に」ということと「何度も」という意味での)が示唆されていると言ってよい。

(13) ハイデガーは『形而上学入門』でも、「このように、自己を根拠として跳び出させるような(er-springend)跳躍を、我々は語の真の意味に従って根 - 源(Ur-sprung)と名づける」(GA 40, 8)と言っており、根源を沸き立たせ発現させることを跳躍と考えている。

(14) Marx, a. a. O., S. 57–60.(前掲訳書、一一八—一二四頁)

第8章　存在の裂け目

1　存在の諸相としての「裂け目」

本章の目的は、「IV　跳躍」で主題化される、存在の「裂け目（Zerklüftung）」について、それが何を意味するのか、またどのような事態を問題にするのかを明らかにし、ハイデガーの問う存在（Seyn）の根本性格を浮かび上がらせることである。

「裂け目」とは、通常の伝統的な哲学ではあまり見られない、ハイデガー特有の概念である。[1] 存在の真理を端的に語ろうとする『寄与』の思索は、存在者について語るのとは別の言葉で思索の事柄を言い表わそうとするのだが、しかしこれまでにない全く別の言葉を造語すればよいというわけでもない。ここでは、「存在者の言葉を存在の言葉として語る」（78）という仕方で思索を遂行せざるをえないのであって、そこに『寄与』の難しさ――書くことと読むことの困難――がある。「裂け目」という概念もそうした言葉の一つである。

『寄与』の文脈では、「裂け目」は思考の「跳躍」と連動したものと考えられる。「跳躍は裂け目の深淵を跳び出させる」（9）とか、「エアアイグニスとしての存在への跳躍。そしてここからはじめて、裂け目が開かれる」（278）と言われるように、跳躍は思考の単なる変化や運動であるだけでなく、それによって、裂け目というものが開かれることとなる。この裂け目は、エア－アイグヌングの「内的で算出しえない出撃性（Ausfälligkeit）である」（279f.）とか

「存在自身の親密さの、自己の内にとどまる展開である」(244) というふうに規定される。便宜的に「思考」と「存在」とを分けて言うならば、「裂け目」とは、思考の活動によって開かれ分裂するような、存在の諸相あるいは相貌であると、ひとまず言っておこう。

2　裂け目と様相

『寄与』において「裂け目」が語られる際には、しばしば「様相 (Modalitäten)」が引き合いに出される。そこでは「裂け目」が「様相」ではないという仕方で規定される。例えば、「《様相》は存在者 (存在者性) の様相であって、存在それ自身の裂け目については何事も語るものではない」(279)、あるいは、「様相は、存在者性が存在の真理に達しないのと同様に、裂け目に達しない。そして様相への問いは、必然的に主導の問いの枠組みに止められたままである……」(279) というふうな具合である。しかしこの消極的規定は、逆に言えば、「裂け目」が「様相」とのある種の類比的な関係を持つことを示す。従来の存在論では様相論は主要な議論の一つであった。それについてハイデガーも当然無関心ではなかったはずである。[2] 実際、『寄与』の中の「156. 裂け目」という節でカントに言及して、「原則の分析論の終わりの箇所で、したがってそれに先行するすべてのものをあらかじめ規定しつつ、《様相》が取り扱われているのは、何を意味するのか」(279) という問いを発したり、また「様相」の由来に際して「現実性 (Wirklichkeit)」が優位することを問題視している (281)。さらに『寄与』以外でも、例えば『シェリング講義』(一九三六年夏学期講義) などで「様相」問題について並々ならぬ関心を示していた (GA 42, 256)。それでは、形而上学的な様相に対するハイデガーの見解を『存在と時間』から振り返って見よう。

よくよく考えて見れば、『存在と時間』の実存論的分析論は、「様相」問題に対する変革の試みであったとも言える。

まず現存在の存在が「可能性」として規定され、強調される。「現存在はその都度おのれの可能性である」(SZ, 42)。この可能性は、「了解」「企投」という現存在の構造契機として析出される。現存在は「第一次的に可能存在である」(SZ, 143) という洞察が、現存在の「了解」という存在様式の分析を裏づけることになっている。ここで確認しておきたいのは、この「可能性」が事物的存在性の様相カテゴリーとしての可能性 (SZ, 143) との違いによって特徴づけられるという点である。ハイデガーによれば、様相としての可能性は、「まだ現実的でないもの」、「いつにおいても (noch jemals) 必然的でないもの」を意味し、「可能的でしかないもの (das nur Mögliche)」を性格づける。この可能性は現実性と必然性より低いものと見なされる。それに対して、現存在の存在として規定される可能性は、実存範疇としての可能性であって、最も根源的で最終的な、積極的存在論的な現存在の規定性なのだと言うのである (SZ, 143f.)。これは、現存在が存在すること自体が、存在しうるという可能性という仕方以外にはないということ、換言すれば、どこまでも不断に存在可能という性格のものであることを意味する。

実存範疇としての可能性は、死の分析においてさらに際立てられて論じられる。周知のように、ハイデガーは死を現存在の特有な存在可能性として性格づける。死は現存在の不可能性という可能性の存在性格を持つ。これは一見、落命という死の「現実性」を前提しているように思われるが、この可能性は「まだ死んでいないが死ぬかもしれない」というような範疇的可能性ではなく、可死性 (Sterblichkeit) あるいは死にやすさとして解釈できる。[3] 可死性としての死へと先駆することは、可能的なものを待ち受けて待機する「期待 (Erwarten)」とは明確に区別される。期待は、つまるところ、現実化を待機することであり、可能的なものから現実的なものへと飛び離れ、現実的なものの中に足場を据えることにほかならない (SZ, 262)。こうなると結局現実性が優位していることになる。これに対して死への先駆は、可能性を弱めることなく可能性として了解し、形成しあげ、持ちこたえることである (SZ, 261)。ここでは死の現実化が問題ではないがゆえに、「可能性としての死へとかかわる存在の最も近い近さは、現実的なものからは可能なかぎり遠い」（SZ, 262）という理解が成り立つのである。また『存在と時間』では、本来的実存において到来の優位ということが考えられるわけだから、「可能性」の優位あるいは強調が一貫している。加えて、『存在と時間』が方法とする「現象学」についても、可能性が本質であるとされ、「現実性よりも高次のところに可能性はある」（SZ, 38）と言われる。この点も確認しておこう。

以上の『存在と時間』での議論の特徴を纏めれば次のようになる。まず第一に、ここですでに、様相カテゴリーとの区別と「様相」概念の変換がなされているということ。第二に、ここには可能性の優位、根源性、積極性が指摘できること。第三に、反対に現実性の蔑視があるということ。そして第四に付け加えるならば、ここでの可能性は実存範疇としての可能性であって、存在そのもののそれではないということである。

『寄与』では現存在の在り方ではなく、存在そのものの在り方として「裂け目」が問題とされる。「裂け目」は、あくまで形而上学的「様相」ではないのだが、一方でこの「形而上学的様相」でもって存在の本質を語って見せる場面もあるし、[4] 裂け目の様相的性格を強く匂わせる記述もある。

「思索は、原初的なものとして、有頂天と魅了（Entrückung und Berückung）という思索の接合構造の内で時間－空間を根拠づけ、存在の裂け目を、存在の本質活動の唯一性、自由、偶然性、必然性、可能性、現実性のうちで、登り切る」（237 傍点引用者）。

だが存在の「唯一性」「自由」「偶然性」「必然性」「可能性」「現実性」がどうなっているかを体系的にこの書で追跡することは期待できない。これらについての言及は極めて乏しく、散発的であるからである。だからこれらは問題群として提起されているにすぎない。『寄与』のテクストの裂け目の問題は、従来の様相論にとどまらない、存在の種々の相貌と言うべきものであり、こうした「様相的」な区別の生起としての「無」への思索に集中されていると見るべきである。(5)

3　死へとかかわる存在

『存在と時間』では実存範疇としての「可能性」は、「死」の分析において際立った形で呈示されたのだが、「死へとかかわる存在」は『寄与』ではまさに「Ⅳ　跳躍」で再考されるとともに、裂け目の中で出てくる存在の諸相が、「死へとかかわる存在」において僅かであるが示唆される。

ここでの諸節では、まず、『存在と時間』での「死へとかかわる存在」に関する誤解について言及される。「このこと〔死へとかかわる存在〕で、《存在と時間》の連関において、そしてそこでのみ、決して人間学的に《世界観的に》ではなく、《基礎存在論的に》思索され先行的に（vor）思索されたものを、まだ誰も予感していないし、あえて追って（nach）思索しようした者もいない」（283）。そして「死へとかかわる存在」の内には、最悪にして最も馬鹿げた誤解がまぎれ込むとともに広がり、《死の哲学》というものが出来上がってしまう。こうした誤解は思考の「無能力」を示している（283）、と言って嘆くことしきりである。

しかし、単純にその誤解を解くために『存在と時間』の議論を繰り返すわけではない。「死へとかかわる存在」はここでも現‐存在の「規定（Bestimmung）」（283, 284, 285）であることには変わりないが、『存在と時間』では語られない、それ以上のことが、表白されているのである。その中でも次の言説に注目しよう。

「だが死へとかかわる存在は、現‐存在の真理の本質規定として展開されるならば、裂け目の二つの根本規定をそれ自身蔵しており、大抵は知られていない、現における裂け目の反映（Widerschein）である。第一に、ここでは存在そのものに非が本質的に帰属していることが秘匿されている。このことは、ここでは、存在の真理の根拠づけとしての際立った現‐存在において、比類のない鋭さで露見する。第二に、死へとかかわる存在は、《必然性》の見極め難い本質の充実を秘匿しており、これはまた存在自身の一つの割れ目として〔ある〕。死へとかかわる存在は、また現存在にふさわしいものである」（282）。

差し当たって、この引用文で語られる裂け目の二つの根本規定のうち、二つ目の規定の方から考えてみることにする。すなわち、死へとかかわる存在が《必然性》の見極め難い本質の充実を秘匿している、という発言である。『存在と時間』では死においてまさに現存在の際立った可能性、不可能性という可能性が開示されることに力点があった。しかしここでは《必然性》なのである。

『存在と時間』では、先に指摘したように、この書全体に一貫して「可能性」が強調されるのだが、それに対して、『寄与』ではその全体にわたって強調されるのが「必然性」である。[6] だがそれはどのような必然性であるのか。必然性に関するいくつかの言説を鑑みれば、それが探究を推進するような思索の必然性であることが分かる。例えば、「この困窮から、存在の真理の根拠づけ、現‐存在の根拠づけが必然的となる」（28）。あるいは、「すべての必然性は或る困窮に根づいている。存在の真理および真理の存在を最初にそして究極的に省察する哲学は、その必然性を最初のそして究極的な困窮の内に持っている」（45）などである。最高の困窮は、困窮のなさ（Notlosigkeit）という困窮（107）であり、それは存在忘却にほかならない。この存在忘却は存在が存在者を見棄てるという「存在棄却」として捉えられるがゆえに、「存在棄却が困窮のなさという困窮にとっての最も内的な根拠である」（119）ということになる。[7]

この必然性は、論理的必然性を言うのではないことは明らかであるし、また因果的必然性でもない。困窮ゆえにやむにやまれずその困窮（Not）を転換（wenden）せざるをえないという、必要性（Notwendigkeit）というものであり、ニーチェの語る、あの有名な「必然性」から着想されているのは間違いないであろう。(8) ハイデガーはしばしば「歴史的必然性」ということを言う。これは決していわゆる歴史的宿命論を意味するのではない。なぜなら、困窮の転換は、存在の歴史の動向であるにしても、存在棄却という存在の合図に応答する、効果の期待できない――その意味では無力な――思索にかかっているからである。

しかし「死へとかかわる存在」が秘める《必然性》が以上のような必然性であるならば、(9) 何ゆえそれが「死へとかかわる存在」に秘められているのだろうか。このことを理解するためには、先の引用文中にある第一の規定を吟味する必要がある。

4　存在と無

存在そのものに非が帰属しているという点、あるいは非（Nicht）ないし無（Nichts）については、一連の諸節が、「Ⅳ　跳躍」では「死へとかかわる存在」の諸節に先立って置かれている。これらの節でなされる無に関する思索を整理してみよう。

まずここで言われる無は、形而上学的な「無」と区別される。これまでの形而上学の歴史において、《存在》はつねに存在者の存在者性として把握され、結局それは存在と存在者を同一視することに繋がっている。これに呼応して、無はつねに存在しないものとして、したがって否定的なもの（Negativum）として理解される。そしてこの意味での無を《目標》とするならば、《悲観的ニヒリズム》という思想が出来上がり、また《無の哲学》は軽蔑されるべきだとか考えられる(266)。しかしながら、無に対するハイデガーの問いは、こうした考えと共有するところは少しもないのであって、彼の問いは存在の真理への問いかけから発現するのだと言う(266)。

彼によれば、無は「存在それ自身の本質的な振動であって、それゆえ、あらゆる存在者よりも一層生き生きと存在しつつある(seiender)」(266)のである。これは表象的な思考からすると奇異に聞こえる。無とは、何かが《存在》するのではないことであると普通は考えられるからである。しかしハイデガーは、表象的な無ではなく、そのような否認が可能となるような根源的な無を、すでに『形而上学とは何か』(一九二九年)で論究していた。ここにおいてその根源的な無は、たしかに存在者として存在するのではないが、しかし積極的にヴェーゼンすると考える。「非存在(Nichtseyn)は本質活動し、存在は本質活動する」(267)。つまり、「非存在(Nichtsein)は非本質において本質活動する」(267)。これを逆に言えば、「存在は非的性格のものとして本質活動する」(267)と言うことになる。したがって、存在と無の両者は共属の関係にあると言ってよいであろう。

この共属関係というのは、両者が等しくイコールであるということを意味するのではない。非存在はあくまでも存在の「他者」なのである。「存在は非的性格にふさわしく本質活動するがゆえにこそ、存在はその他者としての非存在を持っている」(267)。両者は親密であると同時に、対立する端的な他者である。

だがそれにしても、積極的に本質活動するこの非存在・無とはどのような事態を言うのだろうか。実はこれは『寄与』の時期の思索の進展として重要なのだが、ハイデガーはこの無を深淵として、そして深淵を存在の拒絶として捉えようとするのである。「存在がその真理において一層根源的に経験されればされるほど、無は根拠の際にある深淵として一層深くなる」(325)。したがって「無」という語は、存在の真理を探究する方途にあっては、「存在の深淵性を指示する力」(245)を持つ言葉なのである。ここで深淵とは「根拠が抜け落ちること」(379)であり、「根拠が拒絶という仕方でおのれを秘匿すること」(379)である。これは、後年の講演「時間と存在」(一九六二年)で頻出する言葉で言えば、エントアイグニス（Enteignis）という事態にほかならない。この存在に親密な非・無は、ヘーゲル的に絶対知において止揚されるのではない。そこには不断の闘争がある。[10] ハイデガーの思索しようとする存在（Seyn）は、非との親密性に基づく両者の緊張的闘争状態において本質活動するというふうに見るべきであろう。

このように無・非を存在の拒絶として捉えるところから、死に《必然性》の本質が秘められているということが理解できるのではないだろうか。これは、『存在と時間』で語られる本来的実存の運動性とパラレルに考えられる。『存在と時間』においてこの運動性は、決意性が先駆的決意性であることを明らかにする場面でとくに読み取れる。「現存在の存在を根源的にあまねく支配している非力さ（Nichtigkeit）は、死へとかかわる本来的存在において、現存在自身に露呈してくる」（SZ, 306）。根源的真理としての決意性は確実性を持つとされるのだが、その決意の確実性とは、「ありうべき、またその都度現事実的に必然的な撤回に向かって、おのれを自由に保持すること」（SZ, 308）を意味する。「現存在は、おのれの死においておのれを端的に《撤回》せざるをえない（muß）」（SZ, 308）。つまり本来的実存というのは、おのれの最も固有な本来的可能性が開示された以上、再び非本来性へと退く可能性があるにしても、そうした「世人の非決意性の中への不断の喪失に対して」（SZ, 308）、本来的自己の方を選び取るほかないような自由の運動性であり、「傾き（propensio）」（SZ, 188）なのである。「必然性」という言葉で表立って語られることはないが、ここには非本来性の非から動機づけられる必然の運動が脈打っている、と言ってよいだろう。死へとかかわる存在に秘められる《必然性》とは、根拠の拒絶から欲せざるをえない、逼迫する必要性のことである。

『寄与』の思索の経験において核心となるものは、「企投を投げる者が投げられた者としておのれを経験する、すなわち存在によって呼び求められるという仕方」（239）で存在の真理の企投を遂行し、披投性が「存在への帰属性の経験」（239）として生起するというものである。この地点ではじめて、死という「絶対的非力さ」は、まさに存在の深淵として、存在の拒絶として受け取られることになるであろう。死は、「無の最も深い本質への指示」（325）なのである。今や、「死の異常さと唯一性において、すべての存在者における最も異常なものが、つまり異他的なものとして本質活動する存在自身が、開示される」（283）。思考の跳躍によって存在と人間との転回的な連関が生起するのだが、その連関が成立するからこそ、前節の引用にあったように、死へとかかわる存在は「大抵は知られていない、現における裂け目の反映（Widerschein）」（282）ということになり、存在の異常さと死の唯一性が「対応する」（230）のである。かくして死は、「存在の最高の証し」（230）、「最高にして究極の証し」（284）と考えられるのである。逆に言えば、死が存在の証しとなるというのは、この転回的連関ぬきには理解不可能である。「重要なのは、人間存在を死へ解消し、単なる非性へ向けて説明することではない」（285）。むしろ人間存在の根本において開示される死を、存在の深淵の広がりにおいて捉え直し、存在の真理の深淵的根拠を探究することなのである。

5　存在の本質

以上のように、死において存在が証しされ、しかも深淵としての無との親密な闘争の中で、そうした存在の有り様が開示されるのだとすれば、存在とは単に対象的に表象された存在者の存在者性ではないことが、いよいよはっきりとする。ハイデガーは、そのような存在の有り様を本質（Wesen）ならびに本質活動（Wesung）という言葉で言い表わすのだが、「IV　跳躍」には「存在の本質」あるいは「存在の本質活動」という標題を持つ節が集中して置かれている。最後にこの思索を吟味することにする。

Wesen は動詞的に使用され、『寄与』ではとくに「存在者が存在する」ということと対比されることが多い（30, 74, 221, 260, 473）。「存在者が存在する（das Seiende ist）」という言い方に対して、存在者と区別される存在は存在するとは言えず、「存在は本質活動する（das Seyn west）」と言うべきだとされる。

Wesenを動詞的に捉えることは、すでに生前公刊の後期の著作や講義などで書かれており、よく知られたことであった。それらによれば、動詞的に解されたwesenとはおよそ「存続する（währen）」という意味であるという旨が語られている。二、三例を挙げれば、『技術への問い』では「《本質》は動詞的に理解すれば《存続する》と同一である」（TK, 30）と述べられ、『思索の事柄へ』でも「本質とは存続のこと」であり、存続の内には「とどまり、滞在すること（das Weilen und Verweilen）」（SD, 12）が受け取られるとされる。また『根拠の命題』では「とどまること」や「存続すること」は「《ある（sein）》という語の古い意味」（SG, 207f.）だとも言われている。

言うまでもなくドイツ語のWesenは、ラテン語のエッセンティアの訳として使われ、ト・ティ・エスティンという問いに対応するものと考えられてきた。けれども、ハイデガーはこの語が共通性とかゲノス、エッセンティアではないことを強調する。『寄与』では次のように言われる。「《本質》は、ウーシアやトデ・ティ〔このもの〕（ヘカストン〔各々のもの〕のコイノン〔共通のもの〕やゲノス〔類〕ではもはやなく、存在の真理の生起としての本質活動であり、しかも存在の充実した歴史における本質活動である」（287）。「本質とはここでは存在（存在者性として了解される）に対する別の語にすぎない。そしてそれに応じて、本質活動とはエアアイグニスを意味する」（288）。ここでは、存在者性という意味での存在と区別して、エアアイグニスとしての存在を捉えるために、本質を動詞的に解する。その動詞的なwesenを印象的に表わす名詞がWesungである。『寄与』ではWesungは「存在の真理の生起（Geschehnis）」（288）として規定される。「存在はエアアイグニスとして本質活動する」（260）。これが、『寄与』での存在についての根本命題である。

しかし、wesenが存続という意味であり、共通性やエッセンティアの意味を避けられるべきであれば、なぜWährenという語を使わず、Wesenという語をあくまで用いようとするのだろうか。

ハイデガーは、すでに『現象学の根本問題』（一九二七年夏学期講義）以来、エッセンティアとエクシステンティアの区別が自明ではないこと、その区別の歴史的由来を問題にしてきた。その後の存在史的思索においても、「この区別とこの区別の準備とともに、形而上学としての存在の歴史が始まり」（N II, 401）、この区別は「存在の歴史における一つのエアアイグニスを示す」（N II, 402）と考えるわけだから、この問題は、存在の歴史における枢要問題と言ってもよいであろう。

『技術への問い』では本質の理解の動向を次のように描いている。すなわち、ソクラテスもプラトンも何ものかの本質を、存続するもの（das Währende）という意味で本質活動するもの（das Wesende）として思考している。ところが彼らはこの存続するものを、永続するもの（das Fortwärende）（アエイ・オン）として思考している。しかも彼らはその永続するものを、出来してくるそれぞれの事柄のもとに相変わらず在るもの（das Bleibende）として、持ち続けられているものの中に見出している。さらに彼らは、この相変わらず在るものを、姿・見え方（Aussehen）（エイドス、イデア）、例えば「家」というイデーの中に発見している（TK, 30）、と。ここから窺えるように、プラトンから始まるある種の傾き・傾向というものが問題なのであって、プラトンから一気に異質な存在了解に摩り替えるというわけではないのである。

『寄与』で注目されるのは、エッセンティアとエクシステンティアの区別に関して、イデアの時間的性格から迫ろうとすることである。「ティ・エスティン〔何であるか〕（essentia, quidditas）とホティ〔事実であること〕（existentia）との区別の根源がイデアの時間性にある」（209）。このイデアの時間性とは、恒常的現前性（beständige Anwesenheit）のことを言う。ただしこの時間性は、同時に空間化・空間性としても生起する。つまり、時間的な恒常的現前性と空間的な恒常的現前性が考えられ、それぞれまた現前化と恒常性という働きに分かれる。そして外見を集約する時間的現前化（Anwesung）と空間を与える空間的恒常性（Beständigkeit）が was を形成し、持続としての時間的恒常性と充実させる空間的現前化が daß を形成するという見方を呈示している（272）。だがテクストにおいてはそうした解釈の方向性を示しているにすぎない。ただここでも注目すべきは、時間化と空間化が二重に生起することが、根源的なEntrückungとBerückungという根源的な時間・空間の生起に由来する（272）とされるのであって、異質なものが侵入して区別が生起するわけではないのである。

さてそう考えると、「本質」について彼の試みようとする理解は、ある種の傾向（しかし支配的な傾向）に対して向きを変えるようなことではなかろうか。これは単純に逆転的に本質をエクシステンティアの方から捉えるということではない。「主導の問いの領域において、本質の理解は、存在者性（ウーシアーコイノン）の方から規定される。そして本質の本質性は、その最大の一般性に存している」。「これに対して存在がエアアイグニスとして把握されるところでは、本質性は存在それ自身の根源性と唯一性から規定される」（66）。だからここでなされるべきは、存在者性（共通性）からではなく、存在の唯一性からという方向転換である。本質とは、存在者の全き他者（およそいかなる存在者と比べることのできないもの）としての存在そのものの持続を指す概念である。筆者は、『寄与』の次の言説を決定的に重要なものと受け取る。

「本質活動は、何であるかといかにあるか（Was und Wiesein）とを一つにすることであり、こうしてより豊かな表象であるだけでなく、両者のより根源的な統一である」（289）。

ハイデガーはエッセンティアとエクシステンティアという区別が成立する以前のところで、存在そのものを捉えようとする。彼があくまでWesenという言葉を動詞的に変形させて使うことの理由は、まさにここにあるのである。だからWasseinという意味もそこに響かせようとしているのである。Wesungというドイツ語が、Verwesung（腐敗・死滅）に対する反対語として、生き生きとした在り方を示すものとして理解されることはつとに指摘されたことである。[11]この生き生きした事態は、《生命（Leben）》概念からではなく、[12]無との拮抗的な本質活動から捉えられるのであろう。そうであれば、本質活動は、表象的には捉えられず、我々の直の存在経験によって捉えられるものであり、もっと言えば、端的に経験されるものである。「本質活動は、我々がそこへ入り込ま（*ein*fahren）ねばならないものである。これが、ここで《経験（*Er*fahren）》を意味する。経験の内に立ちそれに耐えるために入り込むこと、このことは、現‐存在とその根拠づけとして生起する」（289）。この経験こそは、先にも引用した「企投を投げる者が投げられた者としておのれを経験する」というものであり、「存在への帰属性の経験」、つまりは人間と存在との転回の経験ということに極まる。それだから、「本質活動は、存在を再び超えてあるような何かを名指すのではなく、その最も内的なものを語にもたらすもの、エア‐アイグニス、存在と現‐存在とのかの対向振動（Gegenschwung）を名指そうとしている」（286f. 傍点引用者）と言われるわけである。

6　結語

ハイデガーは『存在と時間』以来、範疇的様相とは異なる、現存在の存在の様相（実存範疇）を問題にしてきた。『寄与』では存在の裂け目という言葉で、存在の諸相を問おうとする。しかしそれは整然とした形で呈示されているわけではない。この裂け目でとくに中心的な主題となるのは、存在と無という相の違いである。この局面においては、「死へとかかわる存在」あるいは「死」が再び示唆を与えるものとして捉え直される。「死へとかかわる存在」は裂け目の反映であり、「死」は無の本質への指示である。ここには存在と人間との呼応関係が存している。存在と人間をあたかも客観と主観のように分離するのではなく、死という人間の比類のない異様な在り方の中で、存在が開示される。しかもおのれが帰属しているものとして開示されるのである。

ここにおいては、存在の諸相を人間の認識活動に回収するのでもなければ、人間の思考活動（跳躍の遂行）と無関係に諸相が捉えられるわけでもない。裂け目とはそうした人間と存在との転回の中で開闢する事柄と言ってよいだろう。裂け目として開かれる存在と無の両者は、区別されるものではあるが、全く別個のものとして切り離されるものではなく、親密な形で双方が帰属し合うという関係にある（これは「表と裏」「地と図」の関係と同じ構造である）。そして存在の本質が、エッセンティアとエクシステンティアとの統一態として、無を親密にはらむがゆえにこそ、存在は生き生きと本質活動するのである。

（1）　メルロ＝ポンティの「裂開」（déhiscence）などが想起されるが、これはこれで独自の概念である。「裂開」と「裂け目」を接近させてみるのも一興であるが本書では扱わない。

（2）　同時代の思想家としてはニコライ・ハルトマンがいる。様相論を主題とした『可能性と現実性』は『寄与』執筆開始の一九三六年の出版である。

（3）　森一郎「『存在と時間』における死の実存論的概念について」（実存思想協会編『実存と宗教　実存思想論集VII』以文社、一九九二年所収）を参照。

（4）　例えば次のような箇所がある。「拒み（存在の本質活動）は、可能なものとしての最高の可能なものの最高の現実性であり、したがって第一の必然性である……」（244）。

（5）　辻村公一氏は、亀裂（Zerklüfung）は広義におけるオントローギッシュな差別ではなく真有それ自身の内における裂け目であり、例えば「有と無」、「現在と不在」、「開けと覆蔵」、「贈与と拒絶」、「性起と非性起」、「真理と非真理」というような「亀裂」である、としている。辻村公一『ハイデッガーの思索』創文社、一九九一年、一九六頁を参照。また小柳美代子氏は、亀裂に「複合した二極的構造」があると言って、「性起による人間への「（存在）の贈与と拒絶」という二極構造」（例えば「目配せと棄却性」「近さと遠さ」「真理と非真理」「非覆蔵性と覆蔵性」の二極的構造の根源）と、さらにこの構造の根底に「真存在・性起自身の二極的構造」（「真存在か非存在か」「存在と無」「性起と脱性起」「現前と不現前」）があると解釈している。小柳美代子「存在の亀裂——ハイデッガーにおける真存在の「亀裂」（Zerklüfung）を巡る問題性」（日本哲学会編『哲学』第四一号、一九九一年所収）を参照。だが筆者は、『寄与』において、小柳氏の解釈するような二極構造の複合性を読み取ることはできなかった。

（6） もちろん『寄与』でも可能性が強調される場面もある。「存在は可能性である」（475）。

（7） これは『存在と時間』の第一節で言われる「存在の問いを表立って反復することの必然性」（SZ, 2）をさらに反復するものであろう。

（8） Nietzsche, *Also sprach Zarathustra*, in: Nietzsche Werke Kritische Gesamtausgabe 6. Abteilung 1. Band, hrsg. von Giorio Colli und Mazzino Montinari, Berlin: Walter de Gruyter 1963, S. 95.

（9） この《必然性》を別様に解釈することもできよう。それは、容易に頭に浮かぶことだが、『存在と時間』で分析される死の「確実性」に引きつけて、死の《必然性》として、より正確には、可死的であらざるをえないという必然性として解釈する可能性である。例えばP－L・コリアンドは「必然性への着目は第一次的には死の実存論的な確実性の契機を展開している」と解している。Vgl. Paola-Ludovica Coriando, *Der letzte Gott als Anfang. Zur ab-gründigen Zeit-Räumlichkeit des Übergangs in Heideggers »Beiträgen zur Philosophie*（*Vom Ereignis*）«, München: Wilhelm Fink 1998, S. 130. しかし死が「存在の証し」であることの連関づけを考えようとするならば、ここでの《必然性》も本章でとった解釈の方がふさわしいと考える。

（10） 「144：存在と根源的闘争」（264f.）を参照。

（11） ハイデガー『「ヒューマニズム」について』渡邊二郎訳（ちくま学芸文庫）一九九七年、（二）個別的訳注（37）、二三五頁を参照。

（12） 「IV 跳躍」には、Leben と題された節が二つある。「153：生」「154：《生》」の節を参照。そこでは、「生物学」の対象として「生きもの」を捉えることに対して釘をさし、「暗黒（Erdunkelung）」とか「無世界性（Weltlosigkeit）」といった言葉で考え直す可能性を断片的に示している。

第9章　根拠づけの性格

1　「超越論的」思考の放棄

いわゆる「転回」問題として論じられる、ハイデガー哲学の変貌について、しばしば「超越論的」思考の放棄ということが、そのメルクマールとして指摘されてきた。[1]『存在と時間』が目標に掲げたのは、存在了解を可能にする超越論的地平として時間を学的に解釈することであった。そしてその時間たるや、畢竟現存在という人間の存在の意味である時間性から説明されるべきものであった。その作業は、従来の「超越論的哲学」のように、ハイデガーの批判すべきはずの「主観主義」の傾向、ひいては「人間中心主義」の傾向をはらむと見なされる。そこで『存在と時間』の問題設定は打ち棄てられ、新たに「存在の真理を端的に語る試み」（GA 9, 313, Randbemerkung a.）が、一九三六年から始められたという。ともかくも、「超越論的」思考がハイデガー哲学の変貌のトピックになる点は、大方のハイデガー研究者の間で、アクセントの置き方など多少の差異はあれ、一致していることである。

言語遂行論の立場に立つK - O・アーペルは、ハイデガーの問題設定には「超越論的哲学の変換（Transformation）」が始めから計画されていたのであり、彼の思索の深まるにつれ一層ラディカルな「脱 - 超越論化」という事態にいたったと見る。[2] しかもこの「脱 - 超越論化」言い換えれば「歴史化」ということが、今日のハイデガーの影響作用史の中心をなしており、フランスの「ポストモダニズム」のみならず、R・ローティに代表される英米圏の「ネオプラグマティズム」において広範囲に受容され、現代の思潮を作っていると、アーペルは言う。もちろんこうした思潮に抗して、アーペルは、古典的な超越論的哲学の「超越論的主観主義」に取って代わる「理想的コミュニケーション共同体」を、統制的理念として掲げ、「超越論的」思考の再生をはかるのである。

こうなると、「超越論的」思考の放棄という問題は、単なる一哲学者の思想の変更という問題にとどまらない、現代の思想状況にかかわるテーマになる。あえて単純化して捉えるなら、「超越論的哲学対解釈学的哲学」という問題構図（もちろん事態はこう単純ではない）が議論として浮かび上がってくると言えよう。

本章は、現代の思想状況におけるこうした問題構図を睨みながら、ハイデガー哲学の「超越論的」思考の放棄にかかわる、一つの問題を論究したいと思う。それは、『寄与』における「根拠づけ（Gründung）」という思索を解明する作業である。「V　根拠づけ」は最も分量の多い接合肢である。この「根拠づけ」とはいかなる思考なのか。これが本章のテーマである。

一般に我々は、「根拠づけ」という言葉に「超越論的」思考の響きを聞き取るかもしれない。超越論的哲学の代表者と言うべきカントは、「超越論的」という概念に次のような有名な定義を与えている。「私は、対象一般にではなく、対象を我々が認識する仕方、しかもこの認識の仕方がアプリオリに可能であるはずであるかぎりにおいて、関与する一切の認識を、超越論的と名づける」[3]。ミッテルシュトラースは、この定義の内に「超越論的」思考のすべての本質的要素が取り集められているとして、〈アプリオリな知〉、〈「認識の可能性の条件」という定式〉、〈認識主観の特徴づけ〉という要素を指摘し、最後に「間接的に」と言いながら、〈「基礎づけ（Begründung）」および「基底づけ（Fundierung）」という観点〉を挙げている[4]。「基礎づけ」は、フッサールも『論理学研究』などで学問の基礎づけとして大いに問題にしているし、現代の超越論的哲学を標榜するH・クリングス、アーペル、W・クールマンも、「学問の究極的基礎づけ」を目指していることは言うまでもないであろう。

さてハイデガーは、カント以降の超越論的哲学の立場からすれば著しく拡張された意味で「超越論的」概念を用いている。『存在と時間』では、存在は類よりも高次なものとして「端的な超越者（das transcendens schlechthin）」（SZ, 38）であり、存在を超越者として開示することが「超越論的認識」（SZ, 38）と定義される。だがここでの存在の「意味」を問うことは、存在することを可能にするという「可能性の条件」を問うことにほかならず、「基礎存在論」はこうした「意味」という「根拠」によって存在論を基礎づけると言ってよい。O・ペゲラーは、基礎存在論の思索の内に「根拠づけ‐ようと意欲すること（ein Gründen-Wollen）」という性格を見て取り、「根拠づけ‐ようと意欲することが、存在の真理の時間的性格を深淵性とを偽装するがゆえに、ハイデガーは、彼が『存在と時間』第三篇で遂行しようとしたような差異の細分化と、或る差異を別の差異の内で根拠づけることを〔中略〕放棄する」[5]と解釈する。ペゲラーは、まさにこの「根拠づけ‐ようと意欲すること」を『存在と時間』の思索の躓きの石と考えるのである。

では『寄与』の「根拠づけ」は、「根拠づけ‐ようと意欲する」思考なのであろうか。もしそうだとすれば、『寄与』はまだ十分形而上学的思考から脱却していない面を残すことになる。もしそうでないとすれば、「根拠づけ」とは一体いかなる思考になるのか。実のところ、『寄与』が公刊に先立っていち早く活用されているこのペゲラーの書には、『寄与』の「根拠づけ」に関する立ち入った説明はないのである。以下において、『寄与』の叙述（とくに「V 根拠づけ」の「(a) 現‐存在と存在企投」と「(b) 現‐存在」を中心に）に即して「根拠づけ」の思考の性格を捉えようと思う。

2 「現‐存在」概念

一体「根拠づけ」とは何を根拠づけることなのか。「I 予見」では、『寄与』の概要についてこう説明されている。

「言われることは、存在棄却という困窮の中での存在の《鳴り響き》に基づいて、最初の原初と別の原初との相互の《投げ渡し》において、存在の真理を《根拠づけ》るべく存在の内へと《跳躍》するために、《最後の神》の《将来的な者たち》を準備することとして、問われ、思索される」(7)。ここからまず第一に、「根拠づけ」とは「存在の真理」を根拠づけることだということが分かる。「根拠づけ」の接合肢は、大まかに真理論と言ってよい。だが「I予見」などでは「存在の真理の根拠づけ」という言い方よりも、それ以上に「現‐存在の根拠づけ」という言い方が頻出する。そこで「現‐存在」という概念を押さえることが肝要となる。

『寄与』において現‐存在は、『存在と時間』のように《人間という存在者＝現存在》というふうな図式で読むことはできない。ハイデガー自身、「現‐存在は、『存在と時間』においてはまだ、《人間学的なもの》、《主観主義的なもの》、《個人主義的なもの》等々の外観の内にある」(295)と言っている。ここでは「現‐存在(Da-sein)」とハイフンが入れられているように、存在者というよりも存在が、そして存在の真理が開示される場としての現が、強調されることになる。

ハイデガーは、形而上学における「現存在」概念と、別の原初における「現‐存在」概念とを区別して論じる。形而上学において「現存在」とは、「存在者が現実的に存在者的に在ることの仕方」を指す名前であり、「事物的存在」というほどのことを意味しており、「現前性」のことである(295)。形而上学の歴史において、この用法はあらゆる存在者に適用されて、「物的現存在」とか「動物的現存在」とか「人間的現存在」あるいは「時間的現存在」という言い方がなされる(296)。これに対し、ハイデガーの言う別の原初における「現‐存在」はこれとは全く異なる概念である。それは、それぞれの存在者の現実的な在り方のことではなく、ハイフンが入れられているように、「現の存在(das Sein des Da)」(296)である。だが現とは何か。現とは、「全体としての存在者そのものの開け」(296)であり、「一層根源的に思索されたアレーテイアの根拠」(296)である。そこで、現の存在とは次のような存在の仕方とされる。すなわち、「現を《存在する（ist）》（言わば能動的‐他動詞的に）ことによって、この際立った存在に応じて、そしてこの存在それ自身として、或る比類なき存在者であるような存在の仕方」（296）であると。さらに言い換えて、現‐存在とは、「おのれを秘匿するもの（存在の本質）をはじめて開示し、そのようにして存在それ自身の真理であるような開け（Offenheit）の本質活動である」（296）とも言う。このように、存在の真理は現という開け・場において開示されるのであるから、存在の真理の根拠づけは、まさにこうした場の存在を、つまり現‐存在を根拠づけることになるのである。だから現‐存在は、「存在の真理の根拠」（294）なのであり、「現‐存在という根拠に基づいてのみ、存在は真理にいたる」（293）と言われることになる。

ではこの「現‐存在」では人間が全くどうでもよくなるかというと、断じてそうではない。「現‐存在と人間とは、或る本質的な連関の内にある」（297）。これは幾分控え目な言い方であるが、この本質的な連関が、そしてこの本質的な連関における人間こそが、「根拠づけ」において、否それどころか、エアアイグニスを語ろうとする『寄与』の思索において、決定的に重要であると筆者は言いたい。

ハイデガーは、現‐存在が「将来の人間存在の可能性の根拠」（297）を意味すると言う。この「将来」というところに、移行的思索の側面が出ている。ハイデガーはここで「理性的な動物（animal rationale）」という形而上学的人間理解の崩壊を準備しようとしている。現‐存在という「この根拠（そしてこの根拠の根拠づけ）によって人間は根本から変化させられる」（294）のであり、「これまでの《人間》の崩壊は、存在の根源的真理に基づいてのみ可能である」（294）。では、現‐存在という根拠に基づいて変化した人間とはいかなる者か（ハイデガーは人間とは「何か」ではなく、「誰か」というふうに問う）。

それは次の三つの者とされる。①存在（エアアイグニス）の探究者、②存在の真理の保護者、③最後の神の立ち寄りの静けさの番人である。実はこの探究者、保護者、番人であることが、『寄与』では「気遣い（Sorge）」と言われるのである。この「気遣い」は、『存在と時間』で言われる現存在の存在構造としての気遣いとは異なる。『寄与』では「気遣い」とは、「ひとえに《存在のために（umwillen des Seyns）》」（16）気遣うことであり、「人間の存在ではなく、全体としての存在者の存在のために」（16）気遣うことだとされる。探究者、保護者、番人という在り方で存在を気遣う者が、将来の人間である。こうした人間の「可能性の根拠」が現‐存在と言われた。この「可能性の根拠」という言い方は、あくまで暫定的であり、一種の方便である。ハイデガー自身次のような注意書きを付けている。「ここで《可能性の根拠》とはなお形而上学的に語られているが、しかし深淵的で‐切実な帰属性から思索されている」（297）。

ハイデガーによると、形而上学は存在者の方から存在者性を問う。「超越論的」思考はまさにこの存在者性を求め、そこから存在者を基礎づける思考である。しかしこの存在者性は存在者からの抽象物にすぎず、存在（Seyn）そのものではない。この思考は存在そのものを問おうともしない。あくまで、この場合の「可能性の根拠」は、エアアイグニスという存在の活動から由来する力動的な根拠であり、深淵的な根拠という意味で理解すべきである。人間は、現‐存在という根拠に単に基づいているというだけでなく、際立たせられる。「……人間は存在の真理の番人として呼び求められ、そのようにして、或る際立った比類なき仕方で現‐存在に帰属している」（299）。人間は現‐存在によって比類ないものとなる。現‐存在は「人間を根底から‐根拠づける（unter-gründen）と同時に突出させるもの」（301）である。しかし、いかなる点で人間が比類なきものであると言えるのか。

3　企投と被投性の転回的性格

人間が比類なき者であるのは、何よりもまず、企投という在り方にある。「存在への企投」は「比類なきもの

(einzigartig)」(304) である。このことは、『存在と時間』で言えば、現存在が存在を了解することにほかならない。だが企投や了解を強調すると、通常の思考からすれば、「主観」および「知性」の優位ということを考えてしまう。また「存在」の方は「主観」によって構成されたり理解されるもの、というふうに考えがちである。ハイデガー自身、企投概念が表象作用の優勢によって隠蔽されることを承知している (326, 455)。だが彼の言うには、「存在了解 (Seinsverständnis) は、存在を《主観的》にするのでもなければ、《客観的》にするのでもない」のであって、それは、「あらゆる主観性を克服し、人間を存在の開けの中へと押しやり、人間を存在者 (そしてまずもって存在の真理) に晒されたものとして置くのである」(303)。ここで言われる「主観性の克服」は、単に概念の変更によるのではなく、企投自身の被投的性格を看取することによってであり、また被投性への思索を徹底化させることによる。

企投はあくまでも被投的な企投である。これは『存在と時間』以来周知の思想である。この思想は『寄与』にいたって一層深められ、強調される。『存在と時間』では企投は、そのときどきの世界の世界性である有意義性をめがけて、そして同様に現存在の目的であるものをめがけて、現存在の存在を企投することとされていた (SZ, 145)。それが今や、「人間がおのれを存在者〔の次元〕から〔中略〕解き放って存在の内へと投げること (daß der Mensch sich vom Seienden... loswirft in das Seyn)」(452) と言われる。では存在へとおのれを企投することによって何が開示されるのか。それはまさにおのれの被投性なのである。おのれを投げることにおいては、「おのれを投げることと投げる者との披投性が、深淵的に開示される」(304) のである。「投げる者が企投し、開けを開示することによって、その開示を通じて次のことが露呈される。すなわち、投げる者自身が被投されたものであり、その投げる者がすることたるや、まさに存在における対向振動 (Gegenschwung) を捕まえ、この対向振動へと、したがってエアアイグニスへと進入し、そのようにしてはじめて彼自身に、つまり被投的企投の保管者になること、このことである」(304)。このように、『寄与』で企投が被投的なものだと言われる所以は、情態性によって現存在の被投性が開示される点ではなく、企投自身が逆に企投を通して自らの被投性を開示する点にある。ここには企投と被投性との反転、「転回」があると言える。次の発言はそのことを端的に表現している。「被投的企投としての了解の内には、必然的に、現存在の根源に応じて、転回が存している。企投の投げる者は被投されたものである。だがこれは投げることにおいて、投げることによってそうなのである」(259)。この企投と被投性の反転は、人間と存在との転回的関係によって成り立つ。もっと言えば、この反転は人間と存在との転回的なかかわり合いと同じ事態である。『存在と時間』において、由来も分からずただ現事実性の事実とだけ考えられていた被投性は、エアアイグニスとしての存在に由来すると考えられる。「投げる者自身、つまり現‐存在は、被投され、存在によってエア‐アイグネンされ〔呼び求められ〕ている(er-eignet durch das Seyn)」(304)。

序論で述べたように、筆者は、様々に語られるエアアイグニスについて、人間と存在との呼応関係をその本質と考える。「存在は、それが本質活動するためには人間を必要とする。そして人間は、彼が現‐存在としてのおのれの究極の使命を遂行せんがために、存在に帰属する」(251)。「必要とすることと帰属することとの対向振動が、エアアイグニスとしての存在をなす」(251)。この対向振動を「転回」と見てよい。したがってエアアイグニスとは「呼びかけと帰属性との間にある転回の振動」(380) にほかならない。企投と被投性の反転運動は、この「エアアイグニスにおける転回」(34)、存在と現‐存在の「転回的な連関」(7) において生じているのであり、さらにこの「転回」がまさに『寄与』の「根拠づけ」の思考性格を特徴づけるのである。

4　根拠づけの諸相

『寄与』における「根拠づけ」に関して、何よりも特徴的なのは、それが「転回」的な性格を持つことである。

「エアアイグニスはそれ自身において現‐存在を根拠づける（I）
現‐存在はエアアイグニスを根拠づける（II）
根拠づけはここでは転回的である。I．担いつつ聳えわたりつつ、II．樹立しつつ企投しつつ」（261）。

現‐存在はエアアイグニスを根拠づけるが、根拠づける現‐存在自身はエアアイグニスによって根拠づけられる。この「転回」は、一種の「循環」であると言ってもよい。「循環」は通常の論理学からすれば「誤り」である。しかしながら周知のように、「循環」は、ハイデガー哲学にあっては、忌避されるべきものではなく積極的に肯定される。『存在と時間』においては、循環は「現存在それ自身の実存論的な予‐構造（Vor-Struktur）の表現」（SZ, 153）であり、「循環の内から抜け出ることではなく、循環の内に正しい仕方で入り込むこと」（SZ, 153）が肝要であるとされた。そこでは、そもそも「演繹的な基礎づけ（eine ableitende Begründung）」が問題なのではなく、「根拠を示しつつ露呈させること（aufwesende Grund-Freilegung）」が問題であった（SZ, 8）。ハイデガーは、「あらかじめ前提される存在一般」と「現存在の了解、解釈」との「循環」という思想をさらに徹底させ、それによって「存在」と「人間」との「転回的かかわり」を明示し、「根拠づけ」の転回性を言うのではなかろうか。(6)『存在と時間』や『根拠の本質について』はまだこの点が十分に思索されておらず、存在の側が根拠づけるという観点が明瞭に出てこない。『寄与』にいたって「根拠づけ」は、いよいよ一方的ではない循環的なものとなる。だがいずれにしても、このような「転回」的性格は、「演繹的基礎づけ」においてはあってはならないことであり、もし生じた場合には、それぞれの根拠を別のものとして区別して考える必要がある（例えば「存在根拠」と「認識根拠」というふうに）。まさに、この「転回」を高らかに正面から語るところに、『寄与』の「根拠づけ」の特徴、超越論的基礎づけと異なる点があると言える。

「根拠づけ」は「転回」的なものであるから、それは両義的であるとされる。まず一に、「根拠が根拠づけ、根拠として本質活動する（Der Grund gründet, west als Grund）」（307）という面が挙げられる。これは「根拠の根源的な根拠づけ」（307）であり、それは「存在の真理の本質活動」（307）と言われる。したがってエアアイグニスとしての存在の側の根拠づけと見てよい。次いで二として、「この根拠づける根拠は、そのようなものとして、獲得され、引き受けられる」（307）とされる。これは人間の側からする根拠づけと言ってよい。この根拠づけをハイデガーは「根拠究明（Er-gründung）」と名づけ、これをさらに次のaとbの二つの意味に分ける。「a根拠を根拠づけるものとして本質活動させる（den Grund als gründenden wesen lassen）、b根拠としての根拠の上に建てる、或ものを根拠の上にもたらす（auf ihn als Grund bauen, etwas auf Grund bringen）」（307）。そして、「根拠づけ」という標題で差し当たって考えられるのは、二の「根拠究明」の方であると言い、だがそれゆえに一の根拠づけに関連しているだけでなく、一の根拠づけによって規定されているとも言う（307）。まさに人間の側の根拠づけを通して、存在の側の根拠づけが翻って知られるとでも言うかのようである。

ハイデガーによる「根拠づけ」そのものについての説明は極めて少ないのだが、この思索の独自性を可能なかぎり浮き彫りにしたい。

まず「根拠づけ」という言葉から通常の意味で理解しやすいのは、根拠究明のb「根拠としての根拠の上に建てる、或るものを根拠の上にもたらす」ということであろう。何かを根拠づけるとは、何かを根拠の上に置いて建設するという意味を普通考える。しかし注意しなければならないのは、この場合の根拠は確固たる根拠ではなく、「深‐淵（Ab-grund）」という根拠であるということである。「根拠は深‐淵として根拠づけの働きをなす」（29）。この深‐淵とは、「根拠が現れないこと（das Weg-bleiben des Grundes）」（379）であり、「拒絶するという仕方で根拠がおのれを秘匿すること」（379）である。だが拒絶は、「何もないということではなく、満たされておらず空のままになっていることの際立った根源的仕方であり、したがって開示の際立った仕方」（379）だと言われる。つまり、拒絶するという仕方で、現‐存在を示すという「目配せ（Wink）」（380）をなすのであり、それが「転回の振動（Schwingung）」（380）にほかならない。してみれば、深‐淵は根拠が脱落しているという意味ではネガティヴであるが、しかしそのネガティヴな性格がかえって、はるかな隔たりはあるとはいえ、存在の真理を指し示すポジティヴな働きをなすのである。その意味で深‐淵は、「秘匿のための明るみ（die Lichtung für Verbergung）」（350）と言われる。深‐淵はあらゆる根拠に対して否（Nein）と言うのではなく、根拠の秘匿された広がりと隔たりの中で根拠に対して然り（Ja）と言う（387）。しかしまさにこの深‐淵に対して、徹底してネガティヴな根拠があるのであって、それは「没‐根拠（Un-grund）」と呼ばれる。「深淵は没‐根拠によって完全に偽装される」（380）。この没‐根拠は、深‐淵という明るみを偽装し、「迷い（Irre）」（347）という「真理の無秩序な在り方（Unwesen）」（347）に導く、そうした根拠と考えられる。ともかくも、以上のことから明らかなように、根拠究明のbの在り方は、確固たる根拠の上に建設する体系的建築術とは無縁のものである。存在の根拠は、「不動の根拠（fundamentum inconcussum）」ではなく、「揺れ動く根拠（fundamentum concussum）」（SD, 34）である。また、「建てる」ということも、後年の著作で知られているように、本来的には「住まう（Wohnen）」（VA, 142）ことである点を想起して理解すべきであろう。

しかし体系的な基礎づけと鋭く異なるのは、何と言っても、根拠究明のaの方である。これについては、「根拠を根拠づけるものとして本質活動させる」という場合の、「させる（lassen）」という語に注目したい。ハイデガーの思索におけるこの語の重要性は、何度となく触れられてきた。Lassenは、使役の意味ではなく、「放擲する（ablassen）」「放免する（weglassen）」、あるいは「許容する（zulassen）」、「与える（geben）」といった意味で使われる（SD, 40）。E・ケッテリングによれば、この語は「〈表象する〉〈措定する〉〈構成する〉といった形而上学的‐超越論的概念に対するハイデガーの対立概念である」[7]。そして、『真理の本質について』以来主題的に論じられる「存在‐させること」としての思考は、「表象しつつ‐基礎づける主観思考の放‐擲（Ab-lassen）」[8]であると同時に、存在者を「その無傷の固有性において許容すること（Zu-lassen）[9]」と解釈される。『寄与』の「根拠づけ」には詳細な説明は見当たらないのだが、このような理解からすれば、「根拠を本質活動させる（Grund wesen lassen）」というのは、根拠－づけようと意欲する主観を捨て去り、揺れ動く根拠をそのものとして見据え、引き受けるといった在り方であり、存在の側に根拠づけに呼応する人間の根拠づけの仕方である。ケッテリングも言うように、学的な概念は、必然的に余分なものを切り捨てる単純化を伴うがゆえに、「ある種の暴行[10]」である。法則、一般性からこぼれ落ちる事柄を捉えるためには、まさに lassen という態度が必要なのではないか。

必然的法則からこぼれ落ちるものは、普通「偶然」という烙印を押されるのだが、しかしハイデガーは、存在の思索においては別の必然性を見て取る。根拠づけは、歴史の最も内的な困窮（存在棄却）とそこから発現する必然性（根本の問い）とに従う（sich fügen）ことを意味する（310）。まさに、存在の歴史の接合肢・摂理（Fügung）に従う従順さ（Fügsamkeit）（309）が主張され、「存在棄却の困窮を耐えぬくこと（Ausstehen）」（309）が必要とされる。つまりある種の〈忍耐力〉が要求される。根拠究明は、明るみを切実に「耐えうること（Ertragsamkeit）」（298）であり、「現－存在を持ちこたえることによって（durch das Beständnis des Da-seins）根拠たらしめる」（307）ことである。そしてこの〈忍耐力〉は、「控え目」という根本気分に支えられている[11]。根拠づけの思考は、それが根本気分に気分づけられることによって遂行される面からも、理性を重視する超越論的思考と決定的に異なると言える。

5　自己の本質

では根拠づけは、ただただ自己を殺して存在に身を捧げるだけのことなのかというと、決してそうではない。ハイデガーは根拠づけによって、人間ははじめて自己になるのだと言うのである。

通常「自己」は、まず、自我の「おのれ（sich）」への連関において把握され、ついで、この連関が表象する連関として解される。そして最後には、表象するものと表象されるものとの自同性が「自己」の本質と把握される（319）。しかしながら、自己は事物的な人間の属性ではないゆえ、このような方途では自己の本質は決して獲得されない、とハイデガーは言う（319）。彼によると、「自己性は現‐存在の本質活動として現‐存在の根源から発現する」（319）。要するに自己の本質は現‐存在にあるわけである。

だがハイデガーの自己性に関する説明は複雑であり、また多義的である、彼は eigen という語を活かして説明する。「自己の根源は固有‐領域（Eigen-tum）である」（319f.）。「現‐存在が、エアアイグニスに帰属するものとしておのれに捧げられる（zu-geeignet）かぎり、現‐存在はおのれ自身にいたる」（320）。だが現‐存在がおのれに捧げられるだけでは不十分であって、この捧げること（Zu-eignung）が「同時にエアアイグニスへと委ねること（Über-eignung）になることによって、はじめておのれ自身にいたる」（320）とされる。固有‐領域は、「それ自身において接合された捧げられることと委ねることとの生起である」（320）。この固有‐領域は、ほとんどエアアイグニスの働きと言ってよい。固有‐領域は、「エアアイグニスにおける固有化の支配（die Herrschaft der Eignung im Ereignis）」（320）のことである。自己は、はじめから動かないものとしてあるのではなく、エアアイグニスの活動に基づいて、存在の呼びかけとそれに対応して人間がおのれを委ねる過程を通して、獲得され本来固有のものとなるのであり、そしてこの過程が現‐存在の根拠づけの内実にほかならないと見てよいであろう。意識する自我の意のままにならず行き届かないところ、ここにおいて存在の活動が開示されるのだが、この深‐淵としての現‐存在を引き受け耐えぬくという仕方で根拠づけること、これが現‐存在になることであり自己自身になることである。その意味では現‐存在の根拠づけは「自己自身になる」プロセスにほかならず、自己省察の最もラディカルなものだと言えまいか。

以上見てきたように、『寄与』における「根拠づけ」とは、存在の真理が開示される現‐存在を根拠づけることとして、根拠づける者が根拠づけられているという転回において成立する。そして、人間の側からする根拠究明も、深‐淵としての根拠を lassen の働きによって見据えようとする作業である。しかもそれは、対象的に見るというのではなく、自己の根拠である現‐存在を引き受け耐えぬき、自己自身になるという仕方で遂行する試みである。一見すると「超越論的」思考を匂わせる「根拠づけ」という語の内実は、「超越論的」思考の基礎づけに厳しく対立するものなのである。

（1）《超越論的‐地平的な問いの軌道から存在史的な問いの軌道へ》というフォン・ヘルマンの解釈は、その代表例と言えよう。Vgl. Friedrich-Wilhelm von Herrmann, *Wege ins Ereignis. Zu Heideggers »Beiträgen zur Philosophie«*, Frankfurt: Vittorio Klostermann 1994, S. 17. ただしフォン・ヘルマンはこの変化が「内在的変化」であることを強調している。

（2）Vgl. Karl-Otto Apel, Sinnkonstitution und Geltungsrechtfertigung. Heidegger und das Problem der Transzendentalphilosophie in: *Martin Heidegger: Innen- und Außenansichten*, hrsg. vom Forum für Philosophie Bad Homburg, Frankfurt: Suhrkamp 1991.

（3）Kant, *Kritik der reinen Vernunft*, B. S. 25.

（4）Jürgen Mittelstraß, Über „transzendental", in: *Bedingungen der Möglichkeit*, hrsg. von Eva Schaper und Wilhelm Vossenkuhl, Stuttgart: Klett Cotta 1984, S. 162.（安彦一恵・嶺秀樹訳『超越論哲学と分析哲学』竹市明弘編、産業図書、三二四頁。ただし Begründung の訳は「基礎づけ」に変更した。）

（5）Otto Pöggeler, *Der Denkweg Martin Heideggers*, Pfullingen: Günther Neske 1963, S. 160.（大橋良介・溝口宏平訳『ハイデッガーの根本問題――ハイデッガーの思惟の道』晃洋書房、一九四頁を参照。ただし訳文は拙訳によるため訳書とは一部異なる。）

（6）ハイデガーは「エアアイグニスにおいて本質活動する転回」に解釈学的循環の「秘匿された根拠」（407）があると考えているが、これは示唆にとどまっている。

（7）Emil Kettering, *NÄHE. Das Denken Martin Heideggers*, Pfullingen: Günther Neske 1987, S. 160.（川原栄峰監訳『近さ――ハイデッガーの思惟』理想社、一五一頁。ただし begründen の訳は「基礎づけ」に変更した。）

（8）Kettering, a. a. O., S. 161.（同書、一五三頁）

（9）Kettering, a. a. O., S. 162.（同書、一五四頁）

（10）Kettering, a. a. O., S. 161f.（同書、一五三頁）

(11) この「控え目」という気分については、本書第2章を参照。

第10章　真理の本質

1　ハイデガー批判

ハイデガーの真理論をめぐる議論は、おそらくケーレ論議やナチズム論議に次ぐと言えるほどの活況を呈してきた。ケーレ論議はどちらかと言えば「内在的な」議論という性格が強く、ナチズム論議は「外在的」議論という性格が強かったが、真理論の論争は外在的な立場と内在的な立場が交錯、ないしは抗争するような性格を持つと言える（もっともこれらの議論はしばしば互いにリンクさせられる）。ここでは論争を詳細に追うことはせず、代表的な四人の見解を一瞥し、議論のポイントを押さえよう。

ハイデガーの真理論に対する批判は、E・トゥーゲントハットの論考がその嚆矢となる。[1] トゥーゲントハットの基本的な主張を纏めれば次のようになろう。ハイデガーは真理を開示性（非秘匿性）として捉えるが、これは真理概念の拡張であると同時に種別的真理概念の放棄を意味する。「ハイデガーはより広くより根源的な真理概念があることを示したいのであろうが、一つの真理規定の正当性（Richtigkeit）は、差し当たって、最も馴染みで一般的に承認されている真理の意味に即して証示されなければならない。一つの真理概念が陳述の真理に適合することが、最低条件であって、そもそも真理概念であろうとするならば、この条件を満たさねばならない」。[2] 後期思想で考えられるような開示性の遊動空間、つまり存在の明るみは、真理の避難所にならざるをえなかった。[3] 非秘匿性は、非秘匿性にとって必要な尺度という統制的理念を真理の問いから完全に取り去ってしまう。[4]「種別的真理概念の放棄は、ついには哲学の自己放棄にいたらざるをえなかった」[5]と。このように、彼の批判は極めて厳しいものである。と同時に、伝統的な哲学の立場からする、ハイデガーの真理論に対する一般的なリアクションを代表していると言えよう。

C・F・ゲートマンは、トゥーゲントハットのハイデガー批判の主要点について丹念な反論を行う。その論点は、ハイデガーの真理論が超越論的‐存在論的条件のレベルを問題にしていることを正確に把握すべきだ、ということに集約される。「陳述真理をそのアプリオリな条件としての超越論的‐存在論的真理へとこのように連れ戻すことによって、ハイデガーは決して真理概念を識別不能（Unkenntlichkeit）へと拡張するのではなく、超越論的な（Transzendentalienlehre という意味での）存在属性としての真理についての古典的教説を、近代的超越論的問題設定へと取り入れるのである」[6]。ハイデガーがこのような基本姿勢をとっているにもかかわらず、トゥーゲントハットは〈種別的な真理〉に無批判的に定位しており、それによってトゥーゲントハットは、陳述真理の存在論的条件を規定するハイデガーの意図を捉え損なっている、[7]とその反論の仕方は明解かつ適切である。しかしそのゲートマンも、ハイデガーの真理の考えからは批判的意識の理念が放棄されてしまうというトゥーゲントハットの批判には賛成する。超越論的問題設定を強調するゲートマンには、ハイデガーの後期の著作は、やはりトゥーゲントハットの指摘するような〈前批判的直接性〉という印象を呼び起こすものであり、また、ハイデガー哲学の本来的に批判的なポテンシャルが『存在と時間』の方にあるという点で、ゲートマンはトゥーゲントハットに同意するのである。

K‐O・アーペルは、陳述の真理と開示性の真理との次元の違いそのものに懐疑的である。彼によれば、陳述‐真理の場合においてのみ、主観的な審級と客観的な審級との《差異》が存しているのであって、ハイデガーの語るような《明るみ》においては、この主観‐客観の差異が欠けており、したがって直接的な正当化の可能性が欠けていると言う。「こうして真理は、それが意味‐《明るみ》と同一視される場合には、もはや責任を負わない《運命

（Geschick）》の事柄として現れうることになる」[8]。その上アーペルは、「非秘匿性への問いは真理への問いではない」という、講演「哲学の終わりと思索の課題」でのハイデガーの発言が、トゥーゲントハットの批判を受けたことによるとしている。

このアーペルの解釈に反論を行うのはO・ペゲラーである。彼は、トゥーゲントハットとハイデガーの両著作の発表年代を挙げ、講演「哲学の終わりと思索の課題」が先行している事実を指摘した上で次のように言う。「アーペルの解釈は、ハイデガーが現実的に遂行した思索の歩みをその全く反対の方へ転倒させる。ハイデガーが真理と意味‐開示もしくは意味‐明るみとを同一視することで真理を《運命》の事柄にしてしまったと、アーペルとともに言うことは間違ってもいるのである。ハイデガーが三〇年代にこの方向へ歩みを進めたとき、ハイデガーは彼の本来的な後期作品においてゲシックを、シックザールの方から了解するのではもはやなく、《調停する》接合構造において区別される、存在の開けの仕方として了解するのであって、この仕方は或る異なった概念性を要求する」[9]。

以上の議論から分かるように、真理論の評価はハイデガー哲学全体に対する評価の試金石のようにもなっている（それはとくにアーペルとペゲラーの違いに現れている）。真理という概念が哲学の根本概念であるだけに、評価の違いはまさに哲学観の違いを表わすと言ってもよいだろう。ハイデガーの真理論に向けられる批判として注目されるポイントは、①ハイデガーの真理論が伝統的真理観から著しく乖離していること、②それは同時に真理概念の持つ批判的機能を失っていること、③そしてとくに後期思想における真理論に対しては極めて低い評価がなされること、である（トゥーゲントハットに反論するゲートマンでさえも②と③を主張する）。

本章は、『寄与』において「存在の真理の根拠づけ」と言われる場合の「存在の真理」を主題とするが、それは伝統的真理概念からいよいよかけ離れ、批判的機能を失うかに見える後期の真理論を問題にすることになる。『寄与』では真理の問いは、存在への「先行的問い（Vorfrage）」にして「根本の問い（Grundfrage）」と言われる（345, 348）。

「存在の真理」こそが『寄与』の思索の目指す事柄なのである。そこで本章では、『寄与』の「V　根拠づけ」（とりわけ「(c)真理の本質」）を中心に、後期ハイデガーによる真理論の形成と展開がどのようになされ、またそれによって獲得される展望がいかなるものになるかを明らかにしたい。

2　真理論の展開と『寄与』の特徴

言うまでもないが、『寄与』の真理論は、そこまでの思索の積み重ねの上に成り立っている。そこで今、簡単に彼の真理論の展開を振り返り、その上で『寄与』の真理論の特徴を押さえてみよう。

『存在と時間』では、伝統的真理理解である「知性と事物の一致」を成立させる存在論的根拠が問題とされる。この「一致」という真理理解では真理とは陳述の真理であるのだが、陳述が真であることは、露呈しつつあることである。つまり露呈するという仕方で存在者にかかわる現存在の在り方が、第一次的に真と呼ばれなければならない。さらに、世界内部的存在者を露呈することは、現存在の開示性が前提されねばならない。ハイデガーは、この開示性をより根源的な真理と捉える。そして、おのれの最も固有な存在しうることに基づいておのれを了解する本来的開示性を、とくに「実存の真理」と呼ぶ。しかし一方で、現存在の存在体制には頽落が属しているため、露呈されたものが偽装され閉鎖されるという事態が本質的にある。そこで現存在は等根源的に真理と非真理との内で存在すると捉えられる。このように、〈陳述の真理〉↑〈世界内部的存在者の露呈〉↑〈開示性〉という基礎づけ連関を考察するのが『存在と時間』の議論である。

『真理の本質について』も、「一致」の成立根拠を探るという方向で探究がなされる。陳述は事物をそのようにあるように（so-wie）表象する。表象するとは事物を対象として対立させることであるが、これは「開けて立つかかわり

(das offenständige Verhalten)」あるいは「かかわりの開立性(Offenständigkeit des Verhalten)」(GA 9, 185) に基づいて成立する。このかかわりの開立性は自由に基づくのであり、真理の本質は自由である。この自由は、通常の意味での自由ではなく、存在者を存在させること、存在者そのものの顕現の内へとおのれを放ち入れることであって、脱‐存的に存在すること、実‐存(Ek-sistenz)という人間の存在の在り方にほかならない。したがって、ここでも「一致」の成立根拠を人間存在に求めるという意味では『存在と時間』と同様の探究方向である。ただし、自由や実‐存の捉え方は『存在と時間』よりも主観主義的性格を払拭しているし、さらに、「非真理」が「秘匿」と「迷い」という二種類に区別されて洞察されている。

ところで『真理の本質について』に付けられた注記(最終節)の「真理の本質は本質の真理である」(GA 9, 201) という命題(これは一九四九年の第二版になって付けられたのだが)は、ハイデガーの真理論の展開ないしは深化を特徴づける。同主旨の表現が『寄与』にも出てくるが(288)、この命題の説明が与えられるのは、『哲学の根本的問い』(一九三七/三八年冬学期講義)においてである。真理の本質とは何かという問いを突き詰めてゆくならば、真理の本質という場合のその「本質」とはどのように理解されるのか、という問いが出てこざるをえない。それは、「本質は実のところ(in Wahrheit)何か」という問い(本質の真理への問い)である(GA 45, 47, 56, 95)。「真理の本質」と「本質の真理」とを転回的に問うのが『寄与』の思想圏の特徴である。

『真理についてのプラトンの教説』はプラトンの『国家篇』の「洞窟の比喩」を解釈しながら、アレーテイアとしての真理の歴史的動向を看取しようとする。この論考全体が真理についての歴史的省察となっている(これは一九三一/三二年の冬学期講義『真理の本質について 全集第三四巻』がもとになっている)。この論考の最後で次のように語られる。「まずもって、アレーテイアの《欠如的》本質における《積極的なもの》を評価することが必要である。まずもって、この積極的なものが存在それ自身の根本動向として経験されるべきである」(GA 9, 238)。まさにこの路線を押し進めるのが、『寄与』の真理論であろう。『寄与』では秘匿（Verbergen, Verbergung）が秘匿として露わになる場面を思索しようとする。それはアレーテイア概念を歴史的省察によって批判しながら、それを手がかりに真理の本質を逆転的に思索するという探究の方向性である。

『寄与』では、これまでの自らの真理探究――とくに『存在と時間』と『真理の本質について』――が反省され、自己批判がなされる。「正当性への省察の道、正当性の可能性の根拠への省察の道も、それゆえ、実際直ちに信服させるに足るものではない（一九三〇年の真理講演を参照）。なぜなら、人は人間事物（主観－人格等）の表象から離れないからであり、すべてが人間の《諸体験》としてのみ、そして諸体験はこれはこれで人間における事件としてのみ、適当に解釈されるからである」（340）。正当性の可能性の根拠を人間存在に求めてゆくこれまでの方途は、主観性の思考から離れることができないと言っている。また次のようにも述べている。「『存在と時間』およびそれに続く著作におけるこれまでの試みは、真理のこの本質を、表－象と陳述の正当性に対抗して、現－存在の根拠として貫徹することを試みてきたのだが、それは不十分のままであらざるをえなかった。なぜならそれらは、依然として防御（Abwehr）の方から実行され、したがってつねに敵を照準点として持ち、そのようにして、真理の本質を根本・根拠から、本質自身がそれとして本質活動する根拠から知ることを不可能にしてしまうからである」（351）。このようにこれまでの探究は、正当性という真理理解に対抗するようなやり方であり、それでは不十分であると言う。そして、真理の本質をその根拠、すなわち動詞的な本質から洞察するためには、これまでのものから一歩一歩進むのでは失敗してしまうのであって、跳躍的に存在の真理を語ることが必要であるという旨が語られる（351f.）。

以上の点をふまえて『寄与』での探究の方向ないしは特徴を述べる。①『寄与』の思索は、秘匿という真理の根本現象に集中される。②ということは、実存の真理より根源的な真理の把握と言ってもよい。真理を存在者の真理としてではなく、どこまでも存在の真理として徹底して思索することを意味しよう。それは「真理の本質」と「本質の真理」を転回的に問うことを要求する。③さらに真理への問いは、（ハイデガーが再三強調することであるが）単なる理論的な考察ではなく、困窮に基づく問いである。「真理への問いの必然性は、存在棄却の困窮から発現する」（354）。これは通常の言葉で言えば、「歴史認識」を動機とする考察であると表現できる。④したがって『寄与』の真理論は、真理の〈存在論的根拠の探究〉と〈歴史的な省察〉とが（渾然）一体となったものとなる。

3 真理の本質の歴史

では真理の本質に対する歴史的省察の内容を検討する。真理への問いが歴史的省察として行われると言っても、真理の教説についての歴史学的報告が目論まれているのではない（359）。「真理の本質および真理の解釈条件の、どのような根本運動が、西洋の歴史を担ったのか、そして担うであろうか、これが問いである」（359）。

この歴史における二つの際立った根本態度が、プラトンとニーチェによって特徴づけられる（359）。まずプラトンは、アレーテイアの最後の輝きが陳述の真理への移行において明瞭になるような、そうした思索者として捉えられる。そしてニーチェの位置づけはこうである。彼のもとでは、一九世紀の実証主義的な変化において、西洋の伝統が集約されると同時に、《真理》が芸術との本質的な対立へと、したがって共属性へともたらされ、両者が存在者の本質（エッセンティア）としての「権力への意志」の根本様式として把握される。

まず、ここでのプラトン理解は『真理についてのプラトンの教説』がベースになっている。「アレーテイアはそれ自身《くびき》に繫がれる」（332）。「このようにしてアレーテイアはポース〔光〕になり、この光の方から解釈されるがゆえ、α-privatum〔αという欠性辞〕の性格も失われる。秘匿性（Verborgenheit）と秘匿（Verbergung）、その由来と根拠は問われなくなる。いわば非秘匿性の《実証的・積極的なもの》だけが、つまり自由に接近できるものと接近を与えるものだけが勘定に入れられるがゆえに、アレーテイアはこの観点でもその根源的な深みと深淵性を失う」(332)。明るさであるイデアは、くびき(ジュゴン)となる。このくびきとして把握される真理は、「正当性としての真理の前形式」(335)である。こうしてホモイオーシス(同等性)への歩みがなされる。しかし同時に「アレーテイア自身は一定の観点で解釈され、アレーテイアへの本来的問いかけが今や断たれる」(335)。しかもこのことは何もプラトンの哲学の恣意性に基づくのではなく、そもそもアレーテイアが真正にギリシア的につねに存在者の方から、そして存在者の恒常的現前性の方からだけ経験されたことに基づいた不可避の事態であると、ハイデガーは考える(335)。

こうして真理は、アレーテイア→正当性→確実性→妥当性と変転してゆく(334)。その中でも確実性としての真理に関しては纏まった節がある。この真理において問題とされるのは、ラティオ・理性である。ラティオは信仰(fides)と競いながら、おのれ自身を頼りとし、その結果ラティオ(表象作用)には「自己自身への連関性(die Bezogenheit auf sich selbst)」(336)だけが残される。「私が前へ‐立て表象する(ich-stelle-vor)というこの作用は、確実性(Gewißheit)であり、知として意識された知である」(336)。しかし「こうしてラティオは自己自身を自己自身の下に引き下げる」(336)。そして直ちに、理性はおのれ自身にとってより分かりやすいものとなり、分かりやすさ(Verständlichkeit)と分別性(Einsichtigkeit)が基準として採用される。この分別性は、妥当するものおよび妥当しうるものの、すなわち存在しつつあるものおよび存在しつつあると呼んでよいものの、基準となる。かくして、「存在自身は今やいよいよ分かりやすくなり、土着のものとなって、全く異他的なものではなくなる」(336)。存在の自明性と確実性としての真理の自明性は、今や限界を持たず、存在の忘れやすさ(Vergeßbarkeit)が原則になる(336)。

『寄与』での真理に関する歴史的省察においては、デカルト、ライプニッツ、カント、ドイツ観念論などの思想家について言及されるが、上述したように、プラトンと並んでニーチェに強く関心が向けられる。「最後に最も情熱的に《真理》を問うのは、ニーチェである。というのも、第一に、彼は《我々は真理を持っていない》(XI. 159)ということから出発するからであり、第二に、彼は真理とは何かを、いやそれどころか、真理はどんな価値があるのかと問うからである(VII. 471)」(361f.)。それにもかかわらず、「ニーチェは真理を根源的に問うてはいない。というのも、ニーチェは大抵この語でもってつねに《真なるもの》を考えているからである」(362)。このことはおそらく『ニーチェ講義』を援用してよければ、ニーチェの真理理解が「表象の正当性」という伝統的規定を自明のものとして前提しており、あくまでも存在者である《真なるもの》がつねに考えられている、という主旨であろう(N I, 511 ff.)。さらにハイデガーは、「《真理》についてのニーチェの省察において、ニーチェは自由な開けた場に到達することはない」(362)と言って批判の手を休めない。自由な開けた場に到達しない理由は、まず第一に、ニーチェが真理を《生》(《生物学的》-観念論的)へと、生の存立確保として、関係づけるからである。第二に、ニーチェは、まったく最古のプラトン的伝統の意味において、《存在》を《恒常的なもの》として把握するからである。第三に、この《生》の上に整えられ、伝統的存在概念の方から規定された真理の概念は、真理が思考と表象の規定であり帰結であるかぎり、受け継がれたものの軌道の内にあるからであると。したがって重要なのは、このようなニーチェとの対決を通して、真理をより根源的に問うことであり、言い換えれば、真理を生の条件として生へと取り込めるニーチェの教説でもって真理問題を解決されたと見なすのではなく、真理とは何か、生とは何かと問い進めることが必要であるとハイデガーは考えるのである。

4　自己秘匿のための明るみ(その1)

以上の歴史的省察をふまえるならば、単純にギリシアのアレーテイアの再生を目指せばよいと言うわけではなくなる。たしかに全体としてはプラトンに始まる真理の没落史のように見えるが、そうではない。ハイデガーは、アレーテイア自身に対して否定的見解を見せているのである。「ア‐レーテイアは、非秘匿性、非秘匿的なものそれ自身を意味する。すでにここに示されているのは、秘匿自身が取り除くべきもの（das zu Beseitigende）として、また取り除かれ（α-）ねばならないものとしてのみ経験されるということである」（350）。そうなると「問いかけは、秘匿とその根拠に向かわない」（350）。それゆえ「秘匿のための明るみとしての真理は、アレーテイアとは本質的に別の企投である」（350）とされる。「アレーテイアに対する単なる指示は、ここで根拠へと置かれた真理の本質を説明するためには、さほど役立たない。なぜなら、アレーテイアにおいて、まさしく顕現と秘匿の生起は経験されず根拠として把握されないからである。というのも、問いかけが、実のところピュシスの方から規定されたままだからである……」（351）。

　ハイデガーは真理（の本質）を「自己秘匿のための明るみ（Lichtung für das Sichverbergen）」として規定する。この規定は、あたかも自らに言い聞かせるように何度も繰り返される。『寄与』の真理論では、この規定が思索の中心となり主旋律になる。

　先に指摘したように、『寄与』の真理論は、実存の真理をさらにラディカルに問うものである。「真理は存在の根源的真理（エアアイグニス）である」（329）。存在の真理は存在者の真理ではない。思索はどこまでも存在の次元に徹するのであり、「真理がすべての存在者から完全に剝ぎ取られる（endgültig abgelöst von allem Seienden）」（329）ことが求められる。それがすなわち、真理の本質活動（Wesung）への問いを遂行することである。本質活動は存在から規定される。この根源的な本質をハイデガーは「自己秘匿の明るみ」（329）と捉える。「存在の真理」と言うとき、「存在」と「真理」は独特の連関、つまり転回的連関が成り立っている。「別の原初において、真理は存在の真理として認識され根拠づけられ、そして存在それ自身は真理の存在、すなわちそれ自身において転回的なエアアイグニスとして認識され根拠づけられる……」(185)。転回的連関は、一方が他方から演繹されたり説明されたりするのではなく、両者は相互に根拠づけ合う。真理は存在と同次元にあると言ってもよい。だからこそ、「真理は決して《ある》のではなく本質活動する」(342)と言われるのである。

ところで「真理とは自己秘匿のための明るみである」(346)と繰り返し語られるのだが、これについての説明は実は極めて乏しい。『哲学の根本的問い』(一九三七/三八年冬学期講義)の方に簡潔な説明を見出すことができる。「存在は単純にただ秘匿されているのではない――存在はおのれを脱去させておのれを秘匿しているのである」(GA 45, 210)。「存在者は明るみの中に存在しているのだが、この明るみは単純に秘匿されたものによって制限され囲まれるのではなく、自己秘匿するものによって制限され囲まれるのである」(GA 45, 210)。存在は外的な何ものかによって秘匿されるのではなく、おのれ自らを秘匿するのである。それゆえ自己秘匿という規定は、「存在自身の第一の本質的な特徴」(GA 45, 210)なのである。存在は、存在者の方から見るならば、存在者のようには現れない。むしろ存在者の側からすると存在しないもの、すなわち無である。ところがハイデガーは、それを単に何もないとするのではなく、非存在者としての存在がそこにおのれを隠していると考える。しかし同時に存在は存在者において、存在者の形で、おのれを示すわけでもあるから、存在の自己秘匿は「おのれを示すと同時におのれを脱去させる」(GA 45, 210)のであり、この事態はまた「ためらいつつの自己拒絶」(GA 45, 210)とも呼ばれる。

さてそのような存在の秘匿が秘匿として捉えられるためには、やはり明るみ・開けがあるはずであり、これを「自己秘匿のための明るみ」というのである。

この「明るみ」について、『寄与』執筆の同時期に行われたこの講義では、すでに森に喩えて語っている。「例えば森の明るみに逢着したりすると、我々はその中で見出しうるもの――空いた場所、回りに立つ木々――しか見ず、明るみそれ自身の明るさ(das Lichte)は全然見ない。開けがただ単純に存在者の非秘匿性にすぎないのではなく、自己秘匿のための明るみであるのと同様に、この自己秘匿は単なる不在であるのではなく、ためらいつつの拒絶なのである」(GA 45, 210f.)。

『寄与』では壺の比喩を語る。開けた場は「実際、空の中心 (eine hohle Mitte)、例えば壺の中心のようなものである。けれども我々はここで次のことを認識する。すなわち、ある任意の空虚は壁によってだけ囲まれ、《もの》によって満たされていないというのではなく、逆であり、空の中心は壁とその淵の内壁のための、規定しつつ刻印するものであり、担うものである、ということである。これらの壁やその淵は、かの根源的な開けたものの放射にすぎない。開けたものは、そうした内壁(容器の形)をおのれの周りにおのれへと向けて要求することによって、おのれの開けを本質活動させる。こうして取り囲むものにおいて開けたものの本質活動が反射する」(338f.)。ただしもちろん、「現の縁を囲む内壁は、もの的性格の事物的なものではなく、それどころかそもそも一つの存在者ではなく、存在者そのものですらなく、むしろ存在それ自身の内壁であり、自己秘匿の目配せにおけるエアアイグニスの振動である」(339)。このように、我々の通常の思考(存在者を表象して捉える思考)からすると、存在の明るみとは空虚であるがゆえに目立たず思考されないものなのであるが、その明るみという場の性格を、ハイデガーは何とかこのような比喩という形で示そうとするのである。

5　自己秘匿のための明るみ(その2)

秘匿と明るみは不可分であり、一体のものである。「真理というのは、単に明るみであるというのでは決してなく、秘匿として、明るみとともに根源的に親密に本質活動するのである。明るみと秘匿の両者は二つのものではなく、一なるものの、真理それ自身の、本質活動なのである」(349)。それゆえ、真理は「明らめつつの秘匿」とも言い表わされているのである。

これは、真理と非真理との交錯という『存在と時間』以来の思想の展開である。『存在と時間』でなされるこの考えに関しては、誤解を嘆くとともに捉え直しとして読める発言がいくつかある。「現‐存在は同時に真理と非真理の内にある、というような規定にいたったとき、人はこの命題を直ちに道徳的‐世界観的に受け取ってしまい、哲学的省察の決定的なものを把握することはなかった。真理の根本本質としての《同時（Zugleich）》の本質活動を把握することはなかった。秘匿（決して偽ではない）という意味での非‐真理についての根源的把握がなされなかったのである」（352）。「真理の本質は非‐真理である」という「この意識的に自己矛盾するものとして把握される命題によって表現されるべきものは、真理には非的なもの（das Nichthafte）が属しており、それは決してただ一つの欠如としてではなく、抵抗的なものとして、つまり明るみそのものへといたる、かの自己秘匿としてである」（356）。非真理とは、『存在と時間』のように現存在の存在体制に属する頽落として捉えられるのではなく、『真理の本質について』で把握されたように秘匿のことを指す。ただし『真理の本質について』では秘匿は、「全体としての存在者の秘匿性」（GA 9, 193）と言われたのに対して、『寄与』では存在そのものの自己秘匿あるいは拒絶と言い表わされ、存在の自体的な活動というニュアンスが強くなっている。

ちなみに（先に触れたように）、非真理および秘匿には二つの種類ないしは次元があって、『真理の本質について』では、本来的な非‐真理である「秘匿としての非真理」と、秘匿の忘却である「迷いとしての非真理」とが区別され、また『芸術作品の根源』では前者にあたるものが「拒絶としての秘匿（Verbergung als Versagen）」で、後者にあたるものが「偽装としての秘匿（Verbergung als Verstellen）」である。『寄与』でもこの区別は維持されており、真理講演で迷い（Irre）として特徴づけられていた規定は、「一層根源的には現の非化（Nichtung des Da）〔に基づく〕」（348）と語られるが、この区別そのものに力点は置かれない。しかし『寄与』の思索全体は、この迷いとしての非真理が形而上学の歴史において高まり、困窮のなさという困窮にまで存在忘却が極みに達しているという認識に貫かれている。

このような真理と非真理との交錯的事態を一層根源的に捉えるならば、存在の真理への思索においては、単純に秘匿から非秘匿への移行が目指されているのではないのは明らかである。「秘匿の明るみは、秘匿されたものを止揚することや秘匿されたものを非秘匿的なものへと解放し、変えることを意味するのではなく、まさに、秘匿(ためらいつつの拒絶)にとっての深淵的根拠の根拠づけを意味する」(352)。

真理は、『存在と時間』からすでに根拠という性格を持つが、ratioのような明証的な根拠ではなく、揺れ動くような根拠であって、「深淵的裂け目」(331)「深淵的な中心」(331)である。ハイデガーは、この深淵的な根拠から時間－空間を新たに思索しようとしている。「時間と空間は、真理から根源的に把握され、根拠へと本質的に連関づけられている」[10](308)。(「『存在と時間』においてこの連関は、看取されてはいるが、背景にあり解決されてはいない」(308)。)

存在の真理は歴史的・生起的性格を持つ。「真理が本質活動し、真理が生成することによって、エアアイグニスは真理となる。エアアイグニスがエアアイグネンすることは、次のことを言っているにほかならない。すなわち、エアアイグニスが、それだけが真理となり(werden)、エアアイグニスに帰属するものになる。こうしてまさに真理は本質的に存在の真理なのである」(349)。この真理は、陳述真理のように静的なものではなく、動的な蠢く真理と言ってよい。たしかに、『存在と時間』においても開示性は「一つの生起として了解される」[11]。が今やこの生起は存在の生起、歴史という性格のものとして捉えられる。「真理の本質に最内奥で固有なのは、それが歴史的であるということである」(342)。そしてこの洞察が真理の本質についての歴史的省察をすることの理由になる。

存在の真理は、ここでもやはり人間存在において開示されかつ秘匿されると考えられる。それゆえ存在の真理の根拠づけは、前章で見たように、現－存在の根拠づけとなる。「現(自己秘匿のための明るみ)の本質活動は、現それ自身に基づいてのみ規定され、現－存在は、現と、存在としての自己秘匿との明らめられた連関に基づいてのみ、根拠づけへといたることができるのである……」(330)。「再三再四銘記されなければならないのは、ここで立てられている真理の問いにおいて問題となっているのが、単にこれまでの真理概念の変更ではないし、通常の観念の補完でもなく、人間存在自身の変化なのである」(GA 45, 214)。人間の在り方が理性的な動物から現 - 存在へと変化することで、対象化しえない真理を思索し、守ることができるようになる。こうハイデガーは考えている。

6　ハイデガーの真理論の意義

ハイデガーの真理論においては、真理概念は通常の伝統的意味から逸脱させられて別の意味が含意させられているわけであるから、その点だけからすると、たしかに真理概念の拡張ではある。あるいは真理概念の変換と言ってもよい。しかしここには理由がある。ハイデガーの意図は、種々の真理論と並んで別の真理論を展開することにあるのではない。我々が通常理解するところの真理の〈本質〉を問うのであり、ゲートマンが適切に指摘するように、真理の超越論的 - 存在論的根拠を問うのである(だから「一致」としての真理を否定するものではない)。だが『寄与』の思想圏になると真理を人間存在から基礎づけるというふうにはならないし、さらに存在の歴史という問題構成が出てくる。それゆえ真理の存在史的 - 存在論的根拠を問うという仕方で真理の本質への問いが遂行される。

E・ケッテリングは、我々が真理の本質を経験することによって何が変わるのかという問いを発し、次のような解答を与えている。それは、正当性が我々の到達することのできる最終的なものであるという先入見を打ち砕くのであり、我々の認識を相対化するのであると。「こうした非 - 秘匿性としての真理を経験することによって、認識の正当性の内部で何かが変わるわけではないが、しかしながら、我々の全世界像と認識そのものに対する我々の関係とはこの経験によって変わるのである」[12]。ケッテリングの言うように、ハイデガーの真理論が一種のパラダイムチェンジに寄与するとするならば、この点に彼の思索の持つ批判的性格を見出してよいであろう。ハイデガーの真理論は、まさに存在了解の批判として捉えられるのである。だからこそ我々の存在の在り方の変化が問題になるのである。そしてこの批判的作業として、「正当性」としての真理の存在史的根拠を思索することが大きな役割を持つことになるのである。

『寄与』の真理論は、秘匿の現象に照準が当てられていた。そして真理と非真理の交錯がいよいよ根源的かつ積極的な事態として思索される。してみれば、存在了解の批判としての真理論は、一種の可謬論的主張としても解することができるであろう。トゥーゲントハットたちが主張するように、真偽を何らかの基準に即して裁く発想でゆくならば、形而上学の歴史はすべて誤りということになってしまう。しかしハイデガーはそのようには捉えない。真理・非真理（明るみ・秘匿）は真・偽ではない。それどころかハイデガーの思索は、迷いの歴史から積極的なものを引き出そうとするのであり、この歴史をどこまでも両義的に捉えるものである。[13] 真理と非真理はそのような両義性において理解されねばならない。真の内に非真理が潜みまた逆でもあるのである。

さらに、存在の真理は存在者に固有の〈リアリティー〉を与える。それは基準によって真偽を定めるという仕方で固定され我有化されるような真理ではなく、主観から見れば、思いがけず現れる出来事としての真理なのである。「真理の本質は次の点にある。すなわち、存在の真なるものとして本質活動し、そのようにして存在者の内に真なるものを守蔵することのための根源になるという点であり、存在者はこのようにしてはじめて存在者的（seiend）になる」（348）。この点は第13章で詳しく究明するが、存在者が存在の真理に基づいて生き生きと再生されるという事態をハイデガーは切に求めているのである。

（1） Ernst Tugendhat, *Der Wahrheitsbegriff bei Husserl und Heidegger*, Berlin: Walter de Gruyter 1970; Heideggers Idee von Wahrheit, in:

Heidegger. Perspktiven zur Deutung seines Werkes, hrsg. von Otto Pöggeler, Weinheim: Beltz 1984.

（2） Tugendhat, *Der Wahrheitsbegriff bei Husserl und Heidegger*, Berlin: Walter de Gruyter 1970, S. 331.

（3） Tugendhat, a. a. O., S. 399.

（4） Tugendhat, a. a. O., S. 398.

（5） Tugendhat, a. a. O., S. 404.

（6） Carl Friedrich Gethmann, *Dasein: Erkennen und Handeln Heidegger im phänomenologischen Kontext*, Berlin: Walter de Gruyter 1993, S. 122.

（7） Gethmann, a. a. O., S. 127f.

（8） Karl-Otto Apel, *Transformation der Philosophie*, Bd. 1, Frankfurt: Suhrkamp 1973, S. 42.

（9） Otto Pöggeler, Heideggers logische Untersuchungen, in: *Martin Heidegger: Innen- und Außenansichten*, herg. vom Forum für Philosophie Bad Homburg, Frankfurt: Suhrkamp 1991, S. 81f.

（10） これについては、第11章で詳論する。

（11） Tugendhat, Heideggers Idee von Wahrheit, in: *Heidegger. Perspktiven zur Deutung seines Werkes*, hrsg. von Otto Pöggeler, Weinheim: Beltz 1984, S. 290.

（12） Emil Kettering, *NÄHE. Das Denken Martin Heideggers*, Pflullingen: Günther Neske 1987, S. 363f.（川原栄峰監訳『近さ――ハイデッガーの思惟』理想社、三七六頁）

（13） 第5章「原初の投げ渡し」を参照。

第11章　時間－空間

1　「時間－空間」という概念

本章では、『寄与』の「V　根拠づけ」（とりわけ「(d)深－淵としての時間－空間」）でテーマとなる「時間－空間（Zeit-Raum）」（あるいは「時間－遊動－空間（Zeit-Spiel-Raum）」）というのが、いかなる事態のもので、またいかなる哲学的意義を持つのかを明らかにする。「時間－空間」というテーマは、「根拠づけ」の、否『寄与』というテクストの核心中の核心であり、『存在と時間』で言えば、幻の第三篇に匹敵するような箇所である。

普通のドイツ語に Zeitraum という言葉があるが、これは「時代」とか「期間」を意味する。だからこの語は時間のことであって、いわゆる空間のことではない。しかしハイデガーの Zeit-Raum は大文字の Raum と Zeit とがハイフンで繋がれている。これは明らかに、時間と空間をセットで捉えようとするハイデガーの独自の術語である。存在の意味を時間として解明しようとしてきたハイデガーの思索において、空間という問題事象が大きく浮上してくる点は大いに注目されるところである。この「時間－空間」という術語は、「時間－遊動－空間（Zeit-Spiel-Raum）」という語とともに、ハイデガーの後期の著作ではしばしば出てきたものである(1)。だがその言葉の使われ方はどれも唐突の感が否めない。『寄与』の「V　根拠づけ」の箇所こそが、「時間－空間」が最も集中して語られる場面であり、この語の位置づけや由来を知ることができるのである。ただしそうは言っても、語られる内容が難解であることには変わりない。この箇所はやはり『寄与』の難所である。

『寄与』の「時間‐空間」というテーマを考える場合、ハイデガーを読む者にとっては、何と言っても『存在と時間』の時間性および空間性が想起される。そこで『存在と時間』との比較を通して、難解なこの概念の内実を解明しようと思う。

2 『存在と時間』の時間論・空間論

『存在と時間』の目標は、あらゆる存在了解一般を可能にする地平として時間を解釈することであった。その目標のために、存在を了解する現存在の実存論的分析を展開することによって、現存在の存在の意味を「時間性（Zeitlichkeit）」として解明し、そこから存在一般の了解を可能にする時間性の働き（この時間性の在り方をハイデガーはとくにテンポラリテート（Temporalität）と名づける）を論究するはずであった。

『存在と時間』を時間論として読む場合、大きく二つの議論（時間性とテンポラリテート）の局面があり、また公刊された時間性の議論にも幾重もの段階があるのだが、ここでは「時間性」の特徴を『寄与』との関連で簡潔に述べることにする。

『存在と時間』の時間論は、通常の時間論からすればかなり特異である。時間はアリストテレス以来、今の連続と考えられてきた（ここから現在を中心とした存在論が展開され、存在は「現前性（Anwesenheit）」の意味で了解されるとハイデガーは見る）。カントが時間を直観の形式として捉えたことに代表されるように、近代では時間はとりわけ人間の心の在り方に関係づけられて論じられる。ハイデガーが一定の評価を与えるベルクソンは、意識の直接的な観察を通して、一切の等質な空間性を排した「純粋持続」を主張するが、しかし彼も時間を過去から未来へと流れる今の継起としているとして、ハイデガーは批判する。さらにフッサールは、カントの捉える認識能力の形式よりもさらに根源的に、あらゆる現象の根源的現出形式として捉えようとする。しかし彼も意識の時間性に立脚し、「今時間」の連続という考えを基本的に持っていた。

ハイデガーの時間論の最大の特徴は、何と言っても、こうした「今時間」の連続という時間理解を破壊し、到来・既在性・現成化、つまり通常の言葉で言えば、未来・過去・現在を緊密で一体的なものとして捉え、経験することである。通常の時間理解では、過去は「もはやなく」、未来は「いまだなく」、「ある」のは今という現在であると捉えられる。しかし人間はただ刹那的に現在だけを生きているのではなく、未来のことを気にかけ、かつ過去を引きずっているはずである。未来はこちらに到来し、過去は今なお在り続けるものである。ハイデガーは、人間が本来的に実存する場合には、死へと先駆け過去を引き受け現在の状況を見据えるという、緊密で渦巻くような運動をしていると考えるのである。

さらに、ハイデガーの時間論の特異な点は、近代の多くの論者と異なり、時間を意識の流れから考えようとするのではなく、人間の存在の構造、人間の存在の仕方として捉えることである。時間は表象されるものではない。人間はまさに時間を存在する、あるいは時を生きるのである。時間性は脱自的性格を持つとされるが、これは実存の動きであって、決して時間の流れではない。ハイデガーは、このような人間の存在構造としての時間性によって、日常の世界が構成されるとともに「歴史」という現象も可能になるという重要な議論を展開していた。人間の誕生から死へといたる生起（歴史性）が「歴史」の根源であり、これが時間性という構造に基づくとされるのである。この歴史性の議論は、時間性に関する単なる応用問題ではなく、予定されていた『存在と時間』第二部（存在論の歴史の解体）の準備作業にもなる重要な役割も担っていたのである。

そして時間性は現存在の存在構造の根拠であるだけでなく、「存在了解の可能性の条件として機能する」（GA 24,

388）と見られ、その場合の時間性が「テンポラリテート」と呼ばれるのである。けれども、周知のように、テンポラリテートの議論は、『存在と時間』では予告のみで実際にはなされず、『現象学の根本問題』（一九二七年夏学期講義）において、道具的存在性に関するテンポラリテートの解釈が行われ、プレゼンツという地平に基づいて道具の存在了解が可能になることが分析された。だがこれはある特定の存在了解にすぎず、またプレゼンツ以外の地平からのテンポラリテートの考察はなされることはなかったのである。

では空間の方はどうなっていたか。

「空間」の問題は『存在と時間』では、まず世界の世界性の存在論的分析の中で取り上げられる。そこにおいてハイデガーは、物理的な均質な空間ではなく、生きられる空間を問題にする。そして空間が客観的に事物的にあってそこに人間が存在するのではなく、現存在自身が「空間的」であると主張する。

現存在の空間性は、「遠ざかりの奪取（Ent-fernung）」と「方向の切り開き（Ausrichtung）」の二つの性格を持っている。遠ざかりの奪取とは、道具的存在者を遠ざけたり近づけたりする現存在特有の存在様式である。例えば眼鏡をかけて絵画を見る場合、眼鏡は客観的距離としては近いものでありながら、それを遠ざけ、眼鏡よりも遠いはずの絵画を近づけているわけである。一方の方向の切り開きは、道具的存在者が位置する或る一定の方向を、関心に応じてあらかじめ見て取ることである。こうして現存在は、遠ざかりを奪取し方向を開きつつ、道具が占める場所（方域）を暴露するというのである。

だがこのような空間性は、『存在と時間』では、時間性に比べると派生的な役割しか与えられない。というのも、結局「現存在の種別的な空間性もまた時間性の内にその根拠を持っていなければならない」（SZ, 367）と考えられるからである。しかもその際、道具との交渉は非本来的な実存としか考えられないため、方域の暴露は「予期」に、そして遠ざかりの奪取は「現成化」に基づきながらも、現存在は道具の場所を「忘却」するというふうに、空間性は非

本来的時間性に回収されてしまうのである。(2)

こうした空間性の論じ方に対して、和辻哲郎が異を唱えたことはあまりにも有名である。和辻によれば、ハイデガーにおいては空間性が人間の根源的な存在構造として活かされていない。なるほど『存在と時間』にも空間性の議論があるが、それは時間性の強い照明の中でほとんど影を失い去った。これがハイデガーの仕事の限界であり、時間性と空間性の相克を見るべきであった、と言うのである。(3) しかし以下で見るように、そのハイデガーも『寄与』では、和辻の人間学的関心とは方向を異にするにしても、根源的な時間と空間の「相克」を思索しようとするのである。

なお、この空間性の議論とは別に、時間性・テンポラリテートの「地平（Horizont）」概念にも留意しておく必要がある。時間性には、おのれから抜け出してゆく先があり、それが「地平」と呼ばれる。地平とは、「開け（Offenheit）」「開けた広がり（die offene Weite）」（GA 26, 269）を意味している。これは一種の場所的性格、もしくは空間的な性格と言ってもよい。しかも「地平は、脱自態において、脱自態とともに、時熟・時間化する」（GA 24, 378）であり、「囲い込むもの」（GA 26, 269）と言われる。次節で見る「時間 - 空間」における時間と空間との「相克」は、その発想の淵源をここに持つようにも思われるのである。(4)

3 『寄与』の「時間 - 空間」論

A 「時間 - 空間」論の位置づけ

前章で詳述したように、『寄与』において真理とは「自己秘匿のための明るみ（Lichtung für das Sichverbergen）」として規定される。この「真理」と「時間 - 空間」は極めて緊密な連関のうちにあると考えられている。ハイデガーによれば、「真理それ自身が何であるかは、あらかじめ独立に十分語られるのではなく、まさに時間 - 空間の把握において語られる」(372)。端的には、時間‐空間は「真理のFügung」(30)、「真理の本質活動」(197)、「真理の本質活動の本質展開(Wesensentfaltung)」(386)であると言われるのである。このことの内容については、徐々に明らかにしていこう。

「時間‐空間」論は、『存在と時間』の時間論のような、思索の根源的な次元に位置づけられるものである。それは『存在と時間』で構想されていたテンポラリテートの議論の延長線にあるもののようにも見える。実際『寄与』には、そのような表現もある。「時間‐空間の根拠づけ(《テンポラリテート》)」(18)。「テンポラリテートとしての《時間》は、〔中略〕現‐存在の根拠づけのための差し当たっての根拠を与える」(234)。しかし時間‐空間への思索は、テンポラリテートの分析の単純な継続作業ではない。なぜなら序論で見たように、ハイデガーは、存在の対象化を回避するために、存在の《テンポラールな》解釈を差し控え、存在の真理を《テンポラールな》解釈から独立して《見えるように》させることが必要だと言っているからである(451)。

その上に注目すべきは、『存在と時間』では空間性が時間性に基づくとされていたのに対して、『寄与』では時間と空間は等しく根源的な現象として、統一的に、あるいは交差配列的に考えられている点である(この点はDで追跡することにする)。

B　一般的に理解される「空間」「時間」との関係

ところで、「時間‐空間」とは、通常我々が考えている時間や空間とどのように違い、また繋がりがあるのだろうか。ハイデガーは、「239. 時間‐空間(準備的論考)」や「241. 空間と時間—時間‐空間」という節でその点についていくらか言及している。

「その都度対自的に表象され、通常の結びつきにある、空間と時間は、それ自身時間‐空間から発現する。時間‐空間は、空間と時間自身やそれらの計算的に表象された結合よりも根源的である。だが時間‐空間は、エアアイグニスとしての存在の本質活動（Erwesung）という意味での真理に属している（ここからはじめて、なぜ『存在と時間』との連関が移行的に指針となるのかが把握される）」（372）。

これに見られるように、時間‐空間は、通常の空間や時間よりも根源的であり、そこから通常の空間や時間が発現すると考えていることが分かる。

ハイデガーによれば、これまでも「空間」と「時間」の異同について様々考えられてきた。空間が一定の観点で、ordo（秩序）として、一緒に事物的にあるものの枠組み領域として、表象されることは、そのように表象された空間がある現在化（一定の時間性）において表‐象されうることを示している。だが彼からすると、空間の表‐象が一つの時間化であるからといって、空間を「時間」に還元することの根拠はない。「むしろ両者は普通に考えられる《諸次元》の数において異なるのでは決してなく、根本から最も固有な本質を持っているのであり、この終局の差異によってこそ、両者はその根源つまり時間‐空間に遡るよう指示するのである。両者の固有本質（Eigenwesen）が純粋に保護されればされるほど、また根源がより深く置かれれば置かれるほど、時間‐空間としての両者の本質の把握が成功する。時間‐空間は、秘匿のための明らめる根拠としての真理の本質に帰属している」（377）。

ハイデガーは通常の「空間」「時間」と彼の言う「時間‐空間」との違いについて次の三点を指摘する。①「時間」「空間」の普通の表象は、思索の出発点にはなるかもしれないが、時間‐空間が意味するものにはかかわらない。②時間‐空間は、時間が計算上の(t)として解され、第四のパラメーターとされ、それによって物理学の四次元的「空間」が設定されるという意味で、空間と時間を結合させるにすぎないのではない。このような考えでは空間と時間は、両者があらかじめ（数えられうるものと数えることを可能にするような）等しさへと均等化された後で、一緒に繋がれているにすぎない。③時間‐空間は、ある別の結合であって、歴史的事件が時間空間的に規定されているという意味で考えられるような結合である（377）。

ただし、空間と時間を「時間‐空間」に基づかせて解釈することは、「空間と時間についてのこれまでの知を《誤り》として証示せんとするのではなく」、むしろ「空間と時間が本質においては存在それ自身と同様に汲み尽くし難いことを明らかにするのだ」（378）と、ハイデガーは断っている。

だがこのような発言に対して、筆者としては、次のように問題点を指摘せざるをえない。通常の空間と時間は「時間‐空間」から発現すると言われるものの、両者の連関、派生の仕方についての論述は、『存在と時間』の場合──時間性から通俗的時間の派生、時間性から空間性の派生──よりもさらに乏しいものとなっている。そしてそれが、時間と空間の思索を、『存在と時間』以上に理解を困難にさせているのである。

C　深‐淵としての時間‐空間

以上のことを念頭に、『寄与』で語られる「時間‐空間」の思想を検討してみる。

「時間‐空間」の思索の最も核心的なものは、「242．深‐淵としての時間‐空間」に凝縮されている。ここでは、「深淵とは…である」という深淵についての規定が、畳み掛けるように述べられる。

「深‐淵（Ab-grund）」とは、「根拠が現れないこと（Weg-bleiben）」である。それは根拠が「生じないこと（Aus-bleiben）」でもあるが、そのことは、「根拠であることを拒絶するという仕方での自己秘匿」を意味する。だが拒絶とは単にネガティヴなだけの現象ではない。むしろ「満たされず、空虚にさせることの、際立った根源的な在り方であり、したがって開示（Eröffnung）の際立った在り方」（379）とされる。

では根拠とは何か。ここでは根拠が普通とは違った仕方で考えられている。根拠とは「おのれを隠蔽するもの(das Sichverhüllende)」、「担いつつ抜きん出ることにおける自己秘匿(das Sichverbergen im tragenden Durchragen)」(379)である。ハイデガーは、根拠を自己秘匿として捉え、さらにその秘匿の性格そのものの際立ちを把握することによって、深淵を逆説的に言葉に表わそうとする。深淵こそが根拠であり根拠の働きをなすのだ、と(それは「原-根拠(Ur-grund)」(380)とも言われる)。

したがって「根拠が現れないこととしての深-淵は、深淵的な根拠にほかならない(Der *Ab*-grund ist Ab-*grund*)」(379)。根拠は、自己を秘匿する深淵であるからこそ、真に根拠づけの働きをする。深淵は根拠の根源的な本質活動である。根拠はおのれを拒絶し、形あるものとしては生じないが、しかし拒絶という仕方において、空虚という「形」でおのれを開示するのである。それゆえ、「根拠はためらい(Zögerung)の中にある」(380)と言われる。「ためらう(zögern)」というドイツ語は、ある場所から別の場所へと動くことを意味する古語„zogen“に由来する言葉であるが、ハイデガーは、この語を開示の働き、しかも抑制された開示の仕方を意味するものとして用いている(5)。

こうして「深-淵とは、根拠のためらいつつの拒絶(die zögernde Versagung des Grundes)である」(380)という規定がなされる。「拒絶において根源的な空虚が開示され、根源的な明るみが生起する。だが同時に明るみ(が生起するの)は、明るみにおいてためらいが示されるためである」(380)「ためらいつつの拒絶」とは「秘匿のための明るみ」(381)と言い換えられる。「ためらい」は「明るみ」に対応し、「拒絶」は「秘匿」に対応する、と言ってよい。「秘匿のための明るみ」とは前章で見たように、真理の本質であった。それゆえ「深-淵は、最初の本質的な、明らめる秘匿であり、真理の本質活動」(380)であり、「根拠が現れないこととしての深-淵は、何と言っても、真理(明らめつつの自己秘匿)の本質活動であるはずである」(381)と言われるのである。

では真理のFügungとしての時間-空間と深淵とはどのような関係になっているのか。それは、時間と空間を統一ならしめるものとして深淵が根拠の働きをなすのだと言う。「根拠の最初の本質活動としての深-淵は、時間化(Zeitigung)と空間化(Räumung)という仕方で、根拠づけの働きをなす(根拠を根拠として本質活動させる)」(383)。「この深-淵それ自身は、時間化と空間化の統一として根拠づけの働きをなす」(383)。統一という事態は、裏を返せば分離ないしは区別があるからであるのだが、その区別はどのような由来があるのか。そしてこの場合の時間と空間とはどのようなものか。

D　時間と空間の十字交差

時間化と空間化の区別は「根本的に異なって要求し合う、有頂天と魅了」(384)に由来するとハイデガーは言う。ここで「有頂天・時間脱出(Entrückung)」と「魅了・空間脱出(Berückung)」という言葉が用いられている。いずれも通常のドイツ語では、日常性から逸脱するような精神状態のことを指すが、ここでは時間化と空間化という生起の動きを意味するものと解すべきであろう。Entrückungの方はすでに『存在と時間』において時間性の「脱自態(Ekstase)」という意味で使われていた。するとBerückungは、その時間のEntrückungに対応する空間化の生起と考えられる(entが離れるという意味であるのに対照的に、beは近くに接近するという意味である)。この有頂天と魅了の違いはどこから来るのかと言えば、「ためらいつつの拒絶からである」(385)と言うのである。「自己拒絶は、時間化のEntrückungを接合しぬく。それは、ためらうものとして同時に最も根源的なBerückungである」(384傍点引用者)。「拒絶」と「ためらい」という存在の真理の動向が、時間と空間の根拠であると示唆されている。

　以上のことをあえて図式化して解釈するならば、次のようになろう。存在の有している拒絶(秘匿)という動向は、有頂天・時間脱出の根拠となって、時間を生起させる。一方、存在のためらい(明るみ)の動向は、魅了・空間脱出の根拠となって、空間を生起させる、ということである。

しかもそれらは、平行的に、無関係にそれぞれがおのれの働きを果たすというのではなく、そもそも両者は統一的な事態であるがゆえに、「十字交差」（192）するものとなる。

「魅了・時間脱出は、集約の深淵的な環留（abgründiger Umhalt der Sammlung）である。

有頂天・空間脱出は、環留への深淵的な集約（abgründige Sammlung auf den Umhalt）である」（385）。

魅了は環留（Umhalt）と呼ばれるが、それは時間の集約する働きを輪のようにしてとどめる（umhalten）(6)。一方有頂天は集約と呼ばれるが、空間の環留を集約する。このように互いが互いを可能ならしめているものと考えられる。それゆえ、「時間は空間を開く（einräumen）」「空間は時間を開く（einzeitigen）」（386）というように、あるいはもっと端的に、「時間化する空間化——空間化する時間化」（261）と語られるのである。このように、時間と空間は、どちらかに優位があるのではなく、まさに同等な資格において、互いに相克しながら一体となって生起する（この生起をZeit-Spiel-RaumのSpielは表わしている）。この生起の根本にあるのが、存在の「開け（ためらい）」と「秘匿（拒絶）」という二つの根本性格なのである。

だがこのようにハイデガーの言説を整理しても、何か極めて抽象的で捉えどころがないようなところがある。とくに読者は、どこまでも通常の空間と時間の理解に引きずられてしまうので、なおさらである。そこで、ここで言われる時間や空間とは、具体的にはどのようなものであるのかを考察し、この根源的な「時間‐空間」という事態を捉えてみよう。

まず「空間」についてであるが、これはハイデガーが真理という言葉で考えている「明るみ（Lichtung）」、現‐存在の現（da）のことである。

この空間は、自己秘匿という動向が開示される空間、あるいは存在が自己を秘匿するという仕方で開示される空間であり、「根源的な空虚」(380)である。それは再三語られる「自己秘匿のための明るみ」のことである。それゆえ『存在と時間』で語られる現存在の空間性とは明らかに位相の違いがある。むしろ開けという意味合いからすれば、「地平」概念に近いものであり、ここから由来していると思われる。ただし、テンポラリテートの議論では「地平が時間化する・時熟する」とは言われても、「時間が地平化する」とまでは言いえないであろう。またハイデガーがここで「空間(Raum)」という語をあえて用い、通常の「空間」の根拠として考えようとすることは、時間性の「地平」概念よりも射程の広い思索となっている。おそらくここでの明るみとしての「空間」は、存在者を受け入れるとともに、現存在(人間)の「遠ざかりの奪取」や「方向の切り開き」を可能にする場であると言えよう。この明るみは、静的に最初から存立しているものではなく、動的に空け開く(lichten)。そこに瞬間という時間が同時に生起するのである。

その時間については、次の一文が注目される。

「自己拒絶は、欠乏と待望の空虚(die Leere)であるだけでなく、これらとともに、一つのそれ自身において有頂天にさせる〔時間脱出させる〕空虚としての空虚であり、それは、将来性へと脱出し、したがって同時にある既在するものをこじ開ける。既在的なものは、将来的なものとともに、打ち当たりながら、棄却〔見棄てられていること〕への進入(Einrückung)としての現在を、しかし想起しつつ待望するものとしての現在を、形成する」(383 傍点引用者)。

ここから窺えるように、存在の自己拒絶が、想起しつつ待望する現在という、独特な時間の生起を形づくるというのである。上の引用文にあるような、将来↓既在↓現在という時間の運動性は、『存在と時間』の時間性と同じくするわけであるが、しかしその内容たるや、かなりの隔たりがあるように思われる。とくに、現在は存在に見棄てられるという事態に進入することだとされる点がポイントである。したがってこの時間は、現存在の存在構造としての時間ではなく、存在の歴史の動向が開示される時間と言ってよい。この引用の文の直後では、棄却の現在が瞬間であり、その瞬間に時間脱出・時間の脱自態が集約されるという主旨のことが語られている(384)。してみれば、「鳴り響き」の主題であった存在棄却は、「根拠づけ」という『寄与』の思索の最根源層でいよいよ真理として開示されることになる。自己秘匿するものの自己開示は、「目配せ」という形でなされる。その目配せが目配せとなるのは、「鳴り響き」においてなのである(385)。『存在と時間』の本来性・非本来性の区別を当てはめて言えば、非本来性という事態であるはずの存在棄却は、本来的な時間の契機である「瞬間」において開示される、ということになる。ここでの時間は、最初の原初から別の原初への移行を推進する時間であり、現在に強調点を置くところの、拒絶の運動性であると捉えられるのである。したがって、それはまさに「存在の歴史」の時間性とでも言うべきものである。

4　起点としての時間 - 空間

以上のように、ハイデガーは時間と空間を根源的に統一されたものと考える。それは再び新たに始まる歴史の場所(=瞬間の場(Augenblicks-Stätte))と言うべきものに違いない。時間 - 空間は、『存在と時間』の議論(とりわけ「テンポラリテート」の構想)が目論んでいたような、世界の現出の根源的な始まりというよりも、むしろ自己秘匿の空間を開く「時間の衝撃」(17)として、移行という歴史の転換局面を切り開く運動性のことである。[7]しかも存在棄却の現在(瞬間)が閃く場のことなのである。

その意味では、「時間‐空間」は、日常的な時間と空間（世界）を変容させ、更新させるような特権的な時間‐空間であると言ってもよいであろう。この時間‐空間において我々は日常的な時間と空間の感覚から解放され、――ハイデガーの言葉をそのまま使えば――「魅了」と「有頂天」に置かれる。時間と空間のモードチェンジが行われるのである。しかもその内実は〈実に我々は存在から棄却されていたのだ〉という驚きに襲われる瞬間と言ってもよいであろう(8)。「存在棄却」「神の死」は、ニーチェやハイデガーという思想家が語ったという思想史上の単なる知識として安易に理解できるものではないし、また安易に理解してはならない。それは思索の大きな課題なのである。「神の不在」という現在は、現在に埋没しては理解できぬものである。それは、絶えず過去を探りつつ未来を見通す歴史の省察を試みる中で、本来的に「経験」されるべき出来事なのである。

もちろん、前節Bで指摘したように、この時間‐空間に基づいてどのようにして通常の空間と時間が派生して出てくるのか、それについての思索はなされておらず、問題として残されている。だが我々の生きる空間と時間が、何らかの特別な時間と空間を起点にし、そこから我々が近さ遠さという隔たりを了解していることは言えるであろう。例えば、誕生や死、運命的な出来事が出来した時と場から、おのれ自身の在りかを確かめることは、個人的なレベルでも集団的なレベルでもあるであろう。しかもその場合の時間は、単にいわゆる「過去」の時だけでなく、来るべき「将来」でもあろうし、空間は、「今」立っているところでない「場所」ということもあろう。このような事態においては、「我、今、ここ」が基点ではなく、「かの者、かの時、かの場所」が基点となる（少なくとも注意がそこに移される）。こうした事態を手がかりに、「時間‐空間」と通常の空間と時間との派生、ないしは連関を考えてゆくことができるのではなかろうか。水平化される時間（そして空間）に入る大きな切れ込みとして、ハイデガーは、存在棄却の「出来事」を経験し、捉え、基点にしようとするのであろう。

「根拠づけ」とは現‐存在および現で開示される存在の真理を究明することであるが、このような時間‐空間の思索を捉えてみるならば、根拠を単に記述するのではなく、新たな歴史の始まりを〈創設する〉という意味合いが「根拠づけ」という言葉にこめられていることは明らかであろう。

（1）生前公刊された著作に出てくる「時間‐空間」概念に関しては、川原栄峰氏が丹念に考察している。川原栄峰『ハイデッガーの思惟』理想社、一九八一年、第一三章を参照。

（2）周知のように後年のハイデガーは、「現存在の空間性を時間性へと連れ戻そうとする『存在と時間』第七〇節の試みは、堅持されえない」（SD, 24）と明言している。

（3）和辻哲郎「風土」『和辻哲郎全集　第八巻』岩波書店、一―二頁。なお嶺秀樹氏によれば、興味深いことに、和辻だけでなく、九鬼周造や田辺元も、ハイデガーの空間性の軽視に対する批判から自らの思索を開始していったという。嶺秀樹『ハイデッガーと日本の哲学』ミネルヴァ書房、二〇〇二年参照。

（4）E・ケッテリングは、後期の「時間‐空間」について、「《時間‐空間》が《地平》に取って代わって登場した」と解釈している。Emil Kettring, *NÄHE. Das Denken Martin Heideggers*, Pfullingen: Günther Neske 1987, S. 299.（川原栄峰監訳『近さ――ハイデッガーの思惟』理想社、三〇三頁）

（5）『哲学の根本的問い――《論理学》精選《諸問題》』（一九三七／三八年冬学期講義）では、「ためらいつつの自己秘匿」は「おのれを示すと同時におのれを脱去させること」（GA 45, 210）と言い換えられる。ここからすると「ためらい」とは開示の働きと解される。

（6）Umhaltという概念は、『現象学の根本問題』（一九二七年夏学期講義）でアリストテレスを解釈しつつ登場している。「時間は運動するものと静止しているものを包み込み、環留している。〔中略〕時間は存在者を、運動するものと静止しているものを環留することによって、環‐留（Um-halt）という性格を持つ」（GA 24, 356）。

（7）R・ポルトも、最終的に、時間‐空間が普遍的ないしは超越論的条件のようなものではないと解釈している。「時間‐空間は、一つの時間と空間であり、より正確に言えば、我々がいつか我々自身を見出すかもしれないかのような、瞬間の場である」。Richard Polt, *The Emergency of Being. On Heidegger's Contributions in Philosophy*, Cornell University Press, 2006. p. 192.

（8）筆者はここから「運命の時間‐空間」を読み取ろうとした。拙論「運命の時間‐空間――基づけ」『ハイデガー「哲学への寄与」解読』平凡社所収。しかしこれは、解釈の可能性を示したにとどまっている。

第四部　将来の哲学の課題

第12章　人間と神

1　神的なものの場

ハイデガーは有名な「世界像の時代」（一九三八年）の中で、近代を特徴づける現象の一つとして「脱神化（Entgötterung）」（GA 5, 76）というものを挙げる。これは、単純な無神論の登場ということを意味するのではなく、むしろ逆に、世界像がキリスト教化したこと、そしてキリスト教がそのキリスト教性を一つの世界観にして、近代的なものにするという出来事を意味するという。この場合のキリスト教とは、神の創造によって存在者を説明するという、西洋の形而上学の思考動向を担うものであり、それが近代の因果関係による存在者の説明を準備したと解される。それゆえハイデガーのキリスト教批判は、存在の歴史における哲学の神、形而上学の神にその矛先が向けられるのである。何度も引用される有名な文章であるが、引いておこう。

「このような神〔自己原因としての神〕に対して、人間は、祈ることもできないし、犠牲を供することもできない。自己原因を前にして、人間は畏怖の念からひざまずくことはできないし、このような神の前で音楽を奏でたり踊ったりすることはできない」（ID, 64）。

この文から忖度されるように、むしろハイデガーは、その前でひざまずき、祈り、踊ることのできる神、すなわち「神々しい神（der göttliche Gott）」を求めているのであり、そうした神と人間との出会いの可能性を追求しているのである。(1) ただし、そうかと言って、単純に「哲学」の神に対して、「信仰」の神を対置させるのではない。およそ神なるものが現れる場を問い、思索しようとするのである。

では脱神化の時代において、神と人間とが出会うことがどのようにしてできるというのだろうか。またその出会いとはいかなるものなのだろうか。本章は、こうした問題を、『寄与』の「VI　将来的な者たち」と「VII　最後の神」という二つの接合肢を解読しながら考えてみたい。これまで『寄与』の「最後の神」については、すでに様々な論者によって論じられており、『寄与』に関する文献でも取り上げられることが最も多いテーマであるのだが、本章はとくに「最後の神」と「将来的な者たち」との関連に注目したい。それは、このテクストで「最後の神の将来的な者たち」（7, 399, 410）と語られる場合の、「の」の意味を問うことにほかならない。

「VI　将来的な者たち」と「VII　最後の神」の二つの接合肢は、「I　予見」から「V　根拠づけ」にいたる接合肢に比べると分量が著しく少なく、また思索の次元も、それまでの「存在の真理」を探究する次元と異なり、別の原初に基づく「人間の歴史」の転換にかかわる次元が問題になっていると考えられる。さらに、語られる内容が甚だ難解であり、一つ一つの文章の意味を拾っていこうとすると、まるで迷宮に入るがごとき心持ちである。本章では、テクストに即して可能なかぎり二つの接合肢の本質を読み取り、「人間と神」という主題に迫ってゆくことにする。

2　将来的な者たち

まず「将来的な者たち」を論究する出発点として確認しておきたいのは、「将来的な者たち」が「大衆的なもの」

(399)、「今日の者たち」(18) との対比において語られるという点である。ハイデガーは、「将来的な者たち」ということで、存在棄却の困窮が最高に高まった今日において、「作為」の構造に駆り立てられ、「体験」に興じている人々とは対極をなす人間たちのことを考えようとしている。

「VI 将来的な者たち」の接合肢で固有名が挙がっているのはただ一人、すなわちヘルダーリンだけである。「ヘルダーリンは、将来的な者たちの遥か遠くから来る、それゆえ最も将来的な詩人である。ヘルダーリンは、最も隔たったところからこちらにやって来、この広がりにおいて最大のものを測り通し変化させるがゆえに、最も将来的な者(der Zukünfigste) である」(401)。周知のごとく、ハイデガーは一九三四年からヘルダーリンの講義を始めるのだが、『寄与』の「VIII 存在」では、「哲学の歴史的使命はヘルダーリンの言葉を聞く耳を作り出す必要性を認識することに極まる」(422) と言うように、ヘルダーリンに対してはいささかの瑕疵も認めない。これに対して、一九三六年から一連の講義(いわゆる『ニーチェ講義』)を始めるニーチェの評価に関しては、『寄与』でも、最終的には形而上学的思考にとどまっていると裁定される。しかしニーチェは、同時に「移行的な思索者」(219) とも位置づけられるゆえに、彼も将来的な者たちに数えられるかもしれない。また一九三七/三八年冬学期講義『哲学の根本的問い』では、ヘルダーリン、ニーチェのほかに、シラー、キルケゴール、ヴァン・ゴッホが少数の個別的な見知らぬ者たちとして挙げられている (216)。いずれにしても「将来的な者たち」は複数形であり、ヘルダーリンただ一人ではない。

ではそのような複数形で考えられる将来的な者たちとは、いかなる者たちか。将来的な者たちの規定は、とくに最初の「248. 将来的な者たち」において様々に語られる。例えば、「心を同じくするかの見知らぬ者たち」「存在の真理の杖の保持者」「存在の衝撃に対して抵抗する者たち」(395) などである。いずれも容易に理解することはできないが、少なくとも次のように解することができよう。形而上学的思考に規定されている今日の者たちにとって、「将来的な者たち」は見知らぬ者たちである。彼らは存在の衝撃に襲われ、それを受けとめ、存在の真理へ目を向けるように指示する。そのように彼らは、他の者たちをリードする指揮者である。その意味で存在の歴史における率先者であるわけだが、それは単純に時間的に前方にいるという意味ではない。

「将来的な者たち」という場合の「将来」とは、通常の時間的な意味での未来ということではない。というのも、「今日すでにこの将来的な者たちの少数者たちが存在する」(400)と語られ、さらに先に触れたように、ヘルダーリンという歴史的人物の名が挙げられているからである。将来とは『存在と時間』以来のハイデガー独特の時間理解、すなわち「こちらに来る」というのがこの語にこめられる原義である。しかも、将来的な者たちに向かって、「最後の神の遠さと近さの目配せと襲来とが到来する」(395)、あるいは「エアアイグニスとしての存在(跳躍)が到-来する(zu-kommen)」(401)と言われるように、「将来的な者たち」とは、存在や神の目配せが彼らに到来し、それを受け取る者たちのことである。

「将来的な者たち」は、『寄与』の最後の方にその接合肢が置かれていることもあって、ある特別な限定された役割を担っている印象を与えるのであるが、そうではない。将来的な者たちの存在の特徴は、「現-存在における内立性(Inständlichkeit)」(82)とされる。内立性とは、現-存在の内に立つことであり、存在の真理の内に立つことである。しかもそれは、現という場を持ちこたえ(ausstehen)、その中に切実に立つこと(Inständigkeit)といった在り方である。この内立性は、『寄与』の思想圏、すなわち存在史的思索において捉え直された人間の「実存」「脱自」を意味する(303)。『寄与』の冒頭に書かれている「《理性的動物》(animal rationale)から現-存在への人間の本質変化」(3)は、そうした内立性という在り方を遂行することにほかならない。

さらに将来的な者たちについては、真理の本質を「根拠づける者(Gründer)」(395)という規定も注目される。「根拠づけ」とは、その前の接合肢(「V 根拠づけ」)の主題であったのだが、その作業を行う者が「将来的な者たち」ということになる。そうすると「根拠づけ」の作業は、一度思索としてなされてしまえばそれで終わりというものではないし、また「将来的な者たち」は、ヘルダーリンのような「詩人」に限定されないことにもなるであろう。根拠づけを行う将来的な者たちは、「本来的歴史的認識」(396)という知に関係する。「本来的歴史的認識」というのは、歴史学的な知ではなく、将来の歴史が決断される領域の内に立つことである(396)。これは決して予知などではなく、むしろ現状、現代の認識がまずもって問題となる。すなわち「我々の時は、没落の時代である」(397)という現状認識である。

では「没落」とは何か。この語は、通常「衰退」「退化」といったネガティヴな意味を喚起させる。たしかにそのような意味を含ませてはいる。つまり、今や存在に棄却されているという事態が最高度に高まっているという意味での「衰退」である。しかしハイデガーは、ニーチェの「超人」の没落と同様、この言葉でむしろ積極的なことを主張したいのである。「没落とは拒みへの最も親密な近さであって、その拒みにおいて、エアアイグニスは人間におのれを贈与する」(228)。没落は、存在棄却の困窮が最高に高まった状態にあって、そこに存在の拒みを看取することであり、そうした拒みにおいて別の原初の歴史へと転換する思索の営みである。「本質的な意味で考えられた没‐落(Unter-gang)は、将来的なものを沈黙の形で準備することへの歩みである……」(397)。没落を敢行する者たちは、「来るもの(将来的なもの)の下をかいくぐり(unter-laufen)、その将来的な不可視の根拠として、来るものにおのれを捧げる者たちであり、絶え間なくおのれを問いかけに晒す切実な者たち」(397)であり、彼らは「つねに問う者たち」(397)、「探究する者」(398)たちである。

ところで「将来的な者たち」に関する言説を注意して読めば、今日彼らの内の少数者が存在すると言われる一方で、「将来的な者たち」を「準備する」(395, 398)ことの必要性がしばしば語られている。これは、つまりヘルダーリンの書いたテクストが与えられてはいるが、まだ我々は真に彼の言葉を聞くことができていないということであり、彼の詩作が「真に歴史的」になるようにそれを受け取る準備をしなくてはならず、またヘルダーリン以外にも志を同じくする者（同志）を準備しなくてはならない、ということであろう。したがって、ハイデガーもしくはデンカーが直ちに「将来的な者たち」であるというのではないのである。その準備に原初的思索は役立つのであり（395）、思索はそうした将来的な者たちの「準備」を行うわけである。ハイデガーは、将来的な者たちが「帰路的な者たち」によって準備されるとも語る。帰路的な者たちとは「経験された存在棄却からの帰路（Rückweg）を見出し、測量し、建てるもの」（411）であり、「将来的な者たちの真なる先‐駆者」（411）である。このように「将来的な者たち」をめぐっては、人間どうしの連繫、ないしは共同体が構想されている。[2]

ありうべき人間の集団を名指すものとして選ばれる言葉は、ハイデガーの場合「民族」である。現‐存在は「民族の根拠」（98）である。「ある民族が民族であるのは、その民族が、おのれの神を発見する中で、おのれの歴史を割り当てられて保持する時にのみである。おのれの神とは、おのれ自身を超えるようその民族を強い、そのようにして民族を存在者の内へ置き戻すような、かの神のことである」（398）。

ハイデガーは、既存の共同体をそのまま肯定するのではなく、しかしまた歴史性を無視して理念的共同体を構想するのでもない。歴史的に既在してきたものを単純に再生するのではなく、既在してきたものを引き受けながら、来るべきもの、ありうべき可能性として共同体を思索するのだと言ってよい。

もちろん、このような「民族」や「共同体」をめぐる言説は、極めて多くの問題をはらんでいるが今それは措こう。[3]本章の「人間と神」という主題で留意すべきは、将来的な者たちが、「最後の神の将来的な者たち」と言われる点である。この「最後の神」と切り離して、将来的な者たち、および彼らの共同体（民族）を語ることはできない。この共同体の求心力は、先の引用で「おのれの神」と言われるように、「神」にあるのである。そこで次に「最後の神」についての言説を検討する。

3　最後の神

「VII　最後の神」は、その標題からして『寄与』の中でも最も目を引く接合肢である。このテーマを解釈するにあたって、生前公刊された神についての言説を手がかりに、ハイデガーのスタンスを押さえておくことが好便であろう。ここでは時期的に比較的近い『ヒューマニズム書簡』を取り上げる。

ハイデガーは、『ヒューマニズム書簡』の中で、彼の立場が「無神論」と断定されること、また神の現存に関して賛否のいずれも決定しないことを理由に「無関心主義」と見なされることに対して、反論を行っている（GA 9, 350 ff.）。存在の思索は、形而上学よりも一層原初的に問うのであって、「存在の真理」に基づいてはじめて「聖なるもの」の本質」が思索でき、聖なるものの本質に基づいて「神性の本質」が思索でき、神性の本質の光の中ではじめて「神」という語が何を名指すべきかが、思索されかつ語られることができる、というのである。ここではたしかに有神論という立場がとられるのでもなければ、無神論という立場がとられるわけでもない。だがそれは無関心主義のような態度に基づくのではなく、「思索としての思索に対して立てられた限界を尊重する」という理由によると述べられる。彼がここでまず何よりも問題にしようとすることは、「神というものが近づいてきているのかそれとも遠ざかっているのか」を問うことができる次元、すなわち「聖なるものの次元」を問い開くことである。

だがハイデガーが以上のような思索のスタンスをとるのは、そうした「聖なるものの次元」が今や閉鎖されてしまっているという歴史的状況を自覚しているからにほかならない。G・フィガールの評言を待つまでもなく、「ハイデガーの思索において本質的なのは、神々を喪失したという歴史的な経験である」[4]。

『寄与』における「最後の神」の思索は、「神の不在」というものを見つめ続ける作業である。そもそも「不在」の経験とは、人間にとって非常に奥深く、また極めて人間固有の経験であるように思われる。例えば、ある人物の不在という現象を考えてみよう。「ある人がいない」ということは、まずその「不在」が何らかの形で気づかれねばならない。というのも、労働や活動で動き回る人間にとっては、ある人の「不在」は常態であるからである。「不在」が「不在」として現象するためには、「不在」であること自体への気づきが必要である。そしてひとたび「不在」が気づかれるやいなや、「不在」がかえってその者の「存在」を示し出す。時に、もう逢うことができないという境遇は、その不在者との「出会い」を一層切ないものにするであろう。「不在」という形で「存在」が強く押し出されるのである。言い換えれば、「不在」は「存在」を一層近づけるのである。

もちろん始めから存在者のようには現前しない神の不在は、人や物の不在とは異なるわけであるが、しかし神の不在も存在者の不在と同じロゴスを持っている。

「神と神的なものの欠如は、不在である。しかしながら、不在は何ものでもないのではなく、既在するものとそのように集められて本質活動するものとの秘匿された充実がまさしくはじめて我がものとされる現前性である」(VA, 177)。

だが神の不在はどのように気づかれるのか。それは、教会権力の失墜、種々の世俗化、無神論者の増加ということからではない。ハイデガーの思索では、存在がおのれを拒むという、存在（棄却）の経験によってなのであり、しかしまた逆に存在の拒みが神の存在の近さを引き起こすのである。

「最後の神の最大の近さが生じる（sich ereignen）のは、エアアイグニスがためらいながらの自己拒絶として拒みへと高まるときである。このことは、単なる不在とは本質的に別のことである。拒みはエアアイグニスに帰属するものとして、別の原初の思索において閃く存在の、より根源的な本質に基づいてのみ経験される」(411)。

では「最後の神」という言葉で何を理解すればよいのか。この問題に入ろう。

まず「最後の神」という語は単数形であるが、「一神論」を意味するのではない。「最後の神」は、そもそも「一神論」「汎神論」「無神論」等々の形而上学的な算定的規定の外部にあると言う(411)。また『寄与』では「神々」という言い方も頻繁に出てくるのであるが、その「神々の数多性は、いかなる数の配下に置かれることはなく、むしろ最後の神の目配せが閃きまた秘匿されるその瞬間の場における、根拠と深淵との内的な豊かさのもとに置かれる」(411)とされる。《神々》という言い方は、「一か多かという神々の存在の非決定性への指示」を意味するのであり、「どんな神が、そして一つの神が、人間のどんな本質に、どんな仕方で、もう一度究極の困窮のために生じるかという非決定性が、《神々》という名前で名づけられる」(437)。したがって、この神は、何らかの形で生じ語られる以前の神の名前である、と言ってもよいであろう。その意味では、〈「神」という名で呼ばれるものとは何か〉という問い自体を「最後の神」という名称は示している。

ハイデガーは「VII 最後の神」の扉で「既在のもの、とりわけキリスト教的なものとは全く別のもの」(403)と記している。「最後の神」は、まさに我々が「神」という名で前提するような概念規定からかけ離れたものである。「最後の神」の規定として最も端的なのが、この神が「原初」であるという規定である。「最後の神は終わりではなく、我々の歴史の測り難い諸可能性の別の原初なのである」(411)。さらに、「最後の神は、最も長い歴史の、その最短の軌道における原初である」(414)。このような文言に出会うと、「原初」は「存在」のことだから(58)、「最後の神」とは、結局「存在」のことではないか、というふうに解されるかもしれない。しかし神=原初=存在と考えることには慎重にならなくてはならない。なぜならハイデガーは、再三、神は存在ではないと強調しているからである（この点は次節で取り上げることにする）。「最後の神」が「原初」であるとされるのは、この神の経験を通して、最初の原初の歴史から別の原初の歴史への移行がなされ、人間の歴史において民族の新たな結びつきが可能となる、ということであろう。

「最後の神」なるものを理解する場合、神に付けられた形容詞「最後の」に力点を置いて読むべきである。「最後」とは、「最高のものについての終局的で最短の決断」（406f.）のことを言う。この決断とは、「神々の逃亡と到来についての決断」（405）である。この決断には、近さと遠さの論理がかかわっている。神の逃亡は、すでに今日の時代を特徴づける事態であるが、それは逃亡自体が気づかれないままにあることである。この逃亡そのものに人間が気づき、その気づくことが最も遠いが最初の近さになる。その意味で逃亡が到来となるわけである。神々についての終局の決断によって、神的存在（Gottwesen）の唯一性という本質は最高のものへ高まるのであり、そこに「最後の神」と呼ばれる所以があるとされるのである（406）。

したがって、「最後の神」とは実体的なものではない。[5] それは「神がいない」という事態を示す名であり、神の最も極端な遠さを意味する。「最後の神は、終わりでは全くなく、原初がそれ自身において回転振動すること（Insicheinschwingen）であり、したがって拒みの最高の形態である」（416）。

この神の不在は単なる消滅ではなく、独自の現前様式を持つ。それは①「立ち寄り」、②「目配せ」、そして③「静けさ」である。だがそのような極めて重要な現前の性格について、『寄与』ではほとんど説明なしに語られる。「立ち寄り」と「目配せ」に関しては、ヘルダーリンの詩作に由来しているように思われるので、それを参照してみよう。

①「立ち寄り」

「立ち寄り」とはいかなる事態か。ハイデガーは一九三四／三五年冬学期講義『ヘルダーリンの賛歌《ゲルマーニエン》と《ライン》で、ヘルダーリンの「宥和する者よ」を持ち出して本来的時間としての過ぎ去り（Vergehen）を語る。過ぎ去りとは、滅び去ることではなく「立ち寄る」ことであり、「立ち寄り（Vorbeigehen）」とは「神々の現前の仕方」（GA 39, 111）のことである。神は、ただ一瞬人間の住まいに触れ、人間たちはそれが何であるかを知ることはできない。しかしその記憶は永くとどまり、あれは誰であったかと問う。そして時が過ぎると彼らはそれを知る。このような現前の仕方が立ち寄りにほかならない。それは逃亡と到来が相即している事態であり、「瞬間」という本来的時間性で生じる。

②「目配せ」

「目配せ」も、同じ講義において語られる。ハイデガーは、ヘルダーリンの詩「ルソー」にある「……そして目配せは／古より神々の言葉なりき」という詩句を解釈して、「目配せとは、例えば別離に際しては、ますます遠ざかってゆきながらそれでいて近さを保持することであり、逆に到来に際しては、喜ばしい近さにあってなお支配的となっている遠さを開示することである」（GA 39, 32）と言う。さらにハイデガーは、ヘラクレイトス断片93「デルポイを神託所に持つ主（アポロ）は言いもせず隠しもせずただ目配せする」という文にあるギリシア語「セーマイネイン」に、「目配せする」という訳語を当てる（GA 39, 127）。「目配せ」は「神々の言葉」であり、詩人は神々の目配せを受けとめ、民族にそれを目配せによって伝える。これが詩作である。『寄与』では目配せは、最後の神の立ち寄りを、人間たちに気づかせる示し方であり、それは、近さと遠さの緊張関係を保つものである。

③「静けさ」

このように神は、「立ち寄り」という逃亡と到来の二重の運動性において人間に「目配せ」をするのだが、その立ち寄りは「静けさ」において現れ、それは「控え目」という根本気分に支配される。「最後の神への近さは、沈黙（Verschweigung）である。この沈黙は、控え目という様式で、作品と語へと置かれねばならない」（12）。控え目において、「現‐存在は最後の神の立ち寄りの静けさへと気分を合わせる。現‐存在のこの根本気分において創造しつつ、人間は、この静けさのための番人となる」(17)。沈黙は、最後の神の立ち寄りの静けさに呼応する人間の語りであると言ってよいであろう。沈黙は、そもそも人間の祈りの根本様式である。それはいわゆる「黙禱」というのではなく、祈りの言葉を語り終えるときの沈黙のことを思えばよい。祈りは、静寂を伴わなければ、日常のおしゃべりと変わらない。そのような沈黙に伴う静寂は、十全に語りえない何か、人間をしのぐような何か神的なもの、聖なるものを開き示す。「最後の神」における静けさ――いわゆる「祈り」ではなく「問い」の営みで生じるものだが――は、神の立ち寄りという、不在の神の遠さと近さ、その場(空間)――『ヒューマニズム書簡』の言葉で言えば「聖なるものの次元」――を問い開くものと考えられよう。

こうして人間には番人という役割が当てられる。しかしこの番人としての役割を果たすことの内には、神‐存在‐人間とのダイナミックなかかわりが成り立っているのである。その三者の関係を把握しながら、人間と神との関係について探究してみよう。

4　人間と神

『寄与』では神‐存在‐人間の三者が織り成す関係としてエアアイグニスが規定されている。「エアアイグニスは、人間を神に捧げることによって、神を人間に委ね渡す。この委ね渡しつつ捧げることがエアアイグニスである……」(26, 280)。これは『寄与』独特のエアアイグニスの規定と言ってよいであろう。公刊された多くのテクストでは、エアアイグニスは人間と存在との呼応関係として規定される。たしかに『寄与』でも、人間と存在との連関をエアアイグニスとして捉えてはいる。「存在は、それが本質活動するためには人間を必要とする。そして人間は、彼が現‐存在としてのおのれの究極の使命を遂行せんがために、存在に帰属する」(251)。「必要とすることと帰属することとの対抗振動がエアアイグニスとしての存在をなす」(251)。しかしそれだけに、先に引用した、神‐存在‐人間の三者による連関をエアアイグニスとすることは、読む者に困惑と問いを生じさせる。なぜ『寄与』では「神」が加わるのであろうか、と。

これは甚だ難しい問題であり、『寄与』読解の根本問題と言ってもよいであろう。筆者には、この問題を考えるにあたって、存在と神との関係がポイントになるように思われる。

先に触れたように存在は神ではない。「神は《存在する(seiend)》のでもないし、《存在しない(unseiend)》のでもなく、また存在と同一視されえない」(263)。だが存在と神とは極めて密接な関係性の中にある。「存在は最後の神の道の痕跡(Wegspur)として輝く」(230)のであり、「存在は神々が現れることの震動」(239)であると言う。それゆえ存在と神との関係は、伝統的なアナロジーの関係ではない。両者の動向は区別されながらも、一体となっている。このように見るからこそ、エアアイグニスに神が絡むのである。

さらに、「最後の神の目配せ」において、エアアイグニスがエアアイグニスとして「はじめて見えるように(sichtbar)なる」(70)。あるいは、「神々の逃亡は経験され持ちこたえられねばならない。この耐久の実情がエアアイグニスに対する最も遠い近さを根拠づける」(27)と語られる。このような発言から理解できるのは、存在の拒みと神の不在(の経験)との同時性ないしは二重性という事態であろう。エアアイグニスという存在の真理は、ただ存在するものを眺めるだけで看取されるのではなく、最後の神という、神の不在の動向において気づかれ、問われ、探究されるものとなる、とハイデガーは考えている。

ただしそれは、存在を問うための単なるきっかけとして神を位置づけることでは決してない。ハイデガーは、『寄与』の中で、神は「存在を必要とする」(408, 438)としばしば語る。それは神(々)が「おのれ自身に帰属するため」(438)だと言う。この思索において、神（々）は深淵（自由）のうちに引き込まれ、そこではいかなる基礎づけも証明も拒絶される（438）。そのような神の独自性が確保されることが目指されている。したがって、先の二重性は、存在と神とのどちらに優位があるのかといった学的な議論を無効にし、神と存在の双方の根源性を認めるような思想である、と見るべきである。

ではこのような存在と神の相即した二重性を押さえた上で、人間と神とはいかなる関係になるかを考察する。『寄与』——とりわけ「VIII 存在」——では、人間と神との関係は「向き合い（Entgegnung）」という言葉で表現される。この関係は主観と対象との認識論的関係ではない。また自他の間で結ばれる役割関係とも異なる。それは、しばしばEnt-gegnungというふうにハイフンを入れて表現されるように、分離・対立（ent）する関係である。したがって人間と神の関係は「抗争（Streit）」(413)とも言われる。ではこの抗争とはどのような事態を意味しているのだろうか。

後期のハイデガーはしばしばヘライクレイトスのポレモスという言葉を重視し、隠れと開けの緊張関係を闘争という事態として理解する。『寄与』でも、神々の到来と逃亡をめぐって演じられる「闘争（Kampf）」(244)ということが考えられている。だが人間と神との「抗争」は、「神は人間を圧倒し、人間は神をしのぐ」(415)と言われるように、もっと端的な人間と神との対立であるように思われる。人間と神との対立的な「向き合い」は、基本的には、ヘルダーリンの解釈や講演「もの」で語られるような、「死すべき者たち」と「不死なるものたち」(GA 4, 61)「不死の神々」(GA 79, 12)という対照であり、対立ではないだろうか。ヘルダーリンの解釈において、「神々が神々であり人間が人間であらねばならず、しかもその際決して互いなしにはありえないからこそ、彼らの間に愛があるのである」(GA 4, 69)、と語られる。この場合の愛とは、ハイデガー的には、同時に闘争でもある。死すべき者としての人間は、神の到来と逃亡の動向を意のままにすることはできない。しかし他方、神が逃亡・到来するためには、それを受けとめる人間がいなくてはならない。[6]（もしも〈神は所詮人間のイマジネーションの産物にすぎない〉と考えるならば、このような対立的な向き合いは不可能になるだろう。）このような対立的向き合いは、神の逃亡と到来という緊張的闘争を通して先鋭化し、それはエアアイグニスとして存在の本質が問われる場において成立すると考えられないだろうか。

ハイデガーは、人間と神との抗争の根源が、エアアイグニスとしての存在である点をはっきり述べている（413）。この存在は、まさに人間と神との「間」（460, 476）として本質活動するのである。さらにこの間としての存在は、世界と大地の抗争の根拠でもある（479）。つまりエアアイグニスとしての存在は、人間と神（々）、世界と大地を対立的に向き合わせ、抗争させると考えられている。[7]

以上のように、存在という場（間）が、人間と神とを対立的に切り離し、向き合いという関係を成立させると考えられる。だがこのような整理は、言わば解釈のための外面的な図式にすぎない。この思索で真に賭けられているのは、そうした向き合いの関係に入り込むことなのである。そのためにも、最後に人間の在り方について一考しておきたい。

5　神に必要とされる人間

神の立ち寄りは、作品や行為等の形で立ち寄りを歩みとして支配させるような、存在者の存立化（Beständigung）を要求するのであり、したがって人間の存立化を要求する（413）。つまり神の立ち寄りは、言葉やものや行為という形として表現されなければならず、それは要するに人間が必要とされるということである。

この人間が、ほかならぬ「将来的な者たち」としての人間である。それは〈神に必要とされる人間〉と規定することができよう。「最後の神の将来的な者たち」と言われる場合の「の」は、神の「必要」という結びつきを表現しているのである。「将来的な者たち」とは、「最後の神」が呼び求める人間たちであり、最後の神の立ち寄りが到来してくる者たちであり、「最後の神によって規定を受けている」(396) 者たちである。

とはいえ、それは特殊な能力を持った人間というものではない。およそ人間であるかぎりで有している、しかし今日の者には塞がれた、最も固有の可能性と考えるべきである。理性的動物から現 - 存在への本質変化が「神々の近さと遠さについての決定の別の必然性の空間」(230) を作り出す。まさにこの現 - 存在という場において、最後の神の到来と逃亡がはじめて決定される (20)。そして、別の神の神性によって必要とされるという根本経験が、ニヒリズムの克服の準備と見なされるのである (140f.)。

ただし、〈ニヒリズムの克服のために神が要請される〉あるいは〈歴史の転換のために神が要請される〉というふうに「最後の神」の思索を位置づけ、処理することは——たとえ誤った解釈でないにしても——すべきではない。「人間が神を期待する」という事態は、「最も深い神の無さの最も危険な形式」(417) であると、ハイデガーは釘をさしている。重要なのは、最後の神が人間を、あるいは我々を必要とする、という言説である。「最後の神」についてその目的を求めて説明するのではなく、いわれなく神に求められてかくある者として、人間を捉えることが、神と人間との向き合いの「内部」へと向かわせるはずである(8)。

死すべき人間に鋭く対立するものが神である。人間に対立する神に向き合うことによってこそ、人間はおのれを知ることができるのである。『寄与』の思想では、人間の存在が不在の神によって照らされるのではなかろうか。ここでの神とは、人間による理由づけや証明を拒絶する——その意味で深淵の内にある——神である。あるいはこうも言えるかもしれない。最後の神のような極端さがなければ、存在棄却の最高に高まった時代の人間は、神的なものを真に経験することができないに違いないと。その意味で人間は、最後の神の人間になることによって、はじめて死を能くするというおのれの本質を生きることになるのである。

しかしながら「最後の神」は、その前で踊り、祈りを捧げることのできる神ではない、と言わざるをえない。ここでの思索は、そうした人間と神が向き合う空間を開くこと（存在の探究）が問題となっており、あくまで準備にとどまる。さらに神に向き合うことでなされる人間の自己認識において、「罪深さ」や「あさましさ」という反省が行われうるのかどうか、これも不明である。けれども、死すべき者、死を能くする人間の自己認識は、単純に生きる時間が限られているという意味での有限性にとどまらず、死の持つ非的性格とともに、罪業という非力さを照らし、さらにそれを生活世界の中で味わう悲しみと喜びにかかわる事柄として思索する可能性は、ハイデガーの存在の思索においても決して閉ざされてはいないのではなかろうか。

（1）　R・トゥルナーは、神をめぐるハイデガーの思索を「存在‐神学（Onto-Theologie）に対する対抗パラダイム」として特徴づける。Vgl. Rainer Thurnher, Gott und Ereignis—Heideggers Gegenparadigma zur Onto-Theologie, in: *Heidegger Studies*, vol., 8, 1992. 神学から見た場合、このような特徴づけは有効であろうが、「神学」と言ってしまうのは、ややミスリーディングであろう。ハイデガーは『哲学への寄与』ではあくまで「哲学」の思索にとどまるのであり、その哲学は、「《神々》が哲学を必要とする」（439）という意味で、〈神の哲学〉とでも言うべきであろう。

（2）　「I　予見」には「将来的な者たち」に関して、「単独者」「同盟者」「多数者」の三つの階層が考えられている（96f.）。D・ヴァレガ＝ノイは「単独者たち」には少なくともハイデガーとヘルダーリンが含まれると言っているが、ハイデガーが含まれることに対しては、疑義がある。cf. Daniela Vallega-Neu, *Heidegger's Contributions to Philosophy. An Introduction*, Indiana Universty Press, 2003, p. 100. なぜなら、『寄与』の執筆者は、こうした単独者たちの準備をすべく思索しているのであり、自らがこの単独者そのものであるというふうには、少なくともこのテクストからは読み取ることはできないからである。またハイデガーを単独者と解することは徒にハイデガーを偶像化することにもなりかねない。

（3）　例えば、次のような問題が容易に出てくるだろう。なるほど『哲学への寄与』で語られる「民族」が、ナチスの「民族主義」と一線を画したものであり、現‐存在に基づいて「最後の神」のもとに結集する人々であるにしても、同化と排除を必然的に伴う「民族」や「共同体」の概念が、「民族」や「神」の名のもとで繰り広げられる殺戮抗争の現実に対して、どこまで有意義なものなのだろうか。そしてこの本来的な共同性において、「今日の者たち」「大衆」と名づけられる人々、あるいはその存在様式は、どのような取り込まれ方と排除がなされるのだろうか。こうした権力性への問い直しは、ハイデガーからは出てこない。

（4） Günter Figal, Philosophie als hermeneutische Theologie. Letzte Götter bei Nietzsche und Heidegger, in: *Martin-Heidegger-Gesellschaft*, Bd. 3, Frankfurt: Vittorio Klostermann 1994, S. 94.（川原栄峰監訳『ハイデッガーとニーチェ』南窓社、一四〇頁）。周知のように、O・ペゲラーの伝えるところによると、ハイデガーは『存在と時間』の出版後の二、三年ぐらいの間に「神は死んだ」という根本経験に襲われたと言う。Vgl. Otto Pöggeler, *Philosophie und Politik bei Heidegger*, 2. Auf., Freiburg/München: Karl Alber 1974, S. 106.

（5） この点は、佐藤優子氏の研究によって、すでに強調されている。佐藤優子「存在と神――ハイデガー『哲学への寄与』をめぐって」（実存思想協会編『ニヒリズムと宗教的なるもの　実存思想論集XVIII』理想社、二〇〇三年所収）参照。

（6） ここに人間固有の自由を見て取ることができよう。G・フィガールは「自由な現存在は、最後の神を通してのみ与えられる。そして最後の神は、現存在の自由においてのみ経験されうる」と解している。Vgl. Günter Figal, Forgetfulness of God: Concerning the Center of Heidegger's Contributions to Philosophy, in: *Companion to Heidegger's Contributions to Philosophy*, Indiana Universty Press, 2001, p. 208. なお他方の神の理解に関しては、ヘルダーリンのみならず、マックス・シェーラーの「人間たちなしには神であることができず、人間自身が〈神の共同作用者〉として考えられるような弱き神の観念」（GA 26, 63）の影響を考慮することも重要であろう。この点については、小野真「ハイデッガーの形而上学構想（メタ・オントロギー）とシェーラー」（日本宗教学会編『宗教研究』三二二号、一九九九年所収）を参照。

（7） この関係については、「V　根拠づけ」で図示されている（310）。これは後の四者（Geviert）の原型とも考えられる。Geviert では「神」は「神的なものたち」になり、「大地」と「世界」は、「大地」と「天空」になる。

（8） このような人間理解は、ジャン＝リュック・マリオンが超越論的‐構成的な主観（主格的な《私は》）に対置して、「言葉を中断された者」（対格的な《私を》）と名づける人間理解に呼応する。cf. Jean-Luc Marion, L'inerloqué, in: *Apres le sujet qui vient*, Aubier, 1989.（大西雅一郎訳「言葉を中断された者」『主体の後に誰が来るのか？』現代企画室）。また拙論「良心論と「こころ」の解体」（『理想』第六七二号、二〇〇四年所収）も参照されたい。

第13章　哲学の可能性

1　存在の問いとしての哲学

本書は『哲学への寄与』の包括的研究である。この最終章では「哲学への寄与」と言われる場合の「哲学」の本質を究明してみたい。この課題に答えるに際しては、最後の「Ⅷ　存在」に集中することがふさわしい。なぜなら「Ⅷ　存在」は、このテクストの「全体をもう一度捉える試み」(Nachwort des Herausgebers, 512) とされているからである。もっとも、単純にこれまでの思索の「結論」を纏めるものではない。だがまさにここで、哲学、思索、存在が真正面から主題化されているのである。[(1)] この最終章では、「Ⅷ　存在」でのハイデガーの再度の試みに合わせて、「思索」「存在」、その両者の関係、そして「存在者」をあらためて問題化し、『寄与』の思索全体を総括しようと思う。

『存在と時間』においても、『寄与』においても、哲学が存在を問うことであることに変わりはない。だが「現存在の解釈学から出発する普遍的な現象学的存在論」(SZ, 38) と哲学を規定する『存在と時間』からすると、『寄与』では哲学が一層強く歴史という問題性の中で捉えられる。

「Ⅷ　存在」において、存在を問うことは二重に解される。それは、「存在者の存在の問い」(424) と「存在の真理への問い」(428) である。前者がこれまでの西洋形而上学の歴史を根本から規定してきたものであり、後者がハイデガーの自らの問いであると同時に、将来の哲学の問いとなるべきものと考えられる。けれども、一方の形而上学の哲学をおのれの哲学とは無関係なものとして峻拒するのではない。あくまで形而上学の伝統の中から、その伝統を引き受けつつ、移行を試みるのである。それゆえ、ここには哲学の自己超克的性格がある。哲学は「おのれを超え出ようと意欲すること」(36) である。

存在の真理を問うとは、存在の概念の意味を問題にすることではない。物があり、人があり、そして私がある。この「ある」という事態が本当に謎めいてくることにどこまでも付き合わねばならない。ハイデガーは、「分かりやすくすることは、哲学の自殺である」(435) と語るが、これは、決して哲学を何か衒学的なものにすることではなく、存在という「異常なもの」をそのようなものとして経験しかつ問うことにほかならない。

存在を単なる概念として扱うのではなく、「異常な (ungewöhnlich) もの」「異他的な (befremdlich) もの」にすること、ここに、この哲学の特質がある。異他的なものの経験は、存在と人間との呼応関係――この関係は第7章で見たように「転回」と呼ばれる――においてのみ成立する。この存在と人間の呼応関係こそは、エアアイグニスの核心的な内容であり、ハイデガー哲学の根本思想である(2)。存在と人間の呼応関係は、客観と主観の認識論的関係ではない。しかし我々は、絶えずそのような主客関係として誤解してしまう可能性に付き纏われる。だからこそ、「思索」と「存在」との独特の関係を慎重に捉えなければならない。

そこでまず、「存在の思索」を、「VIII 存在」の叙述に沿ってさらに検討してみることにする。

2 思索

A 「投げ放ち」という企投

哲学がこれまでの形而上学が不問に付した存在の真理を問うという未曾有の試みであるとするなら、それはやはり何らかの企てであり、ハイデガーの言葉で言えば「企投」である。企投についてはすでに、「IV 跳躍」や「V 根拠づけ」などで語られてきたわけだが、この「VIII 存在」でもあらためて節を設けて論究される。「VIII 存在」で特徴的に語られるのが、「投げ放ち（Loswurf）」という概念である。

「企投。人間が存在者〔の次元〕から、存在者そのものが開示されないにしても、おのれを存在の内へと投げ放つこと」（452）。

ここで企投が、存在者の次元からおのれを解いて（los）、存在の内へと投げるということだと述べられている。投げ放ちとは、存在者からの解放という事態であるとまずは言える。しかし企投のこの運動はそれだけにとどまらない。

「人間は《存在者》からおのれを投げ放つことによって、はじめて彼は人間となる。というのも、そのようにしてのみ人間は存在者へと帰還する（zurückkehren）からであり、帰還したものとして存在するからである」（452）。

存在者からおのれを解放すると同時に存在者へと帰還するという、一種の往還運動があると言う。「帰-還（Rück-kehr）」と呼ばれるこの事態は、本来的には、「存在者」との根源的なかかわりを取り戻すことであろう。がしかし、このような運動性はすでにこれまでの人間が行っていると、この節で述べられている。「これまでの人間。投げ放ちにおいて直ちに帰還した者であり、彼はそのようにしてはじめて存在者と存在の区別を踏査（durchmessen）したのだが、区別それ自身を経験したり、ましてや根拠づけたりすることはできなかった」（453）。同様にハイデガーは、これまで人間が「帰還性（Rückkehrschaft）を支配でき」（453）ず、「忘却」（453）したと述べる。これは単なる人間の怠惰ではなく、存在者からの投げ放ちによって開かれた深淵的な場の中に「おのれを保持することができない」(453) ことに由来すると言う。約言すれば、存在の深淵的な根拠をあえて問おうとしない形而上学的な根本態度がそこにあると言いたいのであろう。企投が存在者をめぐる一種の往還運動として捉えられることは、存在者の問題(本章、「5　存在者」)を考える上でも重要なポイントとなるので留意しておきたい。

ところで、この「投げ放ち」の規定では、主語が「人間」となっている。だがハイデガーは、一方で「存在の企投は存在自身によってのみ投げられうる」(447) とも語る。この二つの企投について、Denken の性格を読み解きながら再度論究してみよう。

B　存在を思索しぬくこと

あるべき哲学は存在の真理の思索とされるが、その場合思索 Denken とはやはり特別な Denken である。ハイデガーは、この特別な Denken を Er-denken (思索しぬくこと) と名づける。

第6章で論及したように、形而上学の歴史には一貫して「思考の優位」があるとハイデガーは見る。この優位によって存在は、存在者の対象性と同一視され、存在の真理を問う道を遮断する。では Er-denken が存在の真理を問う方途だとすると、思考の支配が最高度に高まることにならないか。そこでハイデガーは、Er-denken が陳述という意味での思考(《論理学的な》概念)とは区別されることを強調する。そしてこの根強い、思考についての《論理学的》解釈から解放されるのは、思考が存在に徹底的に規定されることによってであると考える。

通常のドイツ語で erdenken と言えば、「考え出す」「案出する」「捏造する」という意味である。しかし、存在を思索しぬくことは、「案-出するとか、恣意的に捏造する」(86) ことではなく、「存在に問いつつ立ち向かい、問いかけを徹底的に気分づけるよう挑発する思索」(86) だとされる。さらに存在を思索しぬくことは、「歴史的になるというあり方」（456）であり、それは「存在に帰属し続けること」（456）を意味すると言われる。受動的な意味合いがここにある。しかしまた、「ただ存在するもの〔存在者〕からの解放を闘い取ること」（463）という能動的な面も語られる。Er-denken は受動的でもあり能動的でもある。

ハイデガーによれば、存在の思索こそは「真に無条件的」（462）である。このことが意味するのは、思索がひとえに「存在自身によって規定される」（462）ということである。存在の思索は、存在以外のいかなるものにも制約されないというわけである。[3] 現-存在が存在に呼び求められることによって、哲学は、「その最も固有で最高の根源」（462）を、思索すべき存在から獲得するのである。

このように「思索しぬくこと」は、存在に帰属しつつ、哲学の最高の根源を獲得し、存在者からの解放を闘い取ることを意味する。Er-denken に付けられた er は、強めの意味でもあり、獲得というニュアンスを含んでいる。ただし、このような強められた思考は、決して、一切を対象化して支配するという形而上学の意味での思考を意味するのではない（存在は思考の所産ではない）。思考が存在によって呼び求められ、規定されるという点に最大の特徴があると言ってもいいのである。その意味で、後年語られるように、Denken 自体が「一つのエアアイグニス」（GA 9, 308）なのである。ここから思考が人間の所有物でないことが理解できる。Denken は存在に呼びかけられて、存在を denken する。このように、存在とのコラボレーションによって思索は成り立つのである。してみれば、先に指摘した企投の問題も次のように解することができよう。存在の企投とは存在の Wesung の働きであると考えられる。それが「呼ぶ」「襲う」という仕方で人間に受け取られる。人間がおのれを投げ放つことができるのは、根本的に存在の企投が働いているからであり、そのような存在の企投に応じる、あるいは突き動かされる仕方で人間による投げ放ちはなされるのであると。

さらに踏み込んで解釈するならば、存在の思索としての企投は、「存在の本質を名指すこと」（460）として、具体的には「言葉」という形でなされる。ハイデガーは、断片の形で言葉を自ら紡ぎ出し、その言葉を受け取り直す（こうした作業が、『寄与』というテクストの中で、同じ句や文の繰り返しとして現れる）。この作業を通して彼は、歴史の転換を準備しようとする。根源的に生起する言葉は「歴史を根拠づける語」(510) である。「別の原初」「エアアイグニス」「最後の神」等々を名づけ語り出すこと自体に、企投という性格がある。してみれば、ハイデガーの表向きの説明とは逆に、何事かを「案出する」という面が **Er-denken** にはやはりあるのではないか。[4]『寄与』のテクスト全体が、現実の実相を単に記述するにとどまらず、現実がかくのごとく動いてゆくよう呼びかけているのだと言ってよい。このようなパフォーマティヴな性格を、『寄与』は明らかに持っているのである。

また、この思索に、単純に「受動性」のみを見て取ることもできない。問い求めようとする何らかの能動性が思索になければ、エアアイグニスの経験はないであろうし、存在の挑発にあえて乗るという能動性もあるからである。否、呼びかけを受け取ること自体に、すでに応答への能動的な構えが成立していると言ってよいのではなかろうか。

では今度は、人間による企投（＝思索）を突き動かす存在について、「VIII　存在」の重要な箇所を取り上げてみよう。

3　存在

「VIII　存在」では、エアアイグニスについて、これまでの思索を纏めながら語り出すような節がある。それは「267. 存在（エアアイグニス）」である。この節は決して『寄与』の結論ではないが、一つの到達点を示すものである。

この節では、エアアイグニスの規定が八つの番号をふられて述べられ、最終的に「エアアイグニスとは、つねに、エア‐アイグヌング、決‐断、向き‐合い、救‐出、脱去、単純性、唯一性、孤独性としてのエアアイグニスを意味する」(471)と纏められる。しかしこれらの規定について語られる文章は、実に難解である。以下では可能なかぎりで簡潔な解釈を試みることにする。

①エア‐アイグヌング(Er-eignung)

この節では、エア‐アイグヌングは、存在の真理の根拠づけのために、「現‐存在を強いる」(470)ことだと言う。しかもそのように現‐存在を強いるという必要性は、「神々が存在を必要とするという困窮性(Notschaft)」(470)にあるとされる。神々が存在を必要とし、存在が現‐存在という場を要求する。その現‐存在という場(「間」)では「人間が呼び求められ、神々が神々自身に捧げられる[5]」(470)。そうした現‐存在という「間を生じさせること」(470)がエア‐アイグヌングであると言われている。

②決‐断(Ent-scheidung)

決‐断は、序論で触れたように、存在の歴史で生起する決断であって、人間の行為の主体的な決断ではない。またEntとscheidungの間にハイフンが入れられているように、存在の生起が何らかの二つの局面を切り開くことである。しかしここでは、存在の深淵的根拠が「困窮を生じさせ」、「その困窮から、神々と人間とが分かれたものとして現れる」(470)と言う。決‐断とは、形而上学にとどまるか別の原初への移行がなされるかという歴史的決断が基本的意味であるわけであるが、そこには「困窮」なるものが生じる必要があるのであり、その困窮があってはじめて、神々と人間とが異なるものとして現れるというわけである。

③向き‐合い(Ent-gegnung)

向き‐合いは、第12章で見たように、人間と神とが対立的に向き合うことである。神は人間の想像力の所産にすぎないとするならば、向き‐合いは不可能である。この両者の向き‐合いを「決‐断としてのエア‐アイグヌングがもたらす」(470)と述べられている。

④救‐出（Ent-setzung）

さらに、続けて「向き‐合いは抗争の根源である」（470）と言われる。ここでの「抗争」は、同じ主旨が語られる箇所（477, 479）から推すと、「世界と大地との抗争」のことであろう。神々と人間との向き合いが、世界と大地の抗争の根源となり、この抗争が本質活動するのは、「存在者性への喪失から」「存在者を救出することによって」（470）とされる。それゆえエアアイグニスは、形而上学からの「救出」を意味する。しかも、この救‐出（Ent-setzung）は、同時に、「ぎょっとする」「恐怖」という気分でもある。「救出」と「恐怖」の二重の意味がこの語に響いている。──これら「エア‐アイグヌング」「決‐断」「向き‐合い」「救‐出」の言説を見てみると、ハイデガーはここで四者（Geviert）の生起を思索しているように思われる。後年語られる四者はすでに出来上がった形で語られている印象がある。それに比べると『寄与』のこの箇所は、後年名づけられる四者が、現代という存在棄却が最高に高まった時代においてどのように生起するのかを探究していると言ってよいのではなかろうか。(6)──

⑤脱‐去（Ent-zug）

脱‐去は、後期ハイデガーでは、存在の真理の性格として語られ、すでに馴染みとなっている。救‐出という仕方で生起する存在は、「表象的な計算からは脱去し、拒みとして本質活動する」（470）。それゆえ存在（Seyn）は、いかにしても対象化不可能なものである。

⑥単純性（Einfachheit）

この単純性も、後期ハイデガーでは再三述べられるものである。例えば、「こうした単純なものとして、存在は、秘密に満ちたものであり続け、ある押しつけがましくない支配の端的な近さである」（GA 9, 333）と言われる。それは、「ある」ということの単純性であるが、単純であるがゆえに「汲み尽くし難い」（278）ものである。(7)

⑦唯一性（Einzigkeit）

唯一性に関しては、存在が空虚な「普遍性」であるとする形而上学的通念に対立させてしばしば語られる（371, 399, 429, 463）。これは逆説的な言説である。というのも、唯一性とは、通常は個体の個別性のことを考えるからである。しかしハイデガーは、存在にはおよそ比べる存在者がないと考える。その意味で、存在は最も比類なきものである。

⑧孤独性（Einsamkeit）

この孤独性という規定は、やや突飛である。しばしば『寄与』の中では、孤独は少数のデンカーの孤独として語られる[8]。だがここでは存在の性格である。これは⑦の唯一性という事柄と近い事態を言わんとしているように思われる。「この孤独性に応じて存在は唯一的に無だけをおのれの周りに投げる」（471）。最も比類なき存在は、無に縁取られて存在者から孤立したものである[9]。この存在の孤独の内に入るがゆえに、デンカーの孤独があるのではないだろうか。人間が孤独であるとは、孤独の内にあることであり、孤独の場面にあることである。ここで言う孤独は、主観に生じては消える感情ではない。孤独に襲われることには、そうした自己と場（存在）が一体となるような出来事である。

これら八つの規定は、Ent と Ein という接頭辞を巧みに目立たせながら、エアアイグニスの生起性格を表現し直すものである[10]。存在の属性のようなものが記述されているかのような印象があるかもしれないが、そう受け取ってはならない。八つの性格は、いずれも人間の呼応ぬきにはありえない。とくに、最後の三つ、Einfachheit、Einzigkeit、Einsamkeit は、存在の性格でありながら、そのまま人間の在り方でもあると言ってよい。つまり存在を、einfach に語り、einzig に思索する者は、einsam であるという人間の在り方である。このエアアイグニスの生起性格を再度語り直してみれば次のようになるであろう。エアアイグニスは現-存在を呼び求め（エアアイグヌング）、呼び求めは困窮を困窮として生じさせ、決-断という局面を開く。決-断は神々と人間を向き-合わせ、向き-合いは大地と世界の抗争を焚き付け、人間を恐怖・救-出する。恐怖・救-出は脱-去という性格を持つ。脱-去する存在はほかに比べるもののない唯一的なものであり、単純なものとして安らう。存在は孤独のものとして人間によって保護される、と。以上「267．存在（エアアイグニス）」で示されるエアアイグニスについての八つの規定を瞥見してみたわけだが、もちろん不明なところは様々残されているし、また先に述べたように、これがエアアイグニスについてのハイデガーの結論であるわけでもない。筆者としてはこれら八つの規定の中でも、④のEnt-setzungという規定に注目したい。というのも、この規定は、「Ⅷ　存在」において力点が置かれて語られ、筆者が問題にする存在と人間の呼応関係のさらなる理解へと導いてくれると思われるからである。

4　Ent-setzung――異常なものとしての存在

本章冒頭で述べたように、ハイデガーは、存在が異常なものとして襲ってくる経験を思索（＝哲学）に求める。「人間は、存在がすべての存在者に対して全く異常であること（Ungewöhnlichkeit）を《経験》しなければならず、その異常さによって、存在の真理の内へと呼び求められねばならない」（480）。

前節のエアアイグニスについての八つの規定にあったように、存在は、存在者と比べるものがなく、無に縁取られた孤独なものである。存在は、それを経験する者の側からすれば、まさに異常なるものである。

この存在の完全な異常さは、存在の《経験》の異常さを求める（481）。存在の異常さは、対象を記述するやり方で得られる存在の規定ではなく、存在の異常性とそれを経験する者の情態とが不可分にして未分であることを表わす言葉である。

ハイデガーによれば、存在とは、存在者の内部では決して現れないだけでなく、存在者との折り合いから本質的に脱去する（481）。存在は、あらゆる通常性によって触れることがどこまでもできないという意味で、「通常－ならざるもの（Un-gewöhnlichkeit）」である。したがって我々は、それを知るためには、あらゆる習慣性から飛び出さなくてはならない。だがこの習慣性は我々の部分であり我々の営みであるのだから、我々は習慣性からの脱出を自分から成し遂げることはできない。存在自身が我々を存在者の外へ出させ（heraussetzen）なければならず、存在者の包囲を破ってそれから救‐出（ent-setzen）させなくてはならない（481）。この救‐出は一つの気分でもある。それは、ぞっとする、恐ろしさという気分である。

「この救‐出・恐怖（Ent-setzung）は、存在自身からのみ生じる（sich ereignen）。いやそれどころかこの存在自身が、救出してくれるものにして恐怖させるもの（das Ent-setzende und Ent-setzliche）にほかならない」（482）。

この引用からも、存在と人間との連関――人間が存在に帰属するという連関――、両者の不可分の関係が読み取れる。そもそも気分は、「感情」とは異なり、単なる主観の内部の状態ではなく、その主観を包み込む全体的なものである。そうした全体的な場が気分を惹起する。救出・恐怖は、特定の存在者に対する恐怖ではなく、すべての存在者からの救出であるわけだから、根本気分と言ってもよいのである。

したがって、このEnt-setzenという気分は、ここにきて、『寄与』の中で表立って挙げられる根本気分（驚愕、物怖じ、予感、控え目）とは別に、重要な根本気分として、存在の思索の本質に組み入れられるべきだと解釈してよいであろう。ただこれらの根本気分とEnt-setzenとがどのような関係になるのかは判然としない。とりわけ「驚愕」や「物怖じ」とどのような違いを持つものとして分節されるのかが問題として残る。(11) だがいずれにしても、Ent-setzenは、日常的な場から飛び出させ、存在者から救出するものであるから、理性的動物から現‐存在への本質変化という事柄に即した場合に、要となる思索の出来事であるように思われる。

このEnt-setzungに関する言説から、存在と人間との呼応関係についてあらためて分かることは、まず第一に、（これはすでに第7章で論じたことではあるが）この関係が非対称的な関係である点である。存在は存在者から脱去する恐ろしいものであり、人間を凌駕するものである。「呼びかけ」は存在から来るのであり、存在に優位がある。人間にとって存在は制御不可能なものである。だが形而上学の表象的思考は、存在を存在者性として対象化して捉え、思考に隷属させようとする。その意味で形而上学の思考は存在に暴力をふるう。

第二に、この関係は人間どうしの意思疎通的関係ではもちろんないが、だからといって存在の「呼びかけ」が擬人化であるとは言えない。我々は通常人間以外の事柄についても「呼びかける」という表現を用いてきた(12)。そうした表現を擬人化であると断じることの大前提となっているのが、精神と物体の二元論という近代のオブセッションではないか（むしろ近代主体主義の極まった時代において、そうした「擬人化」のような表現で物事を語りえなくなった事態こそが問題なのではなかろうか）。存在者からの救‐出（Ent-setzung）においては、「不安」と同様、世界全体がよそよそしいものになることに違いない。存在者が存在するという事態が謎めくとき、それは、存在するという事態がその人間を襲い、まさに「呼びかけている」ことにほかならない。存在の問いは切迫した問いである。

第三に、さらに踏み込んで言うならば、この存在と人間との呼応関係において、近代的な自己確証とは別の意味で、その人間存在が確かなものになると言えるのではなかろうか。デカルト的懐疑とは逆に、存在の問いの営みは、存在に襲われることによって、むしろおのれが存在しているということが、ありありと実感されることに違いない。だからこそ、恐怖なのである。単なる思考実験ではこの気分は生じないであろう。

5　存在者

さて、存在者から救出され、存在が存在者とは全く異なる「異常なもの」として経験されるとすると、存在と存在者との間に何か二元論的な構造があるようにも見える。ハイデガーの思索に対しては以前から、「本質化による抽象化」（J・ハーバーマス）[13]であるとか、「現世的な苦しみや悲惨、犠牲や集団絶滅に対して盲目」（R・J・バーンスタイン）[14]であるといった批判がなされていた。[15]こうした批判を受けとめながら、最後に『寄与』の中で次の問題を考察しようと思う。それは、存在を存在者とは全く異なるものとして経験する場合、存在者はどうなるのか、という問題である。

実はこの問題は、『存在と時間』以来の根本問題であったと言える。『存在と時間』で存在者というのは、基本的に「現存在」か、「道具的存在者」か、「事物的存在者」かであった。道具的存在者とのかかわりは「配慮的気遣い」と名づけられていた。しかしそれは頽落、つまり非本来的な在り方としてしか考られておらず、配慮的気遣いの本来性は不明のままであった。

ハイデガーは、『存在と時間』以降、現存在の事実的実存が全体としての存在者の前提なしにはありえない点を考慮して、その全体としての存在者を主題とする「メタ存在論」というものを構想し、存在者のかかわりは等閑に付されない問題となった。おそらくこの問題は、『寄与』の思索においても大きく影響しているのだと考えられる。[16]

実際、『寄与』を丹念に読んでみれば、存在者に関する看過しえない重要な言説が少なからずある。例えば、「存在の真理に基づいて存在者をもとに戻すこと（Wiederbringug）」（11）とか、「存在者を救うこと」（100）という言葉である。これは、「鳴り響き」の思索で洞察されるような今日の皮相な存在者、対象や用象としての存在者から存在者を本来的に回復させるような事態であると考えられる。さらにこの Wiederbringung は、Bergung とも言い換えられる（27）。「守蔵（Bergung）」は後期思想の根本語として一般にもすでに馴染みとなっている概念であるが、『寄与』では「V 根拠づけ」に「(e)守蔵としての真理の本質活動」として纏められる一連の節がある。そこでこの「守蔵」に注目してみることにする。

守蔵とは、「存在者の内に真理を守蔵すること」であり、基本的にこれまで公刊されたテクストで語られることと違いはない。この節では、この概念に対する誤解について触れられている。すなわち、真理を守蔵すると言っても、「それ自体事物的にある真理を、存在者の内に事後的にしまうことではない」（389）。またこの概念でもって、エイドスをヒュレーの内へ形態化するということが想起され（390）、「真理がその都度前もってすでに対自的に《真理》でありうるかのような誤解」（390）が生じうるとも述べる。この誤解はもっともであろう。しかし真理は、「抗争を戦うこととして本質活動する」（390）のであり、言ってよければ、生起するのである。真理が最初から存在していて、それがカプセルのような存在者に嵌め込まれるわけではなく、抗争を通じて生起する。その抗争とは「世界と大地の抗争」（391）のことである。「守蔵はつねに世界と大地との抗争を戦うこと」（275）である。[17]

では守蔵がなぜ必要なのか。それについてハイデガーは、「この自己秘匿を取り除くのではなくむしろ保管するために、この〔自己秘匿という〕生起の守蔵が必要なのである」（390f.）と答える。自己秘匿は根絶可能なものではなく、表象的な思考からすればどこまでも不可知的なものであり、世界の「奥行き」を成り立たせるに違いない。その自己秘匿を保管するためにそれを存在者の内に、あるいは存在者の形で守蔵することが必要なのだと言う。このように語るのは、ここに存在と存在者の切り離すことのできない連関があるからだとも言えよう。「（エアアイグニスとしての）存在は、それが本質活動するためには、存在者を必要とする」（30）。それだから、「抗争を戦うことは、真理を作品へ、道具へ置き、それらをもの（Ding）として経-験し、それらを行為と犠牲において完遂する」（391）。「エアアイグニスの真理、すなわちまさしく真理それ自身は、芸術、思索、詩作、行為としての守蔵においてのみ本質活動する」（256）。ここから守蔵ということが、具体的には、芸術、思索、詩作、行為といった人間の営為であることが分かる。ハイデガーは守蔵を「創造（Schaffen）」と言い換えてもいる。「創造――ここでは比較的広い意味で考えられている――は真理を存在者の内であらゆる仕方で守蔵することを意味する」（24）。この創造は、通常理解されるような「制作」ではなく、「存在者が seiender になること」（246）である。seiender という語は、存在者が一層生き生きと存在すること、その動的性格を表わしている。あえて言えば、「ある」ということの〈リアリティー〉である。抗争を通じて、存在の真理を存在者の内に守蔵すること、それは様々な形で創造をすることであり、それが歴史を新たに開始することなのだと言えよう。

では、そのような生き生きとした存在者とのかかわりは、どのようにして可能になるのであろうか。それは次の引用の言説にもあるように、「存在の真理に基づいて（aus）」というわけである。「真理の根源的な本質に基づいてはじめて、真なるもの（das Wahre）、したがって存在者が規定される。しかも今や存在者が存在するのではもはやなく、《存在者》への存在が発現するという仕方で、規定される。それゆえ思索の別の原初において、存在はエアアイグニスとして経験され、しかもこの経験は〔原初を〕跳び出させることとして、存在者へのすべてのかかわりを変えてしまう」（248）。これは決して我々の経験的現実を越えるようなユートピア的世界の出現を言うのではない。今在る存在者はそのままでありながら、それら存在者とのかかわり自体が変化することだと思われる。存在の真理は、人間存在において開示されるわけだが、それには人間の在り方そのものの変化を伴うと考えられる。その変化が、理性的動物から現-存在への本質変化である。それは、異常なる存在に深く帰属しているという人間の自己理解にほかならず、その自己理解において、存在者への本来的な「帰-還（Rück-kehr）」が可能となるのであろう。ハイデガーは次のように言う。「現‐存在という《間》がコリスモス〔分離〕を克服する。それは言わば事物的な岸としての存在（存在者性）と存在者との間に橋を築くことによってではなく、存在と存在者を一緒にそれらの同時性へと変化させることによってである」（14）。このことを簡潔に言えば、Daにおいて存在の真理が発現し、その存在の真理によって存在者が再生される、ということである。

こうしてみれば、存在と存在者の密接な連関が考えられる。次の文言がそれを端的に表わしている。「存在は、――独立にそれ自体で存立しつつあるような――《より先なるもの》ではなく、エアアイグニスは存在と存在者との時間空間的な同時性（Gleichzeitigkeit）である」（13）。この同時性とは、区別はされていても事態としては分かち難く結びついていることであり、そうした存在と存在者との二重性を意味していると考えられる。それゆえ、「同一視（Gleichsetzung）」（266）ということではないし、逆に完全な二元論的な分離でもないのである[18]。

以上から明らかになったように、存在への問いとは、何かオンティシュなレベルを完全に削ぎ落としたところで展開されるのではないどころか、存在の真理に基づいて存在者を再生させること、存在者との生き生きとした関係を結び直すことを、この問いはねらっている。筆者は、この存在者の再生ということに『寄与』の思索の極めて重要な意義を認めたいと思う。だがもちろん、ハイデガーがこのような形でオンティッシュなレベルを思索しているからと言って、ハーバーマスらの批判が有効性を失うことはない。なぜなら、やはり他者との連関を思索する局面はあまりにも乏しいからである[19]。存在者は「芸術作品」や「壺」だけでない。他の人間という意味での他者は、何と言っても、自己に深く介入してくる存在者であり、存在と同様に意のままにならないものであり、存在と同様に謎めいた存在者ではないだろうか。我々がこの世界を「ままならぬ世」と痛感し謎めくのも、そのような他者が存在し、かつ我々がそうした他者とのかかわりに否応なく巻き込まれて存在するからこそである。守蔵が行為としてもあるならば、存在の真理に基づく存在者の再生のテーマは、こうした他者経験に即しても思索されるべきである。

（1）ハイデガーは、「Ⅷ　存在」で思索の事柄を岩の塊に喩えている（421, 436）。「全体をもう一度捉える試み」としてのこの接合肢では、そうした思索の事柄の大きなブロックをもう一度新たに掘り出し、捉えることがなされるのである。なお「Ⅷ　存在」には、「芸術作品の根源」や「言葉」など、これまでの接合肢で主題とならなかった事柄についての節がある。

（2）ハイデガーの後の述懐によると、この呼応関係は彼の根本思想と言うべきものである。「私の思索の根本思想は、存在あるいは存在の開けが人間を必要とすること、そして逆に人間は存在の開けの中に立つかぎりにおいてのみ人間であるということ、このことなのである」。Vgl. Martin Heidegger im Gespräch mit Richard Wisser, in: *Antwort Martin Heidegger im Gespräch*, hrsg. von Günther Neske, Emil Kettering, Tübingen: Günther Neske, 1988, S. 23.

（3）この無制約性は、存在が歴史の根拠であるがゆえに、歴史的無制約性ではない。

（4）当然のことながら、この語を使用する以上「案出」という意味は響く。おそらくハイデガーはレトリカルな効果をねらっていると思われる。

（5）ここで「神々が神々自身に捧げられる（Zueignung）」というのは、神々が固有なものになること、神々が神々しいものとなるということであろう。

（6）ただし第12章、注（7）でも述べたように、ここでは「人間」と「神々」、「大地」と「世界」であるが、四者になると「死すべき者」と「神的なものたち」、「大地」と「天空」になる。

（7）これについては、渡辺二郎『ハイデッガーの存在思想』第二版、勁草書房、一九八五年、二〇一―二二九頁を参照。

（8）例えば、「Ⅰ　予見」の「5.　少数の者たちのために―類い希なる者たちのために」を参照。

（9）『省察』でも「存在がおのれ自身を孤立させる（vereinzeln）」（GA 66, 56）と述べられている。

（10）嶺秀樹氏は、この点を捉えて次のように解釈している。「これは、まさに〈Ent-〉という、自らから抜け出して「はざま」に立つ働きが〈Ein-〉という唯一性に到達せしめ、自己性を生み出す〈Er-eignung〉運動であることを、明白に示している」。嶺秀樹『存在と無のはざまで――ハイデッガーと形而上学』ミネルヴァ書房、一九九一年、二八〇頁。

（11）O・ペゲラーは、ent-setzen について、鳴り響きの主導気分である Schrecken と関連づけた説明をしている。Vgl. Otto Pöggeler, *Neue Wege mit Heidegger*, Freiburg/München: Karl Alber 1992, S. 259. またガダマーも存在棄却に関連した気分として Entsetzen を理解している。Vgl. Hans-Georg Gadamer, *DER EINE WEG MARTIN HEIDEGGERS* Vortrag, gehalten am 25. Mai 1986 in Meßkirch vor der Martin-Heidegger-Gesellschaft, J. C. B. Mohr (Paul Siebeck), Tübingen, S. 21.（川原栄峰訳「マルティン・ハイデッガーのただ一条の道」実存思想協会編『存在への問い　実存思想論集Ⅲ』以文社、一九八八年所収、二六頁）この点は微妙な問題であるが、本文で見るように、ハイデガーは Entsetzen を存在自身の性格として語っているので、存在棄却が気づかれる驚きのようなものに限定されないのではないか、と思われる。もちろん、事柄上それほど明瞭に区別ないし整理できないことは言うまでもない。ちなみにハイデガーは、「不安」がEntsetzenを「耐え忍び」、Entsetzenに「帰属する」ものだと述べている（483）。

（12） 渡邊二郎氏はこの点について、次のように説明している。「私たちは、人格的でないさまざまな事象についても、通常、多様な動作的振舞いを付与して、これを表現し、その際なんらの言語的違法行為をも犯してはいないことに、ひとは気づくべきである。例えば、『その風景は、私になにかを語りかけ、呼び求め、訴え、大切にするように要求している』……」。ハイデガー『「ヒューマニズム」について』渡邊二郎訳、ちくま学芸文庫、一九九七年、解説、三八一頁。

（13） Jürgen Habermas, Heidegger—Werk und Weltanschauung, in: Victor Farias, *Heidegger und der Nationalsozialismus*, Frankfurt: S. Fischer 1989, S. 32.（山本尤訳『ハイデガーとナチズム』名古屋大学出版会、二二一頁）

（14） Richard J. Bernstein, *The New Constellation. The Ethical-Political Horizons of Modernity/Postmodernity*, Polity Press in association with Blackwell Publishers Ltd., 1991, p. 136.（谷徹・谷優訳『手すりなき思考』産業図書、二〇二頁）

（15） 筆者もハイデガー研究会の論集で『ヒューマニズム書簡』を扱った際、存在者との連関の欠如があるという指摘をした。拙論「ハイデッガーとヒューマニズム批判の問題」（ハイデッガー研究会編『対話に立つハイデッガー』理想社、二〇〇〇年、所収）を参照。

（16） もちろん、メタ存在論の課題がそのまま『寄与』で展開されているわけではない。本節で扱う「守蔵（Bergen）」の思索は、同時期の講演「芸術作品の根源」（一九三五年）、そして後年の講演「もの」（一九四九年）などの思索に直結している。ちなみに、一九二八／二九年冬学期講義『哲学入門』では、「全体における存在者の内に守蔵すること」（GA 27, 359）という表現がすでにある。

（17） ただし、「世界と大地との抗争を戦うこととしての守蔵」（354）という事柄に関しては、「大地の閉鎖性へと戻って生じること（Zurückwachsen in die Verschlossenheit der Erde）としての真理の守蔵」（391）という文言があるように、どちらかと言えば、大地の契機の方に力点が置かれて思索される。

（18） R・ポルトは、この「同時性」について、「この表現はあらゆるアプリオリ主義と超越論主義とを回避することを意図している」と説明している。剴切な意見である。Richard Polt, *The Emergency of Being. On Heidegger's Contributions in Philosophy*, Cornell University Press, 2006, p. 193.

（19） 第12章「2 将来的な者たち」で見たように、『寄与』では、人間の連繋もしくは共同体の構想がたしかにあるわけだが、この構想が、現実的な人間相互の抗争、悲痛にどこまで呼応できるのか。この問題は、テクストを大きく越え出る思索の課題となる。

結論

哲学への寄与、それは存在の真理を思索する、来るべき哲学を準備することである。しかしまたそれは、形而上学の思考から存在の真理への思索へと哲学自体がおのれを克服することでもある。ここでは、人間が存在によって呼び求められ、それと同時に、人間は存在を思索する。思索と存在との呼応的・転回的かかわり、これが『哲学への寄与――エアアイグニスについて』の思索の核心である。存在それ自身をエアアイグニスとして思索することは、思索すること自体が一つのエアアイグニスとして生起することである。具体的には、それは「言葉」として生起する。『哲学への寄与』というテクストは、言葉によるパフォーマンスであると言ってよい。考えるという人間の可能性、換言すれば、哲学の可能性がここで試されている。ハイデガーは、思索によって形而上学の終わりから別の原初への移行、すなわち歴史の転換を準備しようとしているのである。

だが思索による歴史の転換などと言えば、たしかにそれは、一人の孤独な思想家の大言壮語のように思える。このような「別の原初」を語ることの意義は何か。文学が描くようなユートピアでもなければ、これまでの哲学者が示した理念（例えばカントの「諸目的の王国」、ヘーゲルの「国家」）でもない。それらに比すれば、あまりにも具体的内実に乏しいものである。「別の原初」というのは、これまでの西洋の歴史（「最初の原初」の歴史）を全体として摑み、批判するための、言わば「原理」である。それは問いの軌道の道しるべである。「別の原初」という語のanderが持つのは、問いを喚起する働きであると言ってもよいであろう。問いによって、歴史の転換局面を切り開き、オープンにすることと、また問い続けることによってオープンなままにすること、これが『寄与』の思索に課せられた課題である。したがって、『寄与』で語られる決断をいわゆる「決断主義」として捉えるのではなく、どこまでも両極端の可能性の間を揺れ動くこととして捉えるべきである。

人間は存在に呼び求められる。それは人間が存在に帰属しているという、おのれの在りか（Da）を自覚することであることを見たわけだが、それは、呼び求められる人間が存在しているということが確かなものとなることでもある。人間には、それに対し、単純で唯一的で孤独な存在を守るという使命が与えられる。この応答は真理（自己秘匿）の「守蔵」としてなされる。これによって存在者が生き生きと再生される。それは「感覚」や「知覚」といった認識能力に還元できない〈リアリティー〉が得られる事態と言い換えてもよい。存在の真理とは、表象によって我有化しきれない「何か」であって、世界の「奥行き」のようなものを成り立たせる。そしてハイデガーは、このことによって、存在者が肯定されるという事態を思索しようとしているように思われる。彼によれば、Entsetzen という気分は、「根源的な意味において非化し（nichten）、存在者そのものを脇に-置く（ab-setzen）」（483）のだが、この非化は決して存在者を否認することではなく、「脇に置かれたものとしての存在者そのものの一つの肯定（Bejahen）」（483傍点引用者）であるとされる。これは目立たないながらも重要な言説である。『寄与』でしばしば語られる「真なるもの（das Wahre）」としての存在者とは、肯定された存在者のことであると理解できよう。存在者とは全く異なる存在の真理によってはじめて、存在者そのものが肯定されるのである。存在者のそのものの肯定とは、逆に言えば、存在者の絶滅の否定である。存在棄却の困窮の最大に高まる今日、――あるいはハイデガーが明瞭に語りえなかったことかもしれないのだが――この存在者そのものの肯定を思索し続けることが我々には課せられている。

しかしまた、この存在者は他の人間としても捉えていかなければならないであろう。思考が呼びかけによって発動するという構造は、一般的に言えば、まさに「対話」においても当てはまる。ハイデガー自身は、偉大な思想家とは対話の重要性を認め、少数のエリートにおのれの思索の継承を託す。しかし筆者は、ハイデガーの思想——とりわけ後期思想——があまりに対話の幅を狭める傾向を持つことを認めざるをえない。ハイデガーは、思想が歪曲や変形を伴いながらも、伝播してゆくことの積極的可能性をどれだけ思索したであろうか。対話を閉じたものにしてしまうこの傾向は、彼の思想がつねに誤解され続けてしまうがゆえに、また彼の思索が未曾有のことを果たさんとするがゆえにやむをえないことでもあろうが、ハイデガー研究がその傾向を強めるものであってはならない。思考がエアアイグニスであると真に捉えるならば、「誰それの思想」という、思考の自己所有というものが虚しいものであることが分かるはずである。そのような、思索を開いてゆくという大きな課題を指摘して本書の筆を擱くことにする。

あとがき

本書は、一九九七年一月に法政大学大学院に提出し、同年九月に学位を受けた博士論文をもとにしている。筆者は、二十代後半から三十代にかけて、『哲学への寄与』について自ら翻訳を少しずつ試みながら、論文を発表していった。本書はこれらの論文を加筆・修正しながら纏めたものである。

本書を構成する諸章の初出は、次のとおりである。

序　論　書き下ろし
第1章　部分的に『ハイデガー「哲学への寄与」解読』「序論」、平凡社、二〇〇六年を利用
第2章　「ハイデガーの気分論——思索と気分との連関」日本倫理学会編『倫理学年報』一九九五年
第3章　「存在の鳴り響きー『哲学への寄与』にみられる時代批判について」法政大学大学院哲学専攻発行『哲学年誌』第二六号、一九九五年
第4章　「ハイデガーの歴史論——ゲシヒテとヒストーリエの区別をめぐって」日本哲学会編『哲学』第五二号、二〇〇一年
第5章　「原初の投げ渡し——ハイデガー『哲学への寄与』の一考察」法政大学教養部『紀要』第一一六号、二〇〇一年
第6章　書き下ろし

第7章　「ハイデガーにおける跳躍の思想」実存思想協会編『ニヒリズムと宗教的なるもの　実存思想論集XVIII』理想社、二〇〇三年
第8章　書き下ろし
第9章　『哲学への寄与』における「根拠づけ」について」実存思想協会編『かたち　実存思想論集XI』理想社、一九九六年
第10章　書き下ろし
第11章　部分的に『ハイデガー「哲学への寄与」解読』「二　運命の時間‐空間——基づけ」、平凡社、二〇〇六年を利用
第12章　「人間と神——ハイデッガー『哲学への寄与』における」ハイデッガー研究会編『ハイデッガーと思索の将来——哲学への〈寄与〉』理想社、二〇〇六年
第13章　部分的に（5　存在者）『ハイデガー「哲学への寄与」解読』「二　運命の時間‐空間——基づけ」、平凡社、二〇〇六年を利用
結　論　書き下ろし

振り返って見れば、『哲学への寄与』というテクストとの関わりは、法政大学大学院の修士課程の時にさかのぼる。その時、非常勤として出講されていた故・渡邊二郎先生（当時東京大学教授）が、公刊されたばかりの『哲学への寄与』を演習のテクストにされた。その演習には学生が三名程度しかおらず、毎週ドイツ語の辞書と首っ引きで悪戦苦闘し、とても緊張しながら授業に臨んだのものであった。修士課程の学生にとっては、到底容易に理解できるものではなかったが、その後継続的に読み進めていくうちに、しだいに『哲学への寄与』の難解であるがゆえの魅力が、筆

者を捉えてはなさなくなったのである。

しかし筆者は、そのハイデガーの思索に魅了され、ただ称揚するだけの研究にはしたくなかったし、また絶えず距離をとることのできる環境にもいた。筆者は、カント研究で名高い故・濱田義文先生と牧野英二先生に、哲学研究の指導を受け、狭いハイデガー解釈にとどまらない幅広い研究姿勢がつねに求められたからである。もちろん、そうした姿勢が本書でどれだけ反映されたかは別であるが。

筆者の『哲学への寄与』に関する研究は、決して平坦ではなく、時に研究どころではない時期もあった。さらに筆者が『哲学への寄与』についての論文を書き始めたころは、翻訳はおろか、研究論文なども極めて少ない状況であった。いまでは英語訳、日本語訳も出版され、とくに英語圏では研究書や解説書の類も出始めている。昨年、渡邊先生の遺作『ハイデッガーの「第二の主著」『哲学への寄与試論集』研究覚え書き——その言語的表現の基本理解のために』(理想社)が出版された。この書が出版されたのは筆者が博士論文を提出した後であり、この書を吟味して本書に活かす時間を持てず、また本書を出版して先生に見て頂くことができなかったのがとても残念である。

だが『哲学への寄与』に関する研究は、まだ十分とは言えないのが現状である。何しろこの異様な言語世界は、それを読む者(ハイデガー研究者でさえ)を当惑させ、しり込みさせるからである。しかし『哲学への寄与』は、何と言っても、ハイデガーの後期思想のエッセンスが凝縮された書物である。もしも思索の膂力《りょりょく》といったものがあるとすれば、四十代のハイデガーがものしたこの膨大なテクストは、間違いなく『存在と時間』と並んで、その力が最大限に発揮されているものである。ハイデガーの後期思想に属する膨大な著作群(比較的平易な講義録もふくめて)は、『哲学への寄与』という、この壮絶とも言えるハイデガーの思索のドキュメントを背後に読まれねばならないだろう。筆者は、浅学非才を省みることなく、毀誉褒貶の極端に分かれるこの思想の内実を、秘教化しないかたちで、可能なかぎり明らかにしようと試みた。このささやかな試みが、何ほどかハイデガーを読む人々の参考となり、哲学的思索に「寄与」できれば幸いである。

本書を仕上げるまでには実に多くの人々に助けられてきた。とくに以下の方々には記して感謝を表しておきたい。まず早稲田大学の鹿島徹先生には、学位論文の副査をして頂いただけでなく、執筆当時から『哲学への寄与』をめぐって色々な議論を交わし、またアドヴァイスをして頂いた。同じく副査をして頂いた笠原賢介先生には、学部の教養課程の時からドイツ語を教えて頂いた。教養課程で哲学のイロハを教えて頂いた竹内昭先生と、学部時代から学問の厳格さを教わった加来彰俊先生にもお礼を申し上げたい。次に長年『哲学への寄与』の輪読会を行なってきたハイデガー研究会の的場哲朗氏、森一郎氏、相楽勉氏、小柳美代子氏、関口浩氏、茂牧人氏、古荘真敬氏をはじめとする皆さん。本書はこの研究会での共同研究の賜物である。さらに伊藤直樹氏、近堂秀氏、齋藤元紀氏をはじめとする牧野ゼミの皆さん。この方々との熱い議論がなければ、もっと独りよがりな研究になってしまったであろう。

公私にわたってご指導頂いた恩師の濱田義文先生と渡邊二郎先生。いま、在りしあの頃を追想しながら、本書の上梓を報告したい。

そして学位論文の主査をして頂き、さらに本書公刊にさいしてもご尽力して下さった牧野英二先生。先生の長きにわたるご指導に対する感謝の念は筆紙に尽くしがたい。謹んで深甚なる謝意を表したいと思う。

その他数え切れない先輩や友人の援助をえて本書は出来上がっている。すべて記すことは出来ないが、これらの方々に対し、感謝と親愛の念をあらたにする。

最後に本書の出版を快く引き受けてくださった法政大学出版局の平川俊彦氏と秋田公士氏にお礼申し上げたい。

二〇〇九年一月

山本 英輔

人名索引

ア　行

カ　行

サ　行

タ　行

ナ　行

参考文献

（ただし引用された文献に限る）

外国語文献

A Greek-English Lexicon, compiled by Henry George Liddell and Robert Scott, Oxford: Clarendon Press 1968.

Apel, Karl-Otto: *Transformation der Philosophie*, Bd. 1, Frankfurt: Suhrkamp 1973.

——: Sinnkonstitution und Geltungsrechtfertigung Heidegger und das Problem der Transzendentalphilosophie in: *Martin Heidegger: Innen- und Außenansichten*, hrsg. vom Forum für Philosophie Bad Homburg, Frankfurt: Suhrkamp 1991.

Bambach, Charles R.: *Heidegger, Dilthey, and the Crisis of Historicism*, Cornell University Press, 1995.

Bernstein, Richard J.: *The New Constellation. The Ethical-Political Horizons of Modernity/Postmodernity*, Polity Press in association with Blackwell Publishers Ltd., 1991.（谷徹・谷優訳『手すりなき思考』産業図書）

Bollnow, Otto Friedrich: *Das Wesen der Stimmungen*, Frankfurt: Vittorio Klostermann 1941.（藤縄千艸訳『気分の本質』筑摩書房）

Caputo, John D.: Heidegger's Philosophy of Science: The Two Essences of Science, in: *Rationality, Relativism and the Human Sciences*, ed. by Joseph Margolis, Nijhoff, 1986.

Coriando, Paola-Ludovica: *Der letzte Gott als Anfang. Zur ab-gründigen Zeit-Räumlichkeit des Übergangs in Heideggers »Beiträgen zur Philosophie（Vom Ereignis）«*, München: Wilhelm Fink 1998.

Duden, *Das große Wörterbuch der deutschen Sprache*, Mannheim, 1977.

——: *Der Große Duden*, Bd. 7, Etymologie, Mannheim, 1963.

Ebeling, Hans: *MARTIN HEDEGGER. Philosophie und Ideologie*, Hamburg: Rowohlt Taschenbuch 1991.（青木隆嘉訳『マルティン・ハイデガー――哲学とイデオロギー』法政大学出版局）

Figal, Günter: Philosophie als hermeneutische Theologie. Letzte Götter bei Nietzsche und Heidegger, in: *Martin-Heidegger-Gesellschaft*, Bd. 3, Frankfurt: Vittorio Klostermann 1994.（川原栄峰監訳『ハイデッガーとニーチェ』南窓社）

——: *Heidegger zur Einführung*, 2. Auf., Hamburg: Junius 1996.（伊藤徹訳『ハイデガー入門』世界思想社）

——: Forgetfulness of God: Concerning the Center of Heidegger's Contributions to Philosophy, in: *Companion to Heidegger's Contributions to Philosophy*, Indiana Universty Press, 2001.

Gadamer, Hans-Georg: *Wahrheit und Methode. Grundzüge einer Philosophischen Hermeneutik*, Gesammelte Werke, Bd. 1, 6. Aufl., Tübingen: J. C. B. Mohr 1990.

——: *DER EINE WEG MARTIN HEIDEGGERS* Vortrag, gehalten am 25. Mai 1986 in Meßkirch vor der Martin-Heidegger-Gesellschaft, J. C. B. Mohr（Paul Siebeck）, Tübingen.（川

原栄峰訳「マルティン・ハイデッガーのただ一条の道」実存思想協会編『存在への問い　実存思想論集 III』以文社，1988年所収）
Gethmann, Carl Friedrich: *Dasein: Erkennen und Handeln Heidegger im phänomenologischen Kontext*, Berlin: Walter de Gruyter 1993.
Glazebrook, Trish: The Role of the *Beiträge* in Heidegger's Critique of Science, *Philosophy Today* 45, no. 1, 2001.
Günther Neske, Emil Kettering (hrsg.): *Antwort Martin Heidegger im Gespräch*, Tübingen: Günther Neske 1988.
Habermas, Jürgen: *Der philosophische Diskurs der Moderne*, Frankfurt: Suhrkamp 1985.（三島憲一・轡田収・木前利秋・大貫敦子訳『近代の哲学的ディスクルス I』岩波書店）
——: Heidegger−Werk und Weltanschauung, in: Victor Farias, *Heidegger und der Nationalsozialismus*, Frankfurt: S. Fischer 1989.（山本尤訳『ハイデガーとナチズム』名古屋大学出版会）
Hegel, G. W. F.: *Vorlesungen über die Geschichte der Philosophie*, I, in: Werke 18, Frankfurt: Suhrkamp 1971.
Held, Klaus: Grundbestimmung und Zeitkritik bei Heidegger, in: *Zur philosophischen Aktualität Heideggers*, Bd. I „*Philosophie und Politik*", Frankfurt: Vittorio Klostermann 1991.
——: Europa und die interkulturelle Verständigung. Ein Entwurf im Anschluß an Heideggers Phänomenologie der Stimmungen, in: *Europa und Philosophie Martin-Heidegger-Gesellschaft*. Bd. 2, Frankfurt: Vittorio Klostermann 1993.
Herrmann, Friedrich-Wilhelm von: *Wege ins Ereignis. Zu Heideggers »Beiträgen zur Philosophie«*, Frankfurt: Vittorio Klostermann 1994.
——: Die „Beiträge zur Philosophie" als hermeneutischer Schlüssel zum Spätwerk Heideggers, in: *Heidegger−neu gelesen*, hrsg. von Markus Happel, Würzburg: Königshausen & Neumann 1997.
Heussi, Karl: *Die Krisis des Historismus*, Tübingen: J. C. B. Mohr 1932.
Historisches Wörterbuch der Philosophie, hrsg. von Joachim Ritter und Karlfried Gründer, Bd. 9, Basel: Schwabe & Co. AG 1995.
Husserl, Edmund: Husserliana Bd. IX, Den Haag: Martinus Nijoff 1968.
Kant, Immanuel: *Kritik der reinen Vernunft*, Philosophische Bibliothek Bd. 37 a, hrsg. von Raymund Schmidt, Hamburg: Felix Meiner 1956.
——: *Metaphysik der Sitten*, Kants Werke. Akademie Textausgabe, Bd. VI, Berlin: Walter de Gruyter 1968.
——: *Von einem neuerdings erhobenen vornehmen Ton in der Philosophie*, Kants Werke. Akademie Textausgabe, Bd. VIII, Berlin: Walter de Gruyter 1968.
Kettering, Emil: *NÄHE. Das Denken Martin Heideggers*, Pfullingen: Günther Neske 1987.（川原栄峰監訳『近さ——ハイデッガーの思惟』理想社）
Löwith, Karl: *Heidegger. Denker in düftiger Zeit*, in: Säumtliche Schriften 8, Stuttgart: Metzler 1984.
Marion, Jean-Luc: L'inerloqué, in: *Apres le sujet qui vient*, Aubier, 1989.（大西雅一郎訳「言葉

を中断された者」『主体の後に誰が来るのか？』現代企画室）

Marx, Werner: *Gibt es auf Erden ein Maß? Grundbestimmungen einer nichtmetaphysischen Ethik*, Hamburg: Felix Meiner 1983.（上妻精・米田美智子訳『地上に尺度はあるか』未来社）

Mittelstraß, Jürgen: Über „transzendental“, in: *Bedingungen der Möglichkeit*, hrsg. von Eva Schaper und Wilhelm Vossenkuhl, Stuttgart: Klett Cotta 1984.（安彦一恵・嶺秀樹訳『超越論哲学と分析哲学』竹市明弘編，産業図書）

Müller, Max: *Existenzphilosophie im geistigen Leben der Gegenwart*, 2. erweiterte Aufl., Heidelberg: F. H. Kerle 1958.（新田義弘訳『ハイデッガーと西洋の形而上学』理想社）

Nietzsche, Friedrich: *Also sprach Zarathustra*, in: Nietzsche Werke Kritische Gesamtausgabe 6. Abteilung 1. Band, hrsg. von Giorio Colli und Mazzino Montinari, Berlin: Walter de Gruyter, 1963.

Pöggeler, Otto: *Der Denkweg Martin Heideggers*, Pflullingen: Günther Neske 1963.（大橋良介・溝口宏平訳『ハイデッガーの根本問題――ハイデッガーの思惟の道』晃洋書房）

――: *Philosophie und Politik bei Heidegger*, 2, Auf., Freiburg/München: Karl Alber 1974.

――: Heidegger und die hermeneutische Theologie, in: *Verifikationen: Festschrift für Gerhard Ebeling zum 70. Geburstag*, hrsg. von Eberland Jüngel, Tübingen: J. C. B. Mohr 1982.

――: *Heidegger und die hermeneutische Philosophie*, Freiburg/München: Karl Alber 1983.（伊藤徹監訳『ハイデガーと解釈学的哲学』法政大学出版局）

――: Heideggers politisches Selbstverständnis, in: *Heidegger und praktische Philosophie*, hrsg. von Annemarie Gethmann-Siefert und Otto Pöggeler, Frankfurt: Suhrkamp 1988.

――: Heideggers logische Untersuchungen, in: *Martin Heidegger: Innen- und Außenansichten*, hrsg. vom Forum für Philosophie Bad Homburg, Frankfurt: Suhrkamp 1991.

――: *Neue Wege mit Heidegger*, Freiburg/München: Karl Alber 1992.

――: *Heidegger in seiner Zeit*, München: Wilhelm Fink 1999.

Polt, Richard: The Event of Enthinking the Event, in: *Companion to Heidegger's Contributions to Philosophy*, ed. by Charles E. Scott, Susan M. Schoenbohm, Daniela Vallega-Neu, and Akejandro Vallega, Indiana Universty Press, 2001.

――: *The Emergency of Being. On Heidegger's Contributions in Philosophy*, Cornell University Press, 2006.

Ricoeur, Paul: *Temps et récit*, III, Le temps raconté, Seuil, 1985.（久米博訳『時間と物語』III 新曜社）

Rodi, Frithjof: Die Bedeutung Diltheys für die Konzeption von Sein und Zeit. Zum Umfeld von Heideggers Kasseler Vorträgen（1925）, in: *Dilthey-Jahrbuch*, Bd. 4, 1986.（高田珠樹・丸山高司訳「ハイデガーとディルタイ――ハイデガーのカッセル講演をめぐって」『思想』岩波書店，1986年11月号）

Rorty, Richard: The Historiography of Philosophy: Four Genres, in: *Philosophy in History*, ed. Richard Rorty et al., Cambridge University Press, 1984.（冨田恭彦訳『連帯と自由の哲学――二元論の幻想を超えて』岩波書店）

Safranski, Rüdiger: *Ein Meister aus Deutschland Heidegger und seine Zeit*, 2. Aufl., Frankfurt: Fischer Taschenbuch 2002.（山本尤訳『ハイデガー――ドイツの生んだ巨匠とその時

代』法政大学出版局）

Schmidt, Denis J.: Strategies for a Possible Reading, in: *Companion to Heidegger's Contributions to Philosophy*, ed. by Charles E. Scott, Susan M. Schoenbohm, Deniela Vallega-Neu, and Alejandro Vallega, Indiana University Press, 2001.

Schnädelbach, Herbert: *Geschichsphilosophie nach Hegel Die Probleme des Historismus*, Freiburg/München: Karl Alber 1974.（古東哲明訳『ヘーゲル以後の歴史哲学――歴史主義と歴史的理性批判』法政大学出版局）

Schwan, Alexander: Heideggers „Beiträge zur Philosophie" und Politik, in: *Martin Heidegger, Kunst-Politik-Technik*, hrsg. Christoph von Jamme und Karsten Harries, München: Wilhelm Fink 1992.

Thurnher, Rainer: Gott und Ereignis—Heideggers Gegenparadigma zur Onto-Theologie, in: *Heidegger Studies*, vol., 8, 1992.

Tugendhat, Ernst: *Der Wahrheitsbegriff bei Husserl und Heidegger*, Berlin: Walter de Gruyter 1970.

――: Heideggers Idee von Wahrheit, in: *Heidegger. Perspktiven zur Deutung seines Werkes*, hrsg. von Otto Pöggeler, Weinheim: Beltz 1984.

Vallega-Neu, Daniela: *Heidegger's Contributions to Philosophy. An Introduction*, Indiana Universty Press, 2003.

Vietta, Egon: *Die Seinsfrage bei Martin Heidegger*, Stuttgart: Curt E. Schwab 1950.（川原栄峰訳『ハイデッガーの存在論』理想社）

Vietta, Silvio: *Heideggers Kritik am Nationalsozialismus und an der Technik*, Tübingen: Max Niemeyer 1989.

邦語文献

稲田知己『存在の問いと有限性――ハイデッガー哲学のトポロギー的究明』（晃洋書房）2006年

大橋良介・秋富克哉・ハルトムート・ブフナー訳『ハイデッガー全集　第65巻　哲学への寄与論稿（性起から〔性起について〕）』（創文社）2005年

小野真「ハイデッガーの形而上学構想（メタ・オントロギー）とシェーラー」（日本宗教学会編『宗教研究』322号，1999年）

加来彰俊「一九世紀の哲学史家」（田中美知太郎編『講座　哲学大系　第二巻　哲学の歴史』人文書院，1963年）

鹿島徹・相楽勉・佐藤優子・関口浩・山本英輔・H. P. リーダーバッハ『ハイデガー「哲学への寄与」解読』（平凡社）2006年

加藤恵介「実存と民族――「ハイデガーとナチズム」問題に寄せて」（日本倫理学会編『倫理学年報』第55集，2006年）

茅野良男『初期ハイデガーの哲学形成』（東京大学出版会）1972年

――『人類の知的遺産75　ハイデッガー』（講談社）1984年

川原栄峰『ハイデッガーの思惟』（理想社）1981年

――「ハイデッガーの「退屈」説」（実存思想協会編『実存と時間　実存思想論集 IV』以

文社，1989年）
――『ハイデッガー賛述』南窓社，1992年
小柳美代子「存在の亀裂――ハイデッガーにおける真存在「亀裂」（Zerklüftung）を巡る問題性」（日本哲学会編『哲学』第41号，1991年）
佐藤優子「存在と神――ハイデガー『哲学への寄与』をめぐって」（実存思想協会編『ニヒリズムと宗教的なるもの　実存思想論集 XVIII』理想社，2003年）
チョー・カー・キョング『意識と自然』志水紀代子／山本博史監訳（法政大学出版局）1994年
辻村公一『ハイデッガーの思索』（創文社）1991年
――『思索の事柄へ』辻村公一訳（筑摩書房）1973年
細川亮一『意味・真理・場所』（創文社）1992年
――『ハイデガー哲学の射程』（創文社）2000年
的場哲朗「自然をめぐって――ハイデッガーの自然論」（大橋良介編『ハイデッガーを学ぶ人のために』世界思想社，1994年）
嶺秀樹『存在と無のはざまで――ハイデッガーと形而上学』（ミネルヴァ書房）1991年
――『ハイデッガーと日本の哲学』（ミネルヴァ書房）2002年
村井則夫「歴史が歴史となるところ――ハイデガー『哲学への寄与』の歴史論」（実存思想協会編『死生　実存思想論集 VIII』理想社，1998年）
森一郎「『存在と時間』における死の実存論的概念について」（実存思想協会編『実存と宗教　実存思想論集 VII』以文社，1992年）
山本英輔「ハイデッガーとヒューマニズム批判の問題」（ハイデッガー研究会編『対話に立つハイデッガー』理想社，2000年）
――「良心論と「こころ」の解体」（『理想』第672号，2004年）
――「運命の時間－空間――基づけ」（鹿島徹ほか『ハイデガー「哲学への寄与」解読』平凡社，2006年）
渡辺二郎『ハイデッガーの実存思想』新装版（勁草書房）1985年
――『ハイデッガーの存在思想』新装第２版（勁草書房）1985年
――『「ヒューマニズム」について』渡邊二郎訳（ちくま学芸文庫）1997年
和辻哲郎「風土」『和辻哲郎全集　第８巻』（岩波書店）1989年

著　者

山本 英輔（やまもと えいすけ）

1966年　島根県に生まれる

1997年　法政大学大学院人文科学研究科博士課程単位取得退学

現在，法政大学・大学院，流通経済大学非常勤講師．博士（哲学）

主要著訳書

『〈対話〉に立つハイデッガー』（共著，理想社，2000年）

『ハイデガー「哲学への寄与」解読』（共著，平凡社，2006年）

『ハイデッガーと思索の将来——哲学への〈寄与〉』（共著，理想社，2006年）

インゲボルク・マウス『啓蒙の民主制理論——カントとのつながりで』（共訳，法政大学出版局，1999年）

ハイデガー『哲学への寄与』研究

2009年3月19日　　初版第1刷発行

著　者　山本英輔

発行所　財団法人 法政大学出版局

〒102-0073 東京都千代田区九段北 3-2-7

電話 03（5214）5540 振替 00160-6-95814

組版・印刷：三和印刷，製本：誠製本

Printed in Japan

ISBN 978-4-588-15055-5